מַסֶּכֶת פְּסָחִים

עם ביאורים מאת

משה גרוס וגד מכטה

ואיורים מאת

חננאל תורגמן

קורן ירושלים

משנאות

משנה נאה בהנאה

The Annotated and Illustrated Masekhet Pesakhim
Moshe Gross, Gad Machta
Illustrated by Hananel Turgeman

'משנאות' - מסכת פסחים
mishnaot@gmail.com

הוצאת קורן
ת"ד 4044 ירושלים 9104001
טל': 02-6330530 פקס: 02-6330534

www.korenpub.com

תמונת העטיפה ועיצוב: חננאל תורגמן
עימוד: אסתר דישון

מסת"ב ISBN 978-965-301-952-2

Printed in Israel 2017 נדפס בישראל

"ונתתי להם בביתי ובחומתי יד ושם,

טוב מבנים ומבנות,

שם עולם אתן לו אשר לא יכרת"

(ישעיה נ"ה)

ספר זה יוצא בסיוע

קרן משפחת קרייסל לתורה וחסד

ע"ש **מיכאל ומושקא קרייסל**, הי"ד

שנרצחו בשואה

מיסודם של ילדיהם

חיים לייב וגולדה קרייסל, ז"ל

אודים מוצלים מאש שלא זכו להקים משפחות משלהם

ובחרו להנציח את הוריהם

בדרך של צדקה, תורה וחסד.

לעילוי נשמת

ר׳ **שאול גרינגליק** ז״ל

לעילוי נשמת

מרת **יעקבתה (גרטה) גרינגליק** ז״ל

לעילוי נשמת

מרת **נורית (נחה) מרמורשטיין** ז״ל

לעילוי נשמת

יעקב משה בן ידידה ואהרן ז״ל

נלב״ע כ״ה אדר

מרת שושנה בת חנה ורבי ע״ה

נלב״ע ד׳ טבת

נתרם על ידי בנם הנדיב יוסף משה, נרו יאיר

לכבוד ילדַי:

שמואל אלימלך, גבריאל משה,
אריאל טשארנע, עדיאל ברכה.

מאת ישראל טוביה גולדיס

לע״נ

בעלי, אבינו וסבנו היקר באדם

ר׳ מבורך טויטו זצ״ל

מאיר פנים, שמח בחלקו

איש הלכה, אוהב תורה ולומדיה

מבוני הארץ, אהוב הבריות ואוהבן

ט״ז תמוז תרפ״ה - ט״ו חשון תשע״ח

ת.נ.צ.ב.ה

לע״נ

בצלאל בן ר׳ **דוד הלוי יעקבסון**

רחל יעקבסון בת ר׳ **מאיר הכהן** זי״ע״ק

אוהבי ארץ ישראל. שמרו מצוות במסירות ברוסיה הסובייטית.
הרבו בעשיית טוב וחסד, והשפיעו אהבה ושמחה לכל רואיהם.

לזכרון עולם בהיכל ה׳

יונתן מנדל ז״ל בן **דבורה תורגמן**

אליהו בן **עישה תורגמן** ז״ל

אברהם בן **רחל זילברברג** ז״ל

לעילוי נשמת

דוד בן **משה** ז״ל

משה יוסף בן **צבי** ז״ל

לעילוי נשמת

ר׳ **שמואל בנימין אונגר** ז״ל בן ר׳ **ישראל** ז״ל

נלב״ע ביום שבת קודש פרשת בראשית • כ״ד בתשרי תשע״ח

תנצב״ה

נתרם ע״י רבקה ושלמה לינצר

מבוא

הורים ומחנכים יקרים,

החוויה וההבנה של לימוד המשנה היו לנגד עינינו בכל שלבי יצירת הספר, ממסד ועד טפחות.

דרכנו בפירוש

לא התיימרנו לפרש מחדש את המשנה, אלא התבססנו על דברי הראשונים והאחרונים מפרשי המשנה והגמרא, כמו כן הוספנו מעט הוספות מהתוספתא והירושלמי. דרכנו בפירוש הייתה להביא את הפירוש הקרוב ביותר ללשון המשנה. אמנם פעמים שבגמרא נוספה אוקימתא לדברי המשנה, ולשם כך צירפנו את פירוש רבי עובדיה מברטנורה, שלרוב הזכיר אוקימתות אלו.

המשנה מובאת כאן על פי שיטת 'משנה סדורה', העוזרת להבנה ולשינון, ותודתנו נתונה לרב אליהו דורדק על כך ועל הליווי והעצות.

דרכנו בציורים

ישנם שני סוגים של ציורים: יש ציורים מבארים ויש ציורים מלווים. הציורים המבארים באים לעזור ללומד להבין את המציאות המדוברת, שכן פעמים רבות בלי ציור מוחשי קשה להבין את דין המשנה והמציאות שדיברו בה. יש מקומות שבהם הראשונים נחלקו באיזו מציאות מדובר ובהם לא הבאנו כמה ציורים, אלא ציור אחד, התואם למובא בפירוש.

הציורים המלווים באים לאו דווקא לתוספת הבנה, אלא כדי שלימוד המשנה ילווה בחוויה חיובית של לימוד, ולכן הציורים באו בסגנון חי ונושם.

אנו תפילה כי הלימוד במשנה זו יגדיל את החיבה ללימוד התורה בכלל וללימוד המשנה בפרט.

מַסֶּכֶת פְּסָחִים

ילדים יקרים

פסח הוא חג חווייתי מאוד. מאוד משפחתי. אנחנו נערכים אליו לפחות שלושים יום קודם לבואו, הישר מפורים, מסירים את המסכות ומתחילים בהכנות. המשימה העיקרית שלנו בחג ולקראתו היא לחפש ולמצוא. בהתחלה אנחנו עושים חיפוש יסודי ומוציאים את כל החמץ שנמצא בבית, וממש לקראת החג עצמו כל משפחה מתכנסת בביתה ל'בדיקת חמץ' - החיפוש האחרון, מסמנים 'וי' שאכן פעלנו נכון ולמחרת מבערים את החמץ שמצאנו. לילה אחרי כן, בליל הסדר, נחפש המון דברים; נחפש מה השתנה, נחפש בנבכי ההיסטוריה אחרי סיפור אבותינו, נחפש את האפיקומן, ואפילו נתחפש בעצמינו ל'יוצאי מצרים', שהרי חייב אדם לראות עצמו כאילו הוא, בעצמו, יצא ממצרים.

גם במסכת פסחים יש הזדמנות לחפש, תוך כדי שלומדים וגם אחרי הלימוד. נסו לחפש מי זה כל אחד מהאנשים ומה הם עושים בכל פעם. נחפש את קרבן הפסח שהלך לאיבוד, נתבונן באירועים ונחשוב כיצד תראה העלייה לרגל (לכמה כוהנים יש משקפיים? למה לכוהן אין שעון? מה הגיל של הכוהנים שעובדים?...).

וכמובן כמובן... גם כאן נחפש את האחד והיחיד - חיליק החילזון!

אז למה אתם מחכים?

צאו לחיפושים!

מבוא למסכת פסחים

יציאת מצרים היא האירוע המשמעותי ביותר לעם ישראל. וקודם היציאה ממצרים נצטוו ישראל בכמה מצוות לליל היציאה ולדורות: הקרבת קרבן הפסח, אכילת הפסח על מצות ומרורים ואיסורי החמץ. מסכת פסחים עוסקת בהלכות הפסח שניתנו בדור יציאת מצרים ולדורות.

פרקים א-ד עוסקים בבדיקת חמץ, איסורי החמץ ומצוות מצה ומרור. פרקים ה-ט עוסקים בהקרבת פסח ראשון ושני, ופרק י עוסק במצוות ליל הסדר.

ההכנות לחג - בדיקת חמץ, איסורי החמץ ומצוות מצה ומרור

פרק א עוסק במצות בדיקת החמץ וביעורו מן הבית בערב פסח. מתי נאסר באכילה ובהנאה ומתי שורפים אותו.

פרק ב עוסק בדיני ביעור החמץ ובמצות המצה והמרור שבליל הסדר, מהי המצה ומהו המרור שבהם יוצאים ידי חובה, ובדינים נוספים של זהירות מחמץ בפסח.

פרק ג עוסק בהגדרת החמץ האסור בפסח, וכיצד אופים מצות בפסח בלי חשש חימוץ. בהמשך דנים במקרים חריגים כמו ערב פסח שחל בשבת.

פרק ד עוסק בכמה הלכות המשתנות ותלויות במנהג המקום, ובמיוחד בהלכות של עשיית מלאכה ביום י"ד בניסן, ערב הפסח.

הקרבת פסח ראשון ושני

פרק ה עוסק בזמן שחיטת הפסח, במחשבות הפוסלות את הקרבן ובאיסור לשחוט את הפסח בעוד שיש למקריב חמץ בביתו. בהמשך מתוארת הקרבת הקרבן.

פרק ו עוסק בהקרבת הפסח בשבת, אלו מלאכות מותרות ואלו אסורות ובדין קרבן החגיגה שבא עם הפסח.

פרק ז עוסק בדיני צליית הפסח, פסח שנטמא, ציבור שנטמא, איסור שבירת העצם ויציאת הפסח מחוץ לחומה, ובדין שתי חבורות שאוכלות בבית אחד.

פרק ח עוסק באדם ששני אנשים שחטו עליו קרבן פסח - אחר מי הוא נמשך ועם איזו חבורה הוא נמנה. בהמשך דנים על מי שבשעת הקרבת הפסח היה טמא ובשעת האכילה כבר יהיה טהור. עוד דנים בדיני חבורת הפסח ומסיימים בדיני אבֵל וגר בקרבן פסח.

פרק ט עוסק בחייבים בפסח שני, בתמורת הפסח ובבהמות שהוקדשו לפסח אך אי אפשר להקריבן.

ליל הסדר

פרק י עוסק בדינים המיוחדים לליל הסדר: מצוות שתיית ארבעת הכוסות, אכילת כרפס ומרור, מצוות "והגדת לבנך", אמירת ההלל על הגאולה והברכה שעליו. לסיום דנים בהלכות אכילת הבשר של קרבן הפסח ושל קרבן החגיגה.

פרק ראשון

פרק זה עוסק בתקנת החכמים על האדם לבדוק את ביתו משאריות החמץ בליל י"ד בניסן, כדי שלא יהיה חמץ ברשותו בימי הפסח, ולא יעבור על הכתוב (שמות יב, יט): "שבעת ימים שאור לא יִמָּצֵא בבתיכם" וכן (שם יג, ז): "לא יֵרָאֶה לך חמץ ולא יֵרָאֶה לך שאור בכל גבולך". בהמשך דנים מתי שורפים את החמץ, מתי הוא נאסר בהנאה ומה דין תרומה של חמץ שיש להיזהר בה שלא להפסידה. מתוך דיון התרומה דנים בדיני טומאת תרומה וקודשים.

א אוֹר לְאַרְבָּעָה עָשָׂר –
בּוֹדְקִים אֶת הֶחָמֵץ לְאוֹר הַנֵּר.
כָּל מָקוֹם שֶׁאֵין מַכְנִיסִין בּוֹ חָמֵץ –
אֵין צָרִיךְ בְּדִיקָה.

וְלָמָּה אָמְרוּ: שְׁתֵּי שׁוּרוֹת בַּמַּרְתֵּף?
מָקוֹם שֶׁמַּכְנִיסִין בּוֹ חָמֵץ.
בֵּית שַׁמַּאי אוֹמְרִים:
שְׁתֵּי שׁוּרוֹת עַל פְּנֵי כָל הַמַּרְתֵּף,
וּבֵית הִלֵּל אוֹמְרִים:
שְׁתֵּי שׁוּרוֹת הַחִיצוֹנוֹת שֶׁהֵן הָעֶלְיוֹנוֹת.

רבי עובדיה מברטנורה

אוֹר לְאַרְבָּעָה עָשָׂר. לֵיל שֶׁלְּמָחֳרָתוֹ יִהְיֶה י"ד. וְקוֹרֵא הַתַּנָּא לַלַּיְלָה 'אוֹר' כְּדֶרֶךְ שֶׁקּוֹרִין לַעִוֵּר 'סַגִּי נְהוֹר', וְלִישָּׁנָא מְעַלְיָא נָקַט: **בּוֹדְקִין אֶת הֶחָמֵץ.** אִית דִּמְפָרְשִׁי טַעֲמָא דִּבְדִיקָה: כְּדֵי שֶׁלֹּא יַעֲבֹר עַל "בַּל יֵרָאֶה וּבַל יִמָּצֵא" (על פי שמות יג, ז) אִם יִהְיֶה חָמֵץ בְּבֵיתוֹ בְּפֶסַח. וְאַף עַל גַּב דִּבְבִטּוּל בְּעָלְמָא סַגִּי – חָיְישִׁינַן שֶׁמָּא יִמְצָא גְּלוּסְקָא יְפֵיפִיָּה וְיִמָּלֵךְ עַל בִּטּוּלוֹ וְיַחְשֹׁב עָלֶיהָ לְאָכְלָהּ וְיַעֲבֹר עָלָיו עַל "בַּל יֵרָאֶה וּבַל יִמָּצֵא". הִלְכָּךְ, בּוֹדְקִים אֶת הֶחָמֵץ כְּדֵי לְבַעֲרוֹ מִן הָעוֹלָם. וְאִית דְּאָמְרִי טַעֲמָא דִּבְדִיקָה: גְּזֵרָה שֶׁמָּא יִמְצָא חָמֵץ בְּבֵיתוֹ בְּפֶסַח וְיֹאכְלֶנּוּ, כֵּיוָן שֶׁאֵין רָגִיל לִהְיוֹת בָּדֵל מִמֶּנּוּ כָּל שְׁאָר יְמוֹת הַשָּׁנָה: **לְאוֹר הַנֵּר.** בַּגְּמָרָא יָלֵיף דִּבְדִיקַת חָמֵץ צְרִיכָה שֶׁתְּהֵא לְאוֹר הַנֵּר, מִדִּכְתִיב הָכָא (שמות יב, יט): "שְׂאֹר לֹא יִמָּצֵא", וּכְתִיב הָתָם (בראשית מד, יב): "וַיִּמָּצֵא הַגָּבִיעַ", מָה מְצִיאָה הָאֲמוּרָה שָׁם עַל יְדֵי חִפּוּשׂ, שֶׁנֶּאֱמַר (שם): "וַיְחַפֵּשׂ וְכוּ' וַיִּמָּצֵא" – אַף מְצִיאָה הָאֲמוּרָה כָּאן עַל יְדֵי חִפּוּשׂ, וְחִפּוּשׂ הָוֵי בְּנֵר דִּכְתִיב (משלי כ, כז): "נֵר ה' נִשְׁמַת אָדָם, חֹפֵשׂ כָּל חַדְרֵי בָטֶן". וְתִקְּנוּ הַבְּדִיקָה בַּלַּיְלָה, מִפְּנֵי שֶׁבַּלַּיְלָה כָּל הָעָם מְצוּיִין בְּבָתֵּיהֶם. וְאוֹר הַנֵּר יָפֶה לִבְדִיקָה בַּלַּיְלָה יוֹתֵר מִבַּיּוֹם, דִּשְׁרָגָא בְּטִיהֲרָא לְמַאי מְהַנְּיָא? [נר בצהריים, לְמה מועיל?] וּמִיהוּ אִם לֹא בָּדַק לֵיל י"ד וּבוֹדֵק בְּי"ד שַׁחֲרִית, צָרִיךְ שֶׁיִּבְדֹּק נָמֵי לְאוֹר הַנֵּר:

וְלָמָּה אָמְרוּ לְקַמָּן בְּמַתְנִיתִין: **שְׁתֵּי שׁוּרוֹת** שֶׁל חָבִיּוֹת הַסְּדוּרוֹת זוֹ עַל גַּבֵּי זוֹ בְּמַרְתֵּף שֶׁל יַיִן צָרִיךְ לִבְדֹּק בֵּינֵיהֶן? אַחַר שֶׁאָמַרְנוּ: כָּל מָקוֹם שֶׁאֵין מַכְנִיסִין בּוֹ חָמֵץ – אֵין צָרִיךְ לִבְדֹּק, לָמָּה הִצְרִיכוּ לְבָדְקָן? וּמְשַׁנֵּי, לֹא

אָמְרוּ אֶלָּא בְּמַרְתֵּף **שֶׁמַּכְנִיסִין בּוֹ חָמֵץ**, כְּמוֹ מַרְתֵּף שֶׁמִּסְתַּפֵּק מִמֶּנּוּ יַיִן לְשֻׁלְחָנוֹ, וּפְעָמִים שֶׁהַשַּׁמָּשׁ עוֹמֵד לִמְזֹג וּפִתּוֹ בְּיָדוֹ וּכְשֶׁהַיַּיִן כָּלֶה – נִכְנָס בַּמַּרְתֵּף לְהָבִיא יַיִן:

שְׁתֵּי שׁוּרוֹת עַל פְּנֵי כָּל הַמַּרְתֵּף. דֶּרֶךְ אוֹצְרֵי יַיִן לְסַדֵּר חָבִיּוֹתֵיהֶן שׁוּרוֹת שׁוּרוֹת עַד שֶׁמְּמַלְּאִין כָּל קַרְקָעִית הַמַּרְתֵּף וְחוֹזְרִין וּמַנִּיחִין חָבִית עַל חָבִית. כַּשּׁוּרוֹת הַתַּחְתּוֹנוֹת – כָּךְ שׁוּרוֹת הָעֶלְיוֹנוֹת, עַד שְׁמֵי הַקּוֹרָה. וּ**שְׁתֵּי שׁוּרוֹת** שֶׁאָמְרוּ **בֵּית שַׁמַּאי** הֵם שׁוּרָה חִיצוֹנָה מִן הָאָרֶץ עַד שְׁמֵי קוֹרָה, וְחוֹזֵר וּבוֹדֵק הֶחָבִיּוֹת הָעֶלְיוֹנוֹת עַל פְּנֵי אָרְכּוֹ וְרָחְבּוֹ שֶׁל מַרְתֵּף, נִמְצְאוּ שְׁתֵּי שׁוּרוֹת כְּמִין גָּא"ם יְוָנִית [Γ], שׁוּרָה אַחַת בִּזְקִיפָה וְשׁוּרָה אַחַת בִּשְׁכִיבָה: **שְׁתֵּי שׁוּרוֹת הַחִיצוֹנוֹת.** הַשּׁוּרָה הָעֶלְיוֹנָה הַסְּמוּכָה לִשְׁמֵי קוֹרָה הָרוֹאָה פְּנֵי הַפֶּתַח, וְשֶׁלְּמַטָּה הֵימֶנָּה. וְאוֹתָן שֶׁלִּפְנִים – אֵינוֹ בּוֹדֵק כְּלָל. וּמִן **הַחִיצוֹנוֹת** אֵינוֹ בּוֹדֵק אֶלָּא **שְׁתֵּי הָעֶלְיוֹנוֹת** בִּלְבַד:

הצטווינו שלא לאכול חמץ במשך ימי חג הפסח (שבעה ימים החל מט"ו בחודש ניסן, ונוסף להם בערב הפסח מחצות היום), וכן שלא יהיה בביתנו חמץ השייך ליהודי (שמות יב, יט). בגלל חומרת האיסור, ומשום העובדה שהחמץ רגיל ושגרתי בביתנו, חששו חכמים שאדם ישאיר בביתו חמץ ולכן חייבו לעשות בדיקה בחדרי הבית בלילה שלפני החג.

אוֹר לְאַרְבָּעָה עָשָׂר – בליל י"ד בניסן, **בּוֹדְקִים אֶת הֶחָמֵץ**, כל אחד בודק את ביתו או כל מקום אחר שברשותו, במקומות שהחמץ יכול להימצא בהם, **לְאוֹר הַנֵּר** – את הבדיקה תיקנו דווקא בתחילת הלילה, אז רוב האנשים נמצאים בבתיהם, ובלילה אפשר לבדוק בפינות ובחורים על ידי אור הנר.

כָּל מָקוֹם שֶׁאֵין מַכְנִיסִין בּוֹ חָמֵץ במשך ימות השנה, כגון חדר השירותים או עליית הגג – **אֵין צָרִיךְ בְּדִיקָה,** שחזקתו שהוא נקי מחמץ.

וְלָמָה אָמְרוּ חכמים שצריך לבדוק **שְׁתֵּי שׁוּרוֹת** של חביות **בַּמַּרְתֵּף** היין?

משום החשש שיש שם חמץ שכן מדובר במרתף שהוא **מָקוֹם שֶׁמַּכְנִיסִין בּוֹ חָמֵץ**, שנכנסים אליו בשעת הסעודה עם שאריות לחם כדי להביא יין לסעודה.

בתקופת המשנה היו מאחסנים את חביות היין בכל שטח המרתף לכל גובהו עד התקרה, ובבדיקת החמץ הצריכו לבדוק רק שתי שורות של חביות. והתנאים נחלקו מהן שתי השורות שעליהן דיברו חכמים.

בֵּית שַׁמַּאי אוֹמְרִים: שְׁתֵּי שׁוּרוֹת עַל פְּנֵי כָל הַמַּרְתֵּף – השורה הראשונה היא כל החביות העומדות מול הכניסה למרתף, והשורה השנייה היא כל החביות העליונות במרתף, הסמוכות לתקרה, ושתי השורות הן בצורת האות ר'.

וּבֵית הִלֵּל אוֹמְרִים: שְׁתֵּי שׁוּרוֹת הַחִיצוֹנוֹת שֶׁהֵן הָעֶלְיוֹנוֹת – שתי שורות מבין ערימת החביות הנמצאות מול הכניסה למרתף: הגבוהה ביותר וסמוכה לתקרה והשורה שמתחתיה (בגמרא ח, ב הובא פירוש נוסף).

ב אֵין חוֹשְׁשִׁין שֶׁמָּא גֵּרְרָה חֻלְדָּה מִבַּיִת לְבַיִת וּמִמָּקוֹם לְמָקוֹם, דְּאִם כֵּן, מֵחָצֵר לְחָצֵר וּמֵעִיר לְעִיר – אֵין לַדָּבָר סוֹף.

רבי עובדיה מברטנורה

אֵין חוֹשְׁשִׁין. כְּשֶׁבָּדַק הַבַּיִת בְּזָוִית זוֹ וּבָא לִבְדֹּק זָוִית זוֹ – אֵין חוֹשְׁשִׁין שֶׁמָּא בְּתוֹךְ שֶׁבָּאתִי לְזוֹ גֵּרְרָה חֻלְדָּה לְמָקוֹם הַבָּדוּק וְצָרִיךְ אֲנִי לַחֲזֹר וְלִבְדֹּק, שֶׁאִם בָּאתָ לָחוּשׁ לְכָךְ – הֲרֵי גַּם מֵחָצֵר לְחָצֵר יֵשׁ לוֹמַר כֵּן: "אֲנִי בָּדַקְתִּי קֹדֶם לַחֲבֵרִי, וּלְאַחַר בְּדִיקָתִי הֵבִיאָה חֻלְדָּה חָמֵץ מֵחֲצַר חֲבֵרִי לַחֲצֵרִי", וְאֵין לַדָּבָר סוֹף.

בתקופת המשנה היה מצוי שבין בני האדם חיו בעלי חיים כמו חולדות ועכברים, והמשנה קובעת שאין לחשוש שאחר הבדיקה הם העבירו חמץ ממקום למקום.

לאחר שבדקו את החמץ, והמקום בחזקת 'נקי' מחמץ, **אֵין חוֹשְׁשִׁין שֶׁמָּא גֵּרְרָה חֻלְדָּה** חתיכת חמץ **מִבַּיִת לְבַיִת,** כלומר מחדר לחדר, שבלשון המשנה חדר נקרא 'בית', **וּמִמָּקוֹם לְמָקוֹם** – מפינה לפינה בתוך החדר, **דְּאִם כֵּן,** שאם נחשוש לזה, נצטרך לחשוש גם שמא העבירה חולדה חמץ **מֵחָצֵר** של אדם שעדיין לא בדק **לְחָצֵר** של אדם שכבר בדק, **וּמֵעִיר לְעִיר,** ובדרך זו **אֵין לַדָּבָר סוֹף,** ואי אפשר לסמוך על שום בדיקה.

ג רַבִּי יְהוּדָה אוֹמֵר:
בּוֹדְקִין אוֹר אַרְבָּעָה עָשָׂר,
וּבְאַרְבָּעָה עָשָׂר שַׁחֲרִית וּבְשָׁעַת הַבִּעוּר.
וַחֲכָמִים אוֹמְרִים:
לֹא בָּדַק אוֹר אַרְבָּעָה עָשָׂר - יִבְדֹּק בְּאַרְבָּעָה עָשָׂר,
לֹא בָּדַק בְּאַרְבָּעָה עָשָׂר - יִבְדֹּק בְּתוֹךְ הַמּוֹעֵד,
לֹא בָּדַק בְּתוֹךְ הַמּוֹעֵד - יִבְדֹּק לְאַחַר הַמּוֹעֵד.

וּמַה שֶּׁמְּשַׁיֵּר - יַנִּיחֶנּוּ בְּצִנְעָא,
כְּדֵי שֶׁלֹּא יְהֵא צָרִיךְ בְּדִיקָה אַחֲרָיו.

רבי עובדיה מברטנורה

בּוֹדְקִים אוֹר אַרְבָּעָה עָשָׂר וּבְאַרְבָּעָה עָשָׂר שַׁחֲרִית. הָכִי קָאָמַר: בְּאֶחָד מִשְּׁלֹשָׁה פְּרָקִים הַלָּלוּ בִּלְבַד בּוֹדְקִים, וּלְאַחַר שְׁלֹשָׁה פְּרָקִים הַלָּלוּ, אִם לֹא בָּדַק - שׁוּב אֵינוֹ בּוֹדֵק: **בְּתוֹךְ הַמּוֹעֵד.** בְּשָׁעָה שִׁשִּׁית, שֶׁהוּא מוֹעֵד הַבִּעוּר. **לְאַחַר הַמּוֹעֵד,** עַד שֶׁתֶּחְשַׁךְ: וְאִית דִּמְפָרְשִׁי בְּתוֹךְ הַמּוֹעֵד. בְּתוֹךְ הַפֶּסַח. לְאַחַר הַמּוֹעֵד. לְאַחַר הַפֶּסַח. כְּדֵי שֶׁלֹּא יִתְעָרֵב לוֹ חָמֵץ שֶׁעָבַר עָלָיו הַפֶּסַח שֶׁהוּא אָסוּר בַּהֲנָאָה, בְּחָמֵץ שֶׁל הֶתֵּר שֶׁנַּעֲשָׂה לְאַחַר הַפֶּסַח: וְרַבִּי יְהוּדָה סָבַר לְאַחַר הַבִּעוּר, דְּהַיְנוּ לְאַחַר זְמַן אִסּוּרוֹ שֶׁל חָמֵץ - לֹא יִבְדֹּק כְּלָל, דִּלְמָא אָתֵי לְמֵיכַל מִנֵּיהּ. וְרַבָּנָן אָמְרִי: יִבְדֹּק לְאַחַר זְמַן אִסּוּרוֹ, וְלָא חָיְשִׁינַן דִּלְמָא אָתֵי לְמֵיכַל מִנֵּיהּ, [אין חוששים שמא יאכל ממנו] כֵּיוָן שֶׁכָּל עַצְמוֹ מְחַזֵּר עָלָיו לְשׂוֹרְפוֹ. וְאֵין הֲלָכָה כְּרַבִּי יְהוּדָה:

משנה זו דנה מתי בודקים את החמץ לכתחילה, ובדיעבד כשלא בדק את החמץ בזמן הראוי. בדין זה נחלקו רבי יהודה וחכמים.

רַבִּי יְהוּדָה אוֹמֵר: בּוֹדְקִין את הבית מן החמץ **אוֹר אַרְבָּעָה עָשָׂר,** ליל י"ד בניסן, **וּבְאַרְבָּעָה עָשָׂר שַׁחֲרִית,** בי"ד בניסן בבוקר, **וּבְשָׁעַת הַבִּעוּר,** הזמן המתאים לשריפת החמץ ביום י"ד בניסן (ראה משנה הבאה). לאחר זמנים אלו, נאסר החמץ באכילה, ולדעת רבי יהודה אין לחפש אז את החמץ כלל, שמא ימצא חמץ ומתוך ההרגל יאכל אותו.

וַחֲכָמִים אוֹמְרִים: לֹא בָּדַק אוֹר אַרְבָּעָה עָשָׂר, אם לא בדק בליל י"ד, **יִבְדֹּק בְּאַרְבָּעָה עָשָׂר** - יבדוק למחרת, במשך יום י"ד.

לֹא בָּדַק בְּאַרְבָּעָה עָשָׂר - יִבְדֹּק בְּתוֹךְ הַמּוֹעֵד, יבדוק כשייזכר, ביום טוב או בימי חול המועד.

לֹא בָּדַק בְּתוֹךְ הַמּוֹעֵד - יִבְדֹּק לְאַחַר הַמּוֹעֵד, יבדוק אחר ימי הפסח. שכן חמץ של יהודי שעבר עליו הפסח אסור באכילה (להלן ב, ב), ולכן צריך לבדוק שלא יישאר בבית חמץ כזה.

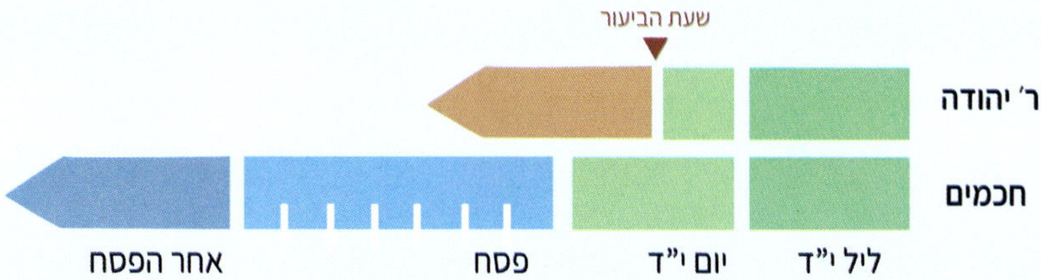

וּמַה שֶּׁמְּשַׁיֵּר - חמץ שמשאיר אותו בליל י"ד כדי לאוכלו בלילה או למחרת, **יַנִּיחֶנּוּ בְּצִנְעָא,** במקום שמור, **כְּדֵי שֶׁלֹּא** יאבד אותו חמץ ואז **יְהֵא צָרִיךְ בְּדִיקָה** נוספת **אַחֲרָיו.**

ד **רַבִּי מֵאִיר אוֹמֵר:**
אוֹכְלִין כָּל חָמֵשׁ, וְשׂוֹרְפִין בִּתְחִלַּת שֵׁשׁ,
וְרַבִּי יְהוּדָה אוֹמֵר:
אוֹכְלִין כָּל אַרְבַּע, וְתוֹלִין כָּל חָמֵשׁ,
וְשׂוֹרְפִין בִּתְחִלַּת שֵׁשׁ.

רבי עובדיה מברטנורה

וְשׂוֹרְפִין בִּתְחִלַּת שֵׁשׁ. וְאַף עַל גַּב דְּכָל שָׁעָה שִׁשִּׁית מִדְּאוֹרָיְתָא שַׁרְיָא – גָּזְרוּ רַבָּנָן עָלֶיהָ דִּלְמָא טָעוּ וְסָבַר עַל הַשְּׁבִיעִית שֶׁהִיא שִׁשִּׁית. אֲבָל הַחֲמִישִׁית – לֹא טָעוּ לְמֵימַר עַל הַשְּׁבִיעִית שֶׁהִיא חֲמִישִׁית, וּמֻתָּר:

תּוֹלִין כָּל חָמֵשׁ וְאֵינוֹ אוֹכֵל, גְּזֵרָה מִשּׁוּם יוֹם הַמְעֻנָּן, דְּטָעֵי וְסָבַר עַל הַשְּׁבִיעִית שֶׁהִיא חֲמִישִׁית. וּמִיהוּ, לִשְׂרֹף אֵינוֹ צָרִיךְ, וּמַאֲכִיל לִבְהֶמְתּוֹ. אֲבָל שִׁשִּׁית – אַף בַּהֲנָאָה אָסוּר מִדְּרַבָּנָן, גְּזֵרָה מִשּׁוּם שְׁבִיעִית. וַהֲלָכָה כְּרַבִּי יְהוּדָה:

מן התורה, חמץ אסור באכילה מחצות היום של י"ד בניסן, כלומר בסוף השעה השישית מתחילת היום, וחכמים הקדימו את שעת האיסור. משנה זו מבארת את דרגות האיסור שביום י"ד בניסן.

השעות שמנו חכמים, אינן השעות הנהוגות בימינו, שכל אחת נמשכת 60 דקות קבועות. את משך היום, מהזריחה עד השקיעה, מחלקים ל-12, וכל חלק הוא 'שעה זמנית', לפעמים (בימי הקיץ) השעה ארוכה יותר מ-60 דקות ולפעמים (בימי החורף) קצרה יותר.

רַבִּי מֵאִיר אוֹמֵר: אוֹכְלִין חמץ **כָּל חָמֵשׁ** שעות ביום, עד תחילת השעה השישית, **וְשׂוֹרְפִין בִּתְחִלַּת שֵׁשׁ** – כשמגיעה השעה השישית ביום (=שעה אחת קודם חצות היום), אסור מדברי חכמים לאכול חמץ, וזה זמן ביעור החמץ.

וְרַבִּי יְהוּדָה אוֹמֵר: אוֹכְלִין חמץ **כָּל אַרְבַּע** שעות ביום, **וְתוֹלִין כָּל חָמֵשׁ** שעות ביום, **וְשׂוֹרְפִין בִּתְחִלַּת שֵׁשׁ** – רבי יהודה חולק ולדעתו חכמים אסרו חמץ באכילה כבר משעה חמישית (=שעתיים קודם חצות היום), מחשש שיטעו בשעות היום ויאכלו אחר חצות. עם זאת, חכמים לא רצו להחמיר כל כך ולאוסרו בהנאה, ועל כן "תולין" את החמץ, כלומר לא אוכלים אותו אך לא חייבים לשרוף אותו, כי הוא מותר בהנאה שאינה אכילה.

ה **וְעוֹד אָמַר רַבִּי יְהוּדָה:**
שְׁתֵּי חַלּוֹת שֶׁל תּוֹדָה פְּסוּלוֹת מֻנָּחוֹת עַל גַּג הָאִצְטְבָא.
כָּל זְמַן שֶׁמֻּנָּחוֹת - כָּל הָעָם אוֹכְלִים,
נִטְּלָה אַחַת - תּוֹלִין, לֹא אוֹכְלִין וְלֹא שׂוֹרְפִין,
נִטְּלוּ שְׁתֵּיהֶן - הִתְחִילוּ כָּל הָעָם שׂוֹרְפִין.

רַבָּן גַּמְלִיאֵל אוֹמֵר:
חֻלִּין נֶאֱכָלִים כָּל אַרְבַּע,
וּתְרוּמָה כָּל חָמֵשׁ,
וְשׂוֹרְפִין בִּתְחִלַּת שֵׁשׁ.

רבי עובדיה מברטנורה

שְׁתֵּי חַלּוֹת שֶׁל חָמֵץ **שֶׁל תּוֹדָה, פְּסוּלוֹת.** שֶׁנִּפְסְלוּ בְּלִינָה. שֶׁמִּתּוֹךְ שֶׁהֵן מְרֻבּוֹת לַחְמֵי תּוֹדָה בְּי״ג בְּנִיסָן, שֶׁכָּל מִי שֶׁיֵּשׁ לוֹ תּוֹדָה לְהָבִיא מְבִיאָהּ בְּי״ג - נִפְסָלוֹת בְּלִינָה לַבֹּקֶר שֶׁל י״ד. לַחְמֵי תּוֹדָה - אַרְבָּעִים חַלּוֹת, עֲשָׂרָה מֵהֶן חָמֵץ. וְתוֹדָה נֶאֱכֶלֶת לְיוֹם וָלַיְלָה, וְאִם הָיוּ מְבִיאִים אוֹתָם בְּי״ד - אֵין נֶאֱכָלוֹת שֶׁל חָמֵץ אֶלָּא עַד שֵׁשׁ שָׁעוֹת, וְאָסוּר לְהָבִיא קָרְבָּן בְּיוֹם שֶׁיִּתְמַעֵט זְמַן אֲכִילָתוֹ, שֶׁאֵין מְבִיאִין קָדָשִׁים לְבֵית הַפְּסוּל. הִלְכָּךְ, כָּל מִי שֶׁהָיָה עָלָיו קָרְבַּן תּוֹדָה - מְבִיאָהּ בְּי״ג, דְּבְי״ד לֹא יוּכַל לַהֲבִיאָהּ, וְכָל שֶׁכֵּן בְּפֶסַח, וְנִפְסְלוּ בְּלִינָה לְיוֹם י״ד, לְפִי שֶׁלֹּא הָיוּ לָהֶם אוֹכְלִים כָּל כָּךְ. וּמִשּׁוּם הָכִי, דִּפְסוּלוֹת הָיוּ, נְתוּנוֹת שָׁם, שֶׁאִם הָיוּ כְּשֵׁרוֹת - לֹא הָיוּ נוֹתְנִים אוֹתָם שָׁם לְפָסְלָם בְּיָדַיִם: **שֶׁמֻּנָּחוֹת** שָׁם עַד זְמַן הַבִּעוּר וְנִשְׂרָפוֹת: **עַל גַּג הָאִצְטְבָא** שֶׁהָיָה בְּהַר הַבַּיִת, כְּדֵי שֶׁיֵּרָאוּ אוֹתָם שָׁם לְסִימָן:

נִטְּלָה אַחַת מֵהֶן. בִּתְחִלַּת שָׁעָה חֲמִישִׁית בָּא שְׁלִיחַ בֵּית דִּין וְנוֹטֵל הָאַחַת, וְכָל הָעָם מַכִּירִים שֶׁהִגִּיעַ שָׁעָה חֲמִישִׁית **וְתוֹלִין**. **וּתְרוּמָה כָּל חָמֵשׁ.** דְּאָסוּר לְהַפְסִיד קָדָשִׁים בְּיָדַיִם כָּל זְמַן שֶׁיָּכוֹל לְאָכְלָם: **וְשׂוֹרְפִין בִּתְחִלַּת שֵׁשׁ.** דְּהַשְׁתָּא וַדַּאי רֻבָּא טָעוּ בֵּין שִׁשִּׁית לִשְׁבִיעִית. וְאֵין הֲלָכָה כְּרַבָּן גַּמְלִיאֵל:

משנה זו ממשיכה לדון בדיני החמץ ביום י"ד בניסן, ורבי יהודה מביא ראיה לשיטתו במשנה הקודמת מהמנהג בבית המקדש.

ה'תודה' היא קרבן שמביא אדם כהודאה לה' על ישועה שנעשתה לו, כגון חולה שהבריא. הקרבן כולל בהמה ועמה 40 חלות, מהם 30 מצות שלא החמיצו ו-10 חלות חמץ. בפסח ובערב פסח אין מביאים קרבן תודה, מפני חלות החמץ שבו, ועל כן בי"ג בניסן היה ריבוי של קרבנות תודה, ונשארו הרבה חלות שעבר זמנן ונפסלו, שכן זמן אכילת התודה הוא ביום ההקרבה עד חצות הלילה שאחריו.

וְעוֹד אָמַר רַבִּי יְהוּדָה, כך היה המנהג בבית המקדש בערב חג הפסח:

שְׁתֵּי חַלּוֹת שֶׁל תּוֹדָה פְּסוּלוֹת שעבר זמן אכילתן, היו **מֻנָּחוֹת עַל גַּג הָאִצְטְבָא** בהר הבית - היו מניחים אותן במקום גבוה שניכר לעין כול. ובכך עשו סימן להודיע את זמני איסור חמץ:

כָּל זְמַן שֶׁמֻּנָּחוֹת החלות - **כָּל הָעָם אוֹכְלִים** חמץ,

נִטְּלָה חלה **אַחַת** מן השתיים - **תּוֹלִין, לֹא אוֹכְלִין** חמץ **וְלֹא שׂוֹרְפִין** אותו, שכן הוא מותר בהנאה שאינה אכילה.

וכאשר **נִטְּלוּ שְׁתֵּיהֶן** - הבינו שהגיע זמן איסור חמץ, ולכן **הִתְחִילוּ כָּל הָעָם שׂוֹרְפִין.**

רַבָּן גַּמְלִיאֵל אוֹמֵר: רבן גמליאל חולק על רבי מאיר ורבי יהודה שבמשנה הקודמת, ולדעתו מאכלי **חֻלִּין** של חמץ **נֶאֱכָלִים כָּל אַרְבַּע** שעות ביום, **וּתְרוּמָה** של חמץ נאכלת **כָּל חָמֵשׁ** שעות ביום, **וְשׂוֹרְפִין** את החמץ, בין אם הוא של חולין או של תרומה, **בִּתְחִלַּת שֵׁשׁ.** רבן גמליאל מסכים עם רבי יהודה, שחכמים אסרו אכילת חמץ שעתיים לפני חצות היום, אך מקל בתרומה, כיוון שהיא קודש ויש לשמור שלא תיפסד, אין להחמיר ולאסור אותה בשעה הנוספת.

	רביעית	חמישית	שישית
ר' מאיר	אוכלים	אוכלים	שורפים
ר' יהודה	אוכלים	תולין	שורפים
ר' גמליאל	אוכלים	חולין / תרומה	שורפים

ו **רַבִּי חֲנִינָא סְגַן הַכֹּהֲנִים אוֹמֵר:**
מִימֵיהֶם שֶׁל כֹּהֲנִים,
לֹא נִמְנְעוּ מִלִּשְׂרוֹף אֶת הַבָּשָׂר שֶׁנִּטְמָא בִּוְלַד הַטֻּמְאָה,
עִם הַבָּשָׂר שֶׁנִּטְמָא בְּאַב הַטֻּמְאָה,
אַף עַל פִּי שֶׁמּוֹסִיפִין טֻמְאָה עַל טֻמְאָתוֹ.

הוֹסִיף רַבִּי עֲקִיבָא וְאָמַר:
מִימֵיהֶם שֶׁל כֹּהֲנִים,
לֹא נִמְנְעוּ מִלְּהַדְלִיק אֶת הַשֶּׁמֶן שֶׁנִּפְסַל בִּטְבוּל יוֹם,
בְּנֵר שֶׁנִּטְמָא בִּטְמֵא מֵת,
אַף עַל פִּי שֶׁמּוֹסִיפִין טֻמְאָה עַל טֻמְאָתוֹ.

רבי עובדיה מברטנורה

מִימֵיהֶם שֶׁל כֹּהֲנִים לֹא נִמְנְעוּ. מִשּׁוּם דְּבָעֵי לְמִתְנֵי סֵיפָא: מִדִּבְרֵיהֶם לָמַדְנוּ שֶׁשּׂוֹרְפִין תְּרוּמָה טְהוֹרָה עִם הַטְּמֵאָה, נָקַט לָהּ הָכָא: **מִלִּשְׂרוֹף אֶת הַבָּשָׂר שֶׁנִּטְמָא בִּוְלַד הַטֻּמְאָה** – בְּוָלָד שֶׁל וָלָד קָאָמַר. כְּלוֹמַר, הַבָּשָׂר שֶׁהוּא שְׁלִישִׁי שֶׁנִּטְמָא בְּשֵׁנִי לַטֻּמְאָה, שֶׁהוּא וָלָד שֶׁל וָלָד, לֹא נִמְנְעוּ מִלְּשָׂרְפוֹ עִם הַבָּשָׂר שֶׁנִּטְמָא בְּאַב הַטֻּמְאָה, שֶׁהוּא רִאשׁוֹן לַטֻּמְאָה. וּכְשֶׁנּוֹגֵעַ זֶה הַבָּשָׂר שֶׁהָיָה מִתְּחִלָּתוֹ שְׁלִישִׁי בְּבָשָׂר שֶׁנִּטְמָא בְּאַב הַטֻּמְאָה – חוֹזֵר לִהְיוֹת שֵׁנִי, שֶׁהֲרֵי נָגַע בְּרִאשׁוֹן וְנַעֲשָׂה שֵׁנִי. וְנִמְצָא שֶׁהוֹסִיפוּ **לוֹ טֻמְאָה עַל טֻמְאָתוֹ.** דְּמֵעִקָּרָא שְׁלִישִׁי וְהַשְׁתָּא שֵׁנִי. וְאַף עַל פִּי כֵן לֹא נִמְנְעוּ מִלְּשָׂרְפוֹ עִם חָמוּר מִמֶּנּוּ, דְּהוֹאִיל וְאַף זֶה הַקַּל לִשְׂרֵפָה עוֹמֵד – לֹא חָשׁוּ אִם מְטַמְּאִין אוֹתוֹ יוֹתֵר מִמָּה שֶׁהָיָה. וְאַף עַל פִּי שֶׁאֵין אֹכֶל מְטַמֵּא אֹכֶל מִן הַתּוֹרָה, שֶׁנֶּאֱמַר בְּטֻמְאַת אֳכָלִין (ויקרא יא, לח): "טָמֵא הוּא" – הוּא טָמֵא, וְאֵינוֹ מְטַמֵּא אֹכֶל כַּיּוֹצֵא בוֹ, מִכָּל מָקוֹם רַבָּנָן גָּזְרוּ שֶׁיִּהְיֶה אֹכֶל מְטַמֵּא אֹכֶל:

אֶת הַשֶּׁמֶן שֶׁל תְּרוּמָה. **שֶׁנִּפְסַל בִּטְבוּל יוֹם** – הוּא שְׁלִישִׁי לַטֻּמְאָה, דִּטְבוּל יוֹם פּוֹסֵל אֶת הַתְּרוּמָה מִן הַתּוֹרָה וְעוֹשֶׂה אוֹתָהּ שְׁלִישִׁי לְעוֹלָם, לָא שְׁנָא אֳכָלִין וְלָא שְׁנָא מַשְׁקִין: **בְּנֵר שֶׁנִּטְמָא בִּטְמֵא מֵת.** הַאי נֵר – שֶׁל מַתֶּכֶת הוּא. וְכָל כֵּלִים חוּץ מִכְּלֵי חֶרֶס שֶׁנָּגְעוּ בְּטֻמְאַת מֵת נַעֲשׂוּ כְּמוֹתָהּ: אִם אָב – אָב, אִם רִאשׁוֹן – רִאשׁוֹן, דִּכְתִיב (במדבר יט, טז): "בַּחֲלַל חֶרֶב", וְדָרְשִׁינַן (פסחים יד, ב): "חֶרֶב הֲרֵי הוּא כֶּחָלָל", שֶׁהַחֶרֶב שֶׁנָּגַע בְּמֵת נַעֲשָׂה אֲבִי אֲבוֹת הַטֻּמְאָה, כְּמֵת עַצְמוֹ. וּכְשֶׁנָּגַע בִּטְמֵא מֵת שֶׁהוּא אָב – נַעֲשָׂה גַּם כֵּן הַחֶרֶב, אָב. וְהוּא הַדִּין לְכָל שְׁאָר כֵּלִים, חוּץ מִכְּלֵי חֶרֶס. נִמְצָא הַנֵּר שֶׁל מַתֶּכֶת שֶׁנָּגַע בִּטְמֵא מֵת, נַעֲשָׂה אַב הַטֻּמְאָה.

וְהָשְׁתָּא הוֹסִיף רַבִּי עֲקִיבָא עַל דִּבְרֵי רַבִּי חֲנַנְיָה סְגַן הַכֹּהֲנִים, שֶׁרַבִּי חֲנַנְיָה לֹא הִתִּיר אֶלָּא לְהַחְזִיר הַשְּׁלִישִׁי שֵׁנִי, וְרַבִּי עֲקִיבָא הִתִּיר לְהַחְזִיר הַשְּׁלִישִׁי רִאשׁוֹן. שֶׁהַשֶּׁמֶן שֶׁנִּפְסַל בִּטְבוּל יוֹם שֶׁהוּא שְׁלִישִׁי, כְּשֶׁמַּדְלִיקִין אוֹתוֹ בְּנֵר שֶׁנִּטְמָא בִּטְמֵא מֵת, שֶׁהַנֵּר עַצְמוֹ נַעֲשָׂה אָב, כְּמוֹ שֶׁאָמַרְנוּ. נִמְצָא שֶׁחוֹזֵר הַשְּׁלִישִׁי לִהְיוֹת רִאשׁוֹן, וְאַף עַל פִּי כֵן - לֹא נִמְנְעוּ. דְּהוֹאִיל וְיֵשׁ שֵׁם טֻמְאָה עָלָיו - לָא חָיְישִׁינַן לֵיהּ, וּמֻתָּר לְהוֹסִיף בְּיָדַיִם:

ככלל, אסור לגרום טומאה לתרומה או קודשים, אלא צריך לשמור עליהם שלא ייפסדו, שנאמר (במדבר יח, ח): "נתתי לך את משמרת תְּרוּמֹתָי". משנתנו דנה בהפסד תרומה או קודש שנטמאו בטומאה קלה יותר ועומדים לשריפה.

ישנן כמה דרגות של טומאה:

טומאת המת היא החמורה ביותר, והמת קרוי 'אבי אבות הטומאה'.

הנטמא ממת וכן שרץ או נבלה הם 'אב הטומאה'. הנטמא מחמתם נעשה 'ראשון לטומאה'.

הנטמא מחמת הראשון לטומאה נעשה 'שני לטומאה'.

הנוגע בשני לטומאה נעשה שלישי. דרגת שלישי לטומאה ישנה רק בתרומה וקודשים, ואינה קיימת בחולין. דרגת רביעי לטומאה ישנה רק בקודשים.

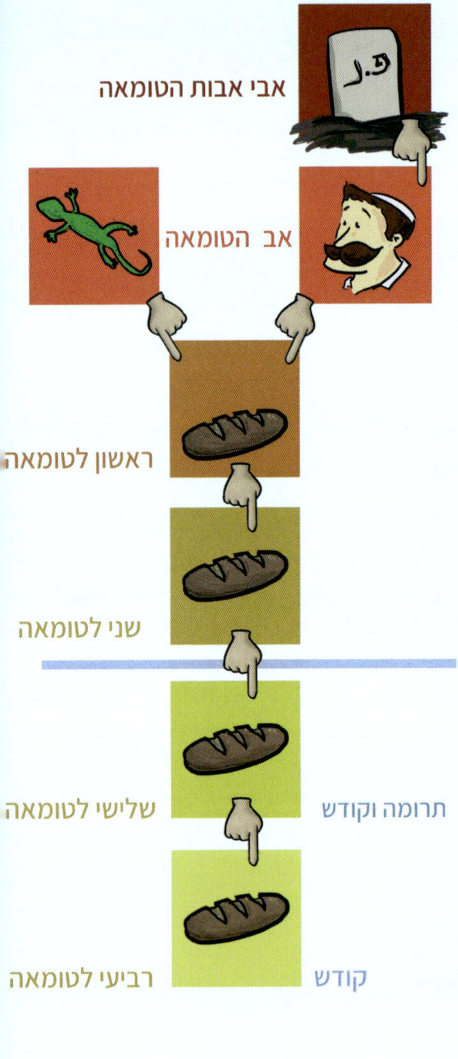

רַבִּי חֲנִינָא סְגַן הַכֹּהֲנִים, שהיה משמש כסגן ומחליף לכוהן הגדול בבית המקדש, **אוֹמֵר:**

מִימֵיהֶם שֶׁל כֹּהֲנִים, לֹא נִמְנְעוּ מִלִּשְׂרוֹף אֶת הַבָּשָׂר שֶׁנִּטְמָא בִּוְלַד הַטֻּמְאָה, בשר שנגע בשני לטומאה ונעשה שלישי לטומאה, יחד **עִם הַבָּשָׂר שֶׁנִּטְמָא בְּאַב הַטֻּמְאָה,** ונעשה ראשון לטומאה, **אַף עַל פִּי שֶׁמּוֹסִיפִין טֻמְאָה עַל טֻמְאָתוֹ** – כאשר נוגעים זה בזה, הבשר שהיה שלישי מקבל טומאה חמורה יותר ונעשה שני (כיוון שנגע בראשון לטומאה). הכוהנים לא חששו להוסיף טומאה חמורה לבשר, כיוון שטומאה קלה כבר אסרה אותו באכילה ודינו לשריפה.

טבול יום הוא אדם או כלי שהיה טמא וטבל לטהרתו, וטהרה גמורה תהיה לו בצאת הכוכבים שלאחר מכן. טבול יום הוא 'שני לטומאה', ולכן במגעו בתרומה או קודשים הם נעשים 'שלישי לטומאה'.

בהקדמה לעיל התבאר שהנוגע ב'אב הטומאה' נעשה 'ראשון לטומאה', אולם בכלי מתכת יש חומרה מיוחדת, שבמגעם בטמא מת נעשים אב הטומאה כמותו (רש"י יד, ב).

הוֹסִיף רַבִּי עֲקִיבָא וְאָמַר: בימי בית המקדש, **מִימֵיהֶם שֶׁל כֹּהֲנִים, לֹא נִמְנְעוּ מִלְּהַדְלִיק אֶת הַשֶּׁמֶן** של תרומה **שֶׁנִּפְסַל בִּטְבוּל יוֹם,** השמן נגע באדם טבול יום ונעשה שלישי לטומאה, **בְּנֵר שֶׁנִּטְמָא בִּטְמֵא מֵת,** בלשון המשנה, 'נר' הוא הכלי שבו מניחים את השמן, במשנתנו מדובר שהכלי עשוי ממתכת, וכיוון שנגע בטמא מת נעשה גם הוא אב הטומאה, **אַף עַל פִּי שֶׁמּוֹסִיפִין טֻמְאָה עַל טֻמְאָתוֹ** – כאשר השמן, שהוא שלישי לטומאה, נוגע בכלי שהוא אב הטומאה, הוא מקבל טומאה חמורה יותר ונעשה ראשון. הכוהנים לא חששו להוסיף טומאה חמורה לשמן, כיוון שטומאה קלה כבר אסרה אותו ודינו לשריפה.

ז **אָמַר רַבִּי מֵאִיר:**
מִדִּבְרֵיהֶם לָמַדְנוּ
שֶׁשּׂוֹרְפִין תְּרוּמָה טְהוֹרָה עִם הַטְּמֵאָה בַּפֶּסַח.

אָמַר לוֹ רַבִּי יוֹסֵי: אֵינָהּ הִיא הַמִּדָּה.
וּמוֹדִים רַבִּי אֱלִיעֶזֶר וְרַבִּי יְהוֹשֻׁעַ,
שֶׁשּׂוֹרְפִין זוֹ לְעַצְמָהּ וְזוֹ לְעַצְמָהּ,

עַל מָה נֶחְלְקוּ?
עַל הַתְּלוּיָה וְעַל הַטְּמֵאָה,
שֶׁרַבִּי אֱלִיעֶזֶר אוֹמֵר: תִּשָּׂרֵף זוֹ לְעַצְמָהּ וְזוֹ לְעַצְמָהּ,
וְרַבִּי יְהוֹשֻׁעַ אוֹמֵר: שְׁתֵּיהֶן כְּאַחַת.

רבי עובדיה מברטנורה

מִדִּבְרֵיהֶם לָמַדְנוּ. בֵּין רַבִּי מֵאִיר בֵּין רַבִּי יוֹסֵי, תַּרְוַיְהוּ סְבִירָא לְהוּ דְּבָשָׂר שֶׁנִּטְמָא בּוֹלַד הַטֻּמְאָה דְּאָמַר רַבִּי חֲנַנְיָה, מַיְרֵי בְּבָשָׂר שֶׁנִּטְמָא בְּמַשְׁקִים שֶׁנִּטְמְאוּ בִּכְלִי שֶׁנִּטְמָא בְּשֶׁרֶץ. וְרַבִּי מֵאִיר סָבַר: טֻמְאַת מַשְׁקִים לְטַמֵּא אֲחֵרִים – לָאו דְּאוֹרָיְתָא, שֶׁאֵין מַשְׁקִין מְטַמְּאִין אֲחֵרִים, וַאֲפִלּוּ אֳכָלִין, אֶלָּא מִדְּרַבָּנָן. וּמִשּׁוּם הָכִי קָאָמַר: מִדִּבְרֵי רַבִּי חֲנַנְיָה דְּאָמַר שֶׁשּׂוֹרְפִין בָּשָׂר שֶׁנִּטְמָא בְּמַשְׁקִין, דְּהָוֵי לֵיהּ טָמֵא מִדְּרַבָּנָן, דְּמִדְּאוֹרָיְתָא טָהוֹר מְעַלְּיָא הוּא, עִם בָּשָׂר שֶׁנִּטְמָא בְּאַב הַטֻּמְאָה, שֶׁהוּא טָמֵא דְּאוֹרָיְתָא. **לָמַדְנוּ, שֶׁשּׂוֹרְפִין תְּרוּמָה טְהוֹרָה עִם הַטְּמֵאָה** מִשֶּׁהִגִּיעַ שָׁעָה שִׁשִּׁית שֶׁהִיא אֲסוּרָה מִדְּרַבָּנָן. כְּמוֹ שֶׁשּׂוֹרְפִין בָּשָׂר שֶׁנִּטְמָא בְּמַשְׁקִין, שֶׁהוּא טָהוֹר גָּמוּר מִן הַתּוֹרָה, עִם בָּשָׂר שֶׁנִּטְמָא בְּאַב הַטֻּמְאָה, שֶׁהוּא טָמֵא דְּאוֹרָיְתָא:

אָמַר לוֹ רַבִּי יוֹסֵי: אֵינָהּ הִיא הַמִּדָּה. רַבִּי יוֹסֵי לְטַעֲמֵיהּ, דִּסְבִירָא לֵיהּ טֻמְאַת מַשְׁקִין לְטַמֵּא אֲחֵרִים דְּאוֹרָיְתָא, וּבָשָׂר שֶׁנִּטְמָא בְּמַשְׁקִין טָמֵא מִדְּאוֹרָיְתָא. הִלְכָּךְ אֲמַר לֵיהּ: אֵינָהּ הִיא הַמִּדָּה, כְּלוֹמַר אִי אַתָּה יָכוֹל לִלְמֹד זֹאת מִדִּבְרֵיהֶם, אִם הִתַּרְתָּ לִשְׂרֹף טָמֵא טֻמְאָה קַלָּה עִם טָמֵא טֻמְאָה חֲמוּרָה – תַּתִּיר לִשְׂרֹף טְהוֹרָה עִם טְמֵאָה?! וַהֲלָכָה כְּרַבִּי יוֹסֵי, שֶׁאֵין שׂוֹרְפִים תְּרוּמָה טְהוֹרָה עִם הַטְּמֵאָה בְּפֶסַח. וְטֻמְאַת מַשְׁקִין לְטַמֵּא אֲחֵרִים אֵינָהּ מִדְּאוֹרָיְתָא, אֶלָּא מִדְּרַבָּנָן כְּרַבִּי מֵאִיר:

וּמוֹדִים רַבִּי אֱלִיעֶזֶר וְרַבִּי יְהוֹשֻׁעַ. רַבִּי יוֹסֵי קָאָמַר לָהּ, דְּאַף עַל גַּב דְּרַבִּי אֱלִיעֶזֶר וְרַבִּי יְהוֹשֻׁעַ אִפְלִיגוּ בִּשְׂרֵפַת תְּרוּמָה – בְּהָא מוֹדִים שֶׁשּׂוֹרְפִים זוֹ לְעַצְמָהּ וְזוֹ לְעַצְמָהּ. **עַל הַתְּלוּיָה וְעַל הַטְּמֵאָה.** רַבִּי אֱלִיעֶזֶר סָבַר דְּמֻזְהָר עַל שְׁמִירָתָהּ שֶׁל תְּלוּיָה, דִּכְתִיב (במדבר יח, ח): "אֶת מִשְׁמֶרֶת תְּרוּמֹתָי", "בִּשְׁתֵּי תְרוּמוֹת הַכָּתוּב מְדַבֵּר, אַחַת תְּרוּמָה תְּלוּיָה וְאַחַת תְּרוּמָה טְהוֹרָה" (בכורות לד, א):

וְרַבִּי יְהוֹשֻׁעַ אוֹמֵר: שְׁתֵּיהֶן כְּאַחַת. כֵּיוָן דִּתְלוּיָה הִיא – אִי אַתָּה מֻזְהָר עַל שְׁמִירָתָהּ. וְעַל הַתְּלוּיָה וְהַטְּהוֹרָה – לֹא נֶחְלְקוּ שֶׁשּׂוֹרְפִין, דְּהוֹאִיל וְלֹא הֻחְזְקָה טְמֵאָה – אֵין נִרְאֵית כִּמְטַמֵּא בְּיָדַיִם:

במשנה זו נמשך הדיון שבמשנה הקודמת על הוספת טומאה על טומאה קיימת.

אָמַר רַבִּי מֵאִיר: מִדִּבְרֵיהֶם של רבי חנינא ורבי עקיבא, שמותר להוסיף טומאה על טומאה קיימת, **לָמַדְנוּ שֶׁשּׂוֹרְפִין תְּרוּמָה טְהוֹרָה עִם הַטְּמֵאָה בַּפֶּסַח** – בערב פסח, בזמן שריפת החמץ, מותר לשרוף תרומה של חמץ טהורה יחד עם תרומה טמאה, ואף על פי שהן נוגעות זו בזו ונמצא שהוא מטמא את התרומה הטהורה – הדבר מותר כיוון שאף הטהורה אסורה באכילה מחמת איסור חמץ, ובדומה לדברי רבי חנינא ורבי עקיבא במשנה הקודמת.

אָמַר לוֹ רַבִּי יוֹסֵי: אֵינָהּ הִיא הַמִּדָּה – אין לדמות את דברי רבי חנינא ורבי עקיבא לנידון התרומות בערב פסח, **וּמוֹדִים רַבִּי אֱלִיעֶזֶר וְרַבִּי יְהוֹשֻׁעַ** שיובאו דבריהם בהמשך, **שֶׁשּׂוֹרְפִין** את תרומות החמץ הטהורה והטמאה בערב פסח **זוֹ לְעַצְמָהּ וְזוֹ לְעַצְמָהּ** – בנפרד דווקא.

עַל מָה באיזה מקרה **נֶחְלְקוּ?**

עַל הַתְּלוּיָה – תרומה שספק אם היא טמאה, **וְעַל** תרומה **הַטְּמֵאָה** ודאי, **שֶׁרַבִּי אֱלִיעֶזֶר אוֹמֵר: תִּשָּׂרֵף זוֹ לְעַצְמָהּ וְזוֹ לְעַצְמָהּ** – לדעת רבי אליעזר צריך להישמר מלטמא תרומה אפילו אם היא ספק טהורה ספק טמאה (ראה ברטנורה), **וְרַבִּי יְהוֹשֻׁעַ אוֹמֵר: שְׁתֵּיהֶן כְּאַחַת** – נשרפות יחד, מפני שלדעתו אין צריך להישמר מלטמא תרומה שספק אם היא טמאה. נמצא אם כן, שגם לדעת רבי יהושע אין להתיר לשרוף תרומת חמץ טהורה עם תרומה טמאה ואפילו בזמן איסור חמץ.

לפי רבי יוסי, אין ללמוד היתר לשרוף בערב פסח את תרומות החמץ הטמאה והטהורה יחד, כיוון שאיסור החמץ של התרומה הטהורה בזמן שריפתה הוא מדברי חכמים בלבד (ורק מחצות היום החמץ נאסר מן התורה), ואילו הבשר או השמן שבמשנה הקודמת נפסלו כבר מן התורה, ולכן מותר להוסיף על טומאתם. ורבי מאיר, שמדמה בין המקרים, הבין שהשמן והבשר נטמאו מדברי חכמים בלבד (על פי הגמרא בדף טו, וראה תוספות יום טוב).

פרק שני

פרק זה עוסק באיסור אכילת חמץ וההנאה ממנו וכיצד מבערים אותו בערב הפסח. וכן בדינו של חמץ של גוי וחמץ שעבר עליו הפסח.

בהמשך דנים באיזו מצה יוצאים ידי חובת אכילה בליל פסח, שנאמר (שמות יב, יח): "בערב תאכלו מצות", ובאלו מינים יוצאים ידי חובת אכילת מרור בליל פסח, שנאמר (שם, ח): "על מרורים יאכלוהו", ודינים נוספים של זהירות מחמץ בפסח.

א **כָּל שָׁעָה שֶׁמֻּתָּר לֶאֱכוֹל –**
מַאֲכִיל לַבְּהֵמָה, לַחַיָּה וְלָעוֹפוֹת,
וּמוֹכְרוֹ לַנָּכְרִי, וּמֻתָּר בַּהֲנָאָתוֹ.

עָבַר זְמַנּוֹ – אָסוּר בַּהֲנָאָתוֹ,
וְלֹא יַסִּיק בּוֹ תַּנּוּר וְכִירַיִם.

רַבִּי יְהוּדָה אוֹמֵר:
אֵין בִּעוּר חָמֵץ אֶלָּא שְׂרֵפָה,
וַחֲכָמִים אוֹמְרִים:
אַף מְפָרֵר וְזוֹרֶה לָרוּחַ אוֹ מַטִּיל לַיָּם.

רבי עובדיה מברטנורה

כָּל שָׁעָה שֶׁמֻּתָּר לֶאֱכוֹל. מִדְּלָא קָאָמַר 'כָּל שָׁעָה שֶׁאוֹכֵל מַאֲכִיל', וְנָקַט לָהּ בִּתְרֵי לִישָּׁנֵי – מַשְׁמַע דְּאַתְרֵי גַּבְרֵי קָאֵי. וְהָכִי קָאָמַר: כָּל שָׁעָה שֶׁמֻּתָּר לְכֹהֵן לֶאֱכוֹל בַּתְּרוּמָה – מַאֲכִיל יִשְׂרָאֵל חֻלִּין לִבְהֶמְתּוֹ. וּמַתְנִיתִין רַבָּן גַּמְלִיאֵל הִיא, שֶׁרַבָּן גַּמְלִיאֵל אוֹמֵר חֻלִּין נֶאֱכָלִין כָּל אַרְבַּע, וּתְרוּמָה כָּל חָמֵשׁ (לעיל א, ה). וְלֵית הִלְכְתָא כְּוָתֵיהּ. אֶלָּא בֵּין בִּתְרוּמָה בֵּין בְּחֻלִּין – אוֹכְלִין כָּל אַרְבַּע וְתוֹלִין כָּל חָמֵשׁ וְשׂוֹרְפִין בִּתְחִלַּת שֵׁשׁ (שם). **מַאֲכִיל לַבְּהֵמָה וְלַחַיָּה וְלָעוֹפוֹת** – צְרִיכִי. דְּאִי תָּנָא בְּהֵמָה – הֲוֵי אָמֵינָא: בְּהֵמָה דְּאִי מְשַׁיְּרָא חָזֵי לָהּ וּמְבָעֵר לֵיהּ – אִין, אֲבָל חַיָּה, כְּגוֹן נְמִיָּה וְחָתוּל וְחֻלְדָּה, דְּאָרְחָהּ לְהַצְנִיעַ – אֵימָא לֹא. וְאִי תָּנָא חַיָּה – הֲוָה אָמֵינָא: חַיָּה דְּאִי מְשַׁיְּרָא מַצְנְעָה לֵיהּ [אם משיירת מהחמץ היא מצניעה אותו] וְלֹא עָבַר עֲלֵיהּ עַל "בַּל יֵרָאֶה" – אֵימָא אִין, אֲבָל בְּהֵמָה, זִמְנִין דִּמְשַׁיְּרָא וְלָאו אַדַּעְתֵּיהּ [לפעמים משיירת ואינו שם לב לכך] לְבַעֲרוֹ וְעָבַר עֲלֵיהּ עַל "בַּל יֵרָאֶה" – אֵימָא לֹא, קָא מַשְׁמַע לָן. וְעוֹפוֹת, אַיְּדֵי דְּתָנָא בְּהֵמָה וְחַיָּה – תָּנָא נָמֵי עוֹפוֹת. **וּמוֹכְרוֹ לַנָּכְרִי.** לְאַפּוּקֵי מִבֵּית שַׁמַּאי דְּאָמְרִי (פסחים כא, א): "לֹא יִמְכֹּר אָדָם חֲמֵצוֹ לְנָכְרִי אֶלָּא אִם כֵּן יוֹדֵעַ בּוֹ שֶׁיִּכְלֶה קֹדֶם הַפֶּסַח", דְּקָסָבְרִי: מְצֻוֶּה אֲנִי לְבַעֲרוֹ מִן הָעוֹלָם, וְלֹא שֶׁיִּהְיֶה קַיָּם: **וּמֻתָּר בַּהֲנָאָתוֹ.** בַּהֲנָאַת אֶפְרוֹ. כְּגוֹן אִם חֲרָכוֹ בָּאוּר קֹדֶם זְמַן אִסּוּרוֹ – מֻתָּר לֵהָנוֹת בְּאֶפְרוֹ אֲפִלּוּ לְאַחַר זְמַן אִסּוּרוֹ: **עָבַר זְמַנּוֹ** – מִשֶּׁהִגִּיעַ שָׁעָה שִׁשִּׁית, אַף עַל פִּי שֶׁאֵין אִסּוּרוֹ אֶלָּא מִדִּבְרֵי סוֹפְרִים, אָסוּר בַּהֲנָאָתוֹ כְּאִלּוּ הָיָה מֵאִסּוּרֵי הֲנָאָה שֶׁל תּוֹרָה. שֶׁאִם קִדֵּשׁ בּוֹ אִשָּׁה – אֵין חוֹשְׁשִׁין לְקִדּוּשָׁיו. וַאֲפִלּוּ בְּחָמֵץ נֻקְשֶׁה, כְּגוֹן דָּגָן שֶׁנָּפַל עָלָיו דֶּלֶף וְכַיּוֹצֵא בּוֹ, שֶׁבְּפֶסַח עַצְמוֹ אֵין אִסּוּרוֹ אֶלָּא מִדִּבְרֵי סוֹפְרִים, אִם קִדֵּשׁ בּוֹ אִשָּׁה בְּיוֹם י"ד מִשֶּׁהִגִּיעַ

שָׁעָה שִׁשִּׁית – אֵין חוֹשְׁשִׁין לְקִדּוּשָׁיו: **וְלֹא יַסִּיק בּוֹ תַּנּוּר וְכִירַיִם**, לְרַבִּי יְהוּדָה אִצְטְרִיךְ, דְּאָמַר: אֵין בִּעוּר חָמֵץ אֶלָּא שְׂרֵפָה. מַהוּ דְּתֵימָא: בַּהֲדֵי דְּקָא שָׂרֵיף לֵיהּ לִתְהַנֵּי מִנֵּיהּ, קָא מַשְׁמַע לָן דְּלֹא, דַּאֲפִלּוּ כְּדֶרֶךְ בִּעוּרוֹ אָסוּר לֵהָנוֹת מִמֶּנּוּ מִכִּי מְטָא זְמַן אִסּוּרֵיהּ [הגיע זמן איסורו].

רַבִּי יְהוּדָה אוֹמֵר: אֵין בִּעוּר חָמֵץ אֶלָּא שְׂרֵפָה, דְּיָלֵיף מִנּוֹתָר, דְּאָסוּר בַּהֲנָאָה וְעָנוּשׁ כָּרֵת כְּחָמֵץ, וּמִצְוָתוֹ בִּשְׂרֵפָה וְלֹא בְּדָבָר אַחֵר. וְרַבָּנָן לָא יָלְפִי מִנּוֹתָר, דְּחֵלֶב שֶׁל שׁוֹר הַנִּסְקָל יוֹכִיחַ, שֶׁאָסוּר בַּאֲכִילָה וּבַהֲנָאָה וְעָנוּשׁ כָּרֵת, וְאֵינוֹ טָעוּן שְׂרֵפָה:

בפרק הקודם התבאר שמן התורה החמץ אסור באכילה מערב הפסח, בחצות היום של י"ד בניסן. וחכמים אסרו את החמץ קודם לכן (ראה לעיל א, ד). משנה זו מבארת את איסור או היתר ההנאה בשעות אלו.

כָּל שָׁעָה שֶׁמֻּתָּר לֶאֱכוֹל חמץ – הבעלים **מַאֲכִיל** את החמץ **לַבְּהֵמָה, לַחַיָּה וְלָעוֹפוֹת** כפי רצונו, **וּמוֹכְרוֹ לַנָּכְרִי,** מותר למכור לגוי, שהרי הוא אינו מצווה על איסור חמץ בפסח, **וּמֻתָּר בַּהֲנָאָתוֹ.**

עָבַר זְמַנּוֹ של החמץ ואפילו משעה שאסרוהו מדרבנן (ראה לעיל א, ד ואילך), החמץ **אָסוּר בַּהֲנָאָתוֹ, וְלֹא יַסִּיק בּוֹ תַּנּוּר וְכִירַיִם** – לא ישתמש בחמץ כגחלים להבעיר את התנור או הכיריים, שהרי הוא נהנה מהבעירה של החמץ.

מן התורה יש חובה להשבית את החמץ, כלומר לבערו ולבטל את מציאותו, ונחלקו התנאים כיצד עושים זאת.

רַבִּי יְהוּדָה אוֹמֵר: אֵין בִּעוּר חָמֵץ אֶלָּא שְׂרֵפָה – חייבים להשבית את החמץ דווקא בשריפה. **וַחֲכָמִים אוֹמְרִים: אַף מְפָרֵר וְזוֹרֶה לָרוּחַ אוֹ מַטִּיל לַיָּם** – חכמים חולקים, ולדעתם אין חובה דווקא לשרוף את החמץ, אלא יכול

לבטל אותו בכל אופן שירצה, כגון שיפורר את החמץ ברוח, או יזרוק אותו לים, ובימינו יש השופכים עליו חומרי ניקוי או מדיחים אותו בבית הכיסא.

ב חָמֵץ שֶׁל נָכְרִי שֶׁעָבַר עָלָיו הַפֶּסַח – מֻתָּר בַּהֲנָאָה, וְשֶׁל יִשְׂרָאֵל – אָסוּר בַּהֲנָאָה, שֶׁנֶּאֱמַר (שמות יג, ז): "וְלֹא יֵרָאֶה לְךָ שְׂאֹר".

רבי עובדיה מברטנורה

מֻתָּר בַּהֲנָאָה. לָאו לְמֵימְרָא דְּבַאֲכִילָה אָסוּר, אֶלָּא אַיְּדֵי דְּבָעֵי לְמִתְנָא סֵיפָא **וְשֶׁל יִשְׂרָאֵל אָסוּר בַּהֲנָאָה** – תָּנָא גַּבֵּי נָכְרִי **מֻתָּר בַּהֲנָאָה**. אִי נָמֵי, מִשּׁוּם דְּאִכָּא דְּנָהֲגֵי אִסּוּרָא בְּפַת שֶׁל נָכְרִי – מִשּׁוּם הָכִי לָא תָּנֵי בְּהֶדְיָא: 'חָמֵץ שֶׁל נָכְרִי מֻתָּר בַּאֲכִילָה'. **מִשּׁוּם שֶׁנֶּאֱמַר: "לֹא יֵרָאֶה לְךָ".** כְּלוֹמַר קְנָסָא קָנְסִינַן לֵיהּ, הוֹאִיל וְעָבַר עַל **"לֹא יֵרָאֶה לְךָ"**. אִי נָמֵי, אַרֵישָׁא קָאֵי: **חָמֵץ שֶׁל נָכְרִי מֻתָּר, מִשּׁוּם שֶׁנֶּאֱמַר: "לֹא יֵרָאֶה לְךָ"** וְדָרְשִׁינַן (פסחים ה, ב): "שֶׁלְּךָ אִי אַתָּה רוֹאֶה, אֲבָל אַתָּה רוֹאֶה שֶׁל אֲחֵרִים":

הצטווינו לסלק את החמץ שלא יישאר ברשותנו בימי הפסח, שנאמר (שמות יג, ז): "ולא יֵרָאֶה לך חמץ ולא יֵרָאֶה לך שְׂאֹר בכל גבולך". משנה זו דנה בחמץ שלא סילקו אותו, וזהו 'חמץ שעבר עליו הפסח'.

חָמֵץ שֶׁל נָכְרִי שֶׁעָבַר עָלָיו הַפֶּסַח – חמץ שהיה בבעלות גוי במשך ימי הפסח, **מֻתָּר בַּהֲנָאָה** לאחר הפסח. **וְשֶׁל יִשְׂרָאֵל** – חמץ שהיה בבעלות יהודי במשך ימי הפסח, **אָסוּר בַּהֲנָאָה** לאחר הפסח, **שֶׁנֶּאֱמַר: "וְלֹא יֵרָאֶה לְךָ שְׂאֹר"** – וכיוון שעבר על איסור תורה שהשאיר את החמץ ברשותו ולא ביערו, קנסו אותו חכמים ואסרו את החמץ הזה, 'שעבר עליו הפסח'. ויש אומרים ש'חמץ שעבר עליו הפסח' אסור מן התורה, ולא רק משום קנס (רבי יהודה בגמרא כח, ב).

כיוון שאין איסור בחמץ שבפסח היה בבעלות הגוי, אפשר למכור את החמץ לגוי לפני פסח, ואחר הפסח אפשר לקנות ממנו את החמץ.

ג **נָכְרִי שֶׁהִלְוָה אֶת יִשְׂרָאֵל עַל חֲמֵצוֹ –**
אַחַר הַפֶּסַח מֻתָּר בַּהֲנָאָה,
וְיִשְׂרָאֵל שֶׁהִלְוָה אֶת הַנָּכְרִי עַל חֲמֵצוֹ –
אַחַר הַפֶּסַח אָסוּר בַּהֲנָאָה.

חָמֵץ שֶׁנָּפְלָה עָלָיו מַפֹּלֶת –
הֲרֵי הוּא כִּמְבֹעָר.
רַבָּן שִׁמְעוֹן בֶּן גַּמְלִיאֵל אוֹמֵר:
כָּל שֶׁאֵין הַכֶּלֶב יָכוֹל לְחַפֵּשׂ אַחֲרָיו.

רבי עובדיה מברטנורה

נָכְרִי שֶׁהִלְוָה לְיִשְׂרָאֵל מָעוֹת עַל חֲמֵצוֹ קֹדֶם הַפֶּסַח, וְאָמַר לוֹ הַיִּשְׂרָאֵל: "אִם לֹא הֲבֵאתִי לְךָ מָעוֹת עַד יוֹם פְּלוֹנִי – קְנֵה מֵעַכְשָׁו", וּכְגוֹן שֶׁהִרְהִינוֹ אֶצְלוֹ בְּבֵיתוֹ וְשָׁהָה אֵצֶל הַנָּכְרִי כָּל יְמֵי הַפֶּסַח: **לְאַחַר הַפֶּסַח מֻתָּר בַּהֲנָאָתוֹ.** דְּכֵיוָן דִּמְטָא זִמְנֵיהּ וְלָא פְּרָעֵיהּ, לָא הָוֵי מְחַסַּר גּוּבַיְנָא, דְּבִרְשׁוּתוֹ שֶׁל נָכְרִי הָיָה – אִגַּלַּאי מִלְּתָא לְמַפְרֵעַ, דְּמִשָּׁעָה שֶׁהִרְהִינוֹ אֶצְלוֹ הֲוָה דִּידֵיהּ: **וְיִשְׂרָאֵל שֶׁהִלְוָה לַנָּכְרִי כו'.** אִגַּלַּאי מִלְּתָא לְמַפְרֵעַ דְּשֶׁל יִשְׂרָאֵל הֲוָה: **הֲרֵי הוּא כִּמְבֹעָר.** וְאַף עַל פִּי כֵן צָרִיךְ לְבַטְּלוֹ, שֶׁמָּא יְפַקֵּחַ הַגַּל בַּמּוֹעֵד וְנִמְצָא עוֹבֵר עָלָיו: **כָּל שֶׁאֵין הַכֶּלֶב יָכוֹל לְחַפֵּשׂ אַחֲרָיו.** וְכַמָּה הִיא חֲפִישַׂת הַכֶּלֶב? שְׁלֹשָׁה טְפָחִים:

משנה זו ממשיכה לדון בחמץ של ישראל 'שעבר עליו הפסח' ונאסר לעומת חמץ כזה של גוי, שמותר. ובהמשך, המשנה דנה בחמץ הקבור באדמה.

בעת הלוואה של כסף, ישנם מלווים שלוקחים מהלווה חפץ שיישאר אצלם כפיקדון, למקרה שהלווה לא יחזיר את הכסף בזמן ויוכלו לקחת את החפץ במקום התשלום. החפץ הזה נקרא 'מַשכּון'.

נָכְרִי שֶׁהִלְוָה אֶת יִשְׂרָאֵל עַל חֲמֵצוֹ – גוי שהִלווה כסף ליהודי, ועד שעת הפירעון נתן לגוי חמץ בתור משכון, והתנו ביניהם שאם לא יחזיר את החוב – החמץ הזה יהיה שייך לגוי. **אַחַר הַפֶּסַח**, חמץ זה **מֻתָּר בַּהֲנָאָה**, שכן הוא היה ברשותו של הגוי במשך ימי הפסח.

הדין שונה במקרה הפוך: **וְיִשְׂרָאֵל שֶׁהִלְוָה אֶת הַנָּכְרִי עַל חֲמֵצוֹ** – אם יהודי הִלווה כסף לגוי, ועד שעת הפירעון נתן הגוי למלווה היהודי חמץ כמשכון, שאם לא יחזיר את החוב החמץ הזה יהיה שייך ליהודי, **אַחַר הַפֶּסַח** חמץ זה **אָסוּר בַּהֲנָאָה.**

חָמֵץ שֶׁנָּפְלָה עָלָיו לפני הפסח **מַפֹּלֶת** של אבנים - **הֲרֵי הוּא כִּמְבֹעָר** ואינו צריך להוציאו ולבערו, אלא מניחו כך קבור תחת האבנים.

רַבָּן שִׁמְעוֹן בֶּן גַּמְלִיאֵל אוֹמֵר: כָּל שֶׁאֵין הַכֶּלֶב יָכוֹל לְחַפֵּשׂ אַחֲרָיו – החמץ הקבור נחשב כמבוער דווקא אם המפולת גבוהה עד שכלב לא יוכל להוציא את החמץ, וחכמים שיערו שגובה זה הוא שלושה טפחים (כ-30 סנטימטר) או יותר (גמרא לא, ב).

ד הָאוֹכֵל תְּרוּמַת חָמֵץ בַּפֶּסַח:
בְּשׁוֹגֵג – מְשַׁלֵּם קֶרֶן וְחֹמֶשׁ,
בְּמֵזִיד – פָּטוּר מִתַּשְׁלוּמִים וּמִדְּמֵי עֵצִים.

רבי עובדיה מברטנורה

בְּשׁוֹגֵג. שֶׁשָּׁגַג בַּתְּרוּמָה, אֲפִלּוּ הֵזִיד בֶּחָמֵץ: **מְשַׁלֵּם קֶרֶן וְחֹמֶשׁ,** וְאַף עַל גַּב דְּחָמֵץ בְּפֶסַח אָסוּר בַּהֲנָאָה וְלֹא שָׁוֶה מִידִי, מִשּׁוּם דְּבְאוֹכֵל תְּרוּמָה בְּשׁוֹגֵג כְּתִיב (ויקרא כב, יד): "וְנָתַן לַכֹּהֵן אֶת הַקֹּדֶשׁ" – דָּבָר הָרָאוּי לִהְיוֹת קֹדֶשׁ, שֶׁאֵין מְשַׁלֵּם לוֹ מָעוֹת אֶלָּא פֵּרוֹת, וְהַתַּשְׁלוּמִים נַעֲשִׂים תְּרוּמָה. הִלְכָּךְ, לָאו בָּתַר דָּמִים אָזְלִינַן: **בְּמֵזִיד** – שֶׁהֵזִיד בַּתְּרוּמָה, אֲפִלּוּ שָׁגַג בֶּחָמֵץ – **פָּטוּר מִן הַתַּשְׁלוּמִין וּמִדְּמֵי עֵצִים.** אִם תְּרוּמָה טְמֵאָה הִיא – אֵין מְשַׁלֵּם דְּמֵי עֵצִים שֶׁהָיְתָה רְאוּיָה לְהַסִּיק תַּחַת תַּבְשִׁילוֹ, מִשּׁוּם דְּמֵזִיד בִּתְרוּמָה אֵינוֹ אֶלָּא כִּשְׁאָר גַּזְלָן דְּעָלְמָא, וּמָעוֹת מְשַׁלֵּם לְפִי דָּמִים וְלֹא לְפִי מִדָּה, וְחָמֵץ בְּפֶסַח לָאו בַּר דָּמִים הוּא, שֶׁהֲרֵי אָסוּר בַּהֲנָאָה, וְאַף לְהֶסֵּק לָא חֲזֵי, וְלָא מִידִי אַפְסְדֵיהּ:

משנה זו דנה באדם 'זר', שאיננו כוהן, האוכל בפסח תרומה שהיא חמץ. בכל השנה, אסור לזר לאכול תרומה, ואם אכל במזיד חייב מיתה בידי שמים, ואם אכל בשוגג פטור ממיתה אך חייב בתשלומים לפי ערך ושווי התרומה ('קרן' ו'חומש', ראה משנה תרומות פרק ו).

אדם שאיננו כוהן, **הָאוֹכֵל תְּרוּמַת חָמֵץ בַּפֶּסַח,** עובר בכך על שני איסורים: אכילת תרומה למי שאיננו כוהן, ואכילת חמץ בפסח. אם אכל **בְּשׁוֹגֵג, מְשַׁלֵּם קֶרֶן וְחֹמֶשׁ** – את סכום השווי של החמץ עצמו (=קרן) ועוד תוספת של חמישית, שהיא 20 אחוזים (=חומש).

ואם אכל את התרומה **בְּמֵזִיד, פָּטוּר מִתַּשְׁלוּמִים וּמִדְּמֵי** שווי **עֵצִים** – אינו צריך לשלם אפילו את שווי החמץ כחומר בעירה להסקה. אסור ליהנות מהחמץ בפסח, בכל סוגי הנאה, ולכן אין לו ערך כספי.

בשאר ימות השנה, תרומה טמאה אסורה באכילה, אך מותר לכוהן להשתמש בה כחומר בעירה, והנאה זו שווה כסף (עלות של עצים). לכן זר האוכל תרומה טמאה צריך לשלם את שוויָה כעצים להסקה, אבל כשהיא חמץ בפסח היא לא שווה כלום ופטור (ראה ברטנורה מדוע השוגג חייב בתשלומים).

ה אֵלּוּ דְבָרִים שֶׁאָדָם יוֹצֵא בָהֶן יְדֵי חוֹבָתוֹ בַּפֶּסַח:
בַּחִטִּים, בַּשְּׂעוֹרִים, בַּכֻּסְּמִין, וּבַשִּׁיפוֹן וּבְשִׁבֹּלֶת שׁוּעָל.

וְיוֹצְאִין בַּדְּמַאי,
וּבְמַעֲשֵׂר רִאשׁוֹן שֶׁנִּטְּלָה תְרוּמָתוֹ,
וּבְמַעֲשֵׂר שֵׁנִי וְהֶקְדֵּשׁ שֶׁנִּפְדּוּ,
וְהַכֹּהֲנִים בַּחַלָּה וּבַתְּרוּמָה.

אֲבָל לֹא בַטֶּבֶל,
וְלֹא בְמַעֲשֵׂר רִאשׁוֹן שֶׁלֹּא נִטְּלָה תְרוּמָתוֹ,
וְלֹא בְמַעֲשֵׂר שֵׁנִי וְהֶקְדֵּשׁ שֶׁלֹּא נִפְדּוּ.

חַלּוֹת תּוֹדָה וּרְקִיקֵי נָזִיר:
עֲשָׂאָן לְעַצְמוֹ – אֵין יוֹצְאִין בָּהֶן,
עֲשָׂאָן לִמְכּוֹר בַּשּׁוּק – יוֹצְאִין בָּהֶן.

רבי עובדיה מברטנורה

יְדֵי חוֹבָתוֹ. מִשּׁוּם חוֹבַת מַצָּה בַּלַּיְלָה הָרִאשׁוֹן, שֶׁהוּא מְחֻיָּב לֶאֱכוֹל מַצָּה, דִּכְתִיב (שמות יב, יח): "בָּעֶרֶב תֹּאכְלוּ מַצֹּת": **בַּחִטִּים וּבַשְּׂעוֹרִים וְכוּ'.** אֲבָל אֹרֶז וְדֹחַן וּשְׁאָר מִינִים – לֹא, דִּכְתִיב (דברים טז, ג): "לֹא תֹאכַל עָלָיו חָמֵץ, שִׁבְעַת יָמִים תֹּאכַל עָלָיו מַצּוֹת", דְּבָרִים הַבָּאִים לִידֵי חִמּוּץ, אָדָם יוֹצֵא בָּהֶן יְדֵי חוֹבַת מַצָּה – יָצְאוּ אֹרֶז וְדֹחַן וּשְׁאָר מִינִים, שֶׁאֵין בָּאִין לִידֵי חִמּוּץ אֶלָּא לִידֵי סִרְחוֹן: **וּבַדְּמַאי וּבְמַעֲשֵׂר רִאשׁוֹן שֶׁנִּטְּלָה תְרוּמָתוֹ.** כָּל הָנֵי לְמַאי אִצְטְרִיכוּ, מְפָרְשִׁים בְּמַסֶּכֶת שַׁבָּת פֶּרֶק מְפַנִּין (יח, א). **וְהַכֹּהֲנִים בַּחַלָּה וּבַתְּרוּמָה.** דְּמַהוּ דְּתֵימָא: מַצָּה הַשָּׁוָה וּרְאוּיָה לְכָל אָדָם בָּעֵינַן, וְחַלָּה וּתְרוּמָה אֵינָן רְאוּיִין לְזָרִים, קָא מַשְׁמַע לָן: **חַלּוֹת תּוֹדָה וּרְקִיקֵי נָזִיר אֵין יוֹצְאִין בָּהֶן,** אַף עַל פִּי שֶׁהֵן מַצָּה גְּמוּרָה, דִּכְתִיב (שמות יב, יז): "וּשְׁמַרְתֶּם אֶת הַמַּצּוֹת" – מַצָּה הַמִּשְׁתַּמֶּרֶת לְשֵׁם מַצָּה, יָצְאוּ אֵלּוּ שֶׁאֵינָן מִשְׁתַּמְּרוֹת לְשֵׁם מַצָּה אֶלָּא לְשֵׁם זֶבַח: **לִמְכּוֹר בַּשּׁוּק – יוֹצְאִין בָּהֶם.** דְּכָל לִמְכּוֹר בַּשּׁוּק אָמַר: "אִי מִזְדַּבְנָא – מִזְדַּבְנָא, וְאִי לָא – אֲכִילְנָא לָהּ אֲנָא לְמַצָּה שֶׁל מִצְוָה" [אם תימכר – תימכר, ואם לא – אני אוכל אותה למצה של מצווה]:

הצטווינו לאכול מצה בליל הפסח, בט"ו בניסן, שנאמר (שמות יב, ח): "בראשון בארבעה עשר יום לחודש בערב תאכלו מצות". משנה זו מתארת את המצה הכשרה, מאלו רכיבים עשויה, האם צריך שיופרשו ממנה תרומות ומעשרות והאם צריך שאפיית המצות תֵעשה מתוך כוונה מיוחדת למצווה.

אֵלּוּ דְּבָרִים שֶׁאָדָם יוֹצֵא בָהֶן יְדֵי חוֹבָתוֹ בְּפֶסַח – אלו חמשת מיני הדגן שדווקא מהם יש להכין את המצות: **בַּחִטִּים, בַּשְּׂעוֹרִים, בְּכֻסְּמִין** חיטה מדברית, **וּבְשִׁיפוֹן וּבְשִׁבֹּלֶת שׁוּעָל**. משום שיש להכין מצה דווקא ממיני הדגן שיכולים להחמיץ ולהיות אסורים (גמרא לה, א).

וְיוֹצְאִין בִּדְמַאי – תבואה שהגיעה מידי עם הארץ, שאינו מדקדק במצוות, וספק אם הופרשו המעשרות, **וּבְמַעֲשֵׂר רִאשׁוֹן שֶׁנִּטְּלָה תְּרוּמָתוֹ** – מעשר ראשון הוא 10 אחוזים מהתבואה וניתן ללוי, ומתוכם הלוי נותן 10 אחוזים תרומת מעשר לכוהן, ומעשר ראשון זה שניטלה ממנו התרומה המיועדת לכוהן נעשה חולין ומותר, **וּבְמַעֲשֵׂר שֵׁנִי וְהֶקְדֵּשׁ שֶׁנִּפְדּוּ** – על ידי הפדיון פקעה קדושתם ועתה הם 'חולין' ומותרים לכל שימוש. **וְהַכֹּהֲנִים** יוצאים ידי חובה **בַּחַלָּה** – מתנה שניתנת לכוהן מתוך עיסה (במדבר טו, יט), **וּבַתְּרוּמָה** – חלק מהתבואה הניתנת לכוהן. זרים, שאינם כוהנים, אסורים לאכול מן החלה והתרומה.

אֲבָל לֹא יוצאים ידי חובה **בַּטֶּבֶל** – תבואה שלא הופרשו ממנה תרומות ומעשרות. **וְלֹא** יוצאים **בְּמַעֲשֵׂר רִאשׁוֹן שֶׁלֹּא נִטְּלָה תְּרוּמָתוֹ** – שהלוי עדיין לא נתן לכוהן את חלקו מתוך המעשר שקיבל.

וְלֹא יוצאים **בְּמַעֲשֵׂר שֵׁנִי וְהֶקְדֵּשׁ שֶׁלֹּא נִפְדּוּ** – והם עדיין קדושים.

חַלּוֹת תּוֹדָה וּרְקִיקֵי נָזִיר – אלו הן מיני מצות, החלות באות עם קרבן התודה (כמבואר לעיל א, ה), והרקיקים באים יחד עם קרבן הנזיר (במדבר יד-טו), אם **עֲשָׂאָן** האופה **לְעַצְמוֹ** – לצורכי קרבן תודה שלו או לקרבן נזירותו, **אֵין יוֹצְאִין בָּהֶן**, מפני שמצות אלו לא נשתמרו מחמץ לשם פסח, אלא לשם קרבן, ודרשו חכמים שמצת הפסח תהיה משומרת לשם מצה, שנאמר (שמות יב, יז): "ושמרתם את המצות".

אם **עֲשָׂאָן** האופה **לִמְכּוֹר** אותן **בַּשּׁוּק** לכל מי שיצטרך - **יוֹצְאִין בָּהֶן**, שמצות אלו משומרות לכל צורך, ואף לשם מצת הפסח, שכן אם לא יהיו קונים - ישתמש בהן לצורכו בפסח.

ו **וְאֵלּוּ יְרָקוֹת שֶׁאָדָם יוֹצֵא בָהֶן יְדֵי חוֹבָתוֹ בַּפֶּסַח:**
בַּחֲזֶרֶת וּבָעֻלְשִׁין
וּבַתַּמְכָא וּבַחַרְחֲבִינָא וּבַמָּרוֹר.

יוֹצְאִין בָּהֶן בֵּין לַחִין בֵּין יְבֵשִׁין,
אֲבָל לֹא כְבוּשִׁין וְלֹא שְׁלוּקִין וְלֹא מְבֻשָּׁלִין.
וּמִצְטָרְפִין לְכַזַּיִת.
וְיוֹצְאִין בְּקֶלַח שֶׁלָּהֶן,
וּבַדְּמַאי, וּבְמַעֲשֵׂר רִאשׁוֹן שֶׁנִּטְּלָה תְרוּמָתוֹ,
וּבְמַעֲשֵׂר שֵׁנִי וְהֶקְדֵּשׁ שֶׁנִּפְדּוּ.

רבי עובדיה מברטנורה

בַּחֲזֶרֶת. בַּעֲרָבִי חס"א, לטוג"א בְּלַעַ"ז [חסה]. **וּבָעֻלְשִׁים.** בַּעֲרָבִי הנדב"י, וּבְלַעַ"ז אנדיבי"א [עולש בר]. וְהֶעָרוּךְ פֵּרֵשׁ שֶׁהוּא יָרָק שֶׁקּוֹרִין לוֹ בְּלַעַ"ז קרשפי"ל [עולש גינה מסולסל]. **וּבַתַּמְכָה.** סִיב הַגָּדֵל סְבִיבוֹת הַדֶּקֶל. **וּבַחַרְחֲבִינָא.** אלקרצעינ"א בַּעֲרָבִי [סוג של קוץ]. **וּבַמָּרוֹר.** מִין כְּסִבַּרְתָּא הוּא, מַר בְּיוֹתֵר: **בֵּין לַחִים בֵּין יְבֵשִׁים.** דַּוְקָא בְּקֶלַח שֶׁלָּהֶן, כִּדְאָמְרִינַן בְּסֵיפָא: **וְיוֹצְאִים בְּקֶלַח שֶׁלָּהֶן.** אֲבָל עָלִין: לַחִים – אִין, יְבֵשִׁים – לֹא. **כְּבוּשִׁים** בְּחֹמֶץ. **שְׁלוּקִים.** מְבֻשָּׁלִין יוֹתֵר מִדַּאי עַד שֶׁנִּמּוֹחִים. **מְבֻשָּׁלִין.** כְּדֶרֶךְ בִּשּׁוּל: **וּמִצְטָרְפִין לְכַזַּיִת** לָצֵאת יְדֵי חוֹבַת מָרוֹר. וְהוּא הַדִּין בַּחֲמֵשֶׁת מִינֵי דָּגָן, שֶׁמִּצְטָרְפִין בְּכַזַּיִת לָצֵאת יְדֵי חוֹבַת מַצָּה, וְאַתַּרְוַיְהוּ קָאֵי [מוסב על שניהם]:

הצטווינו לאכול מרור בליל הפסח, בט"ו בניסן, שנאמר (שמות יב, ח): "על מצות ומרורים יאכלוהו". מן התורה, המצווה היא לאכול מרור יחד עם המצה ובשר קרבן הפסח, ולכן בזמן שאין קרבן פסח, אכילת המרור היא מצוה מדברי חכמים. משנה זו מתארת את מיני הירקות הראויים למצות מרור, ודנים בפרטים נוספים של מצוה זו.

וְאֵלּוּ מיני **יְרָקוֹת שֶׁאָדָם יוֹצֵא בָהֶן יְדֵי חוֹבָתוֹ** של מצות מרור **בַּפֶּסַח:**

בַּחֲזֶרֶת חסה **וּבָעֻלְשִׁין** יש המזהים אותו עם צמח הציקוריה, המכונה גם כיום 'עולש', **וּבַתַּמְכָא** יש המזהים אותו עם ה'חְרֵיין', שנהוג לאוכלו בכמה קהילות, **וּבַחַרְחֲבִינָא** מין צמח קוצני, **וּבַמָּרוֹר** יש מפרשים שהוא מין צמח

מסוים (רש"י), ויש מפרשים שהמרור הוא ביטוי הכולל את כלל מיני הצמחים המרים, ובלבד שיהיו ראויים לאכילה קצת, ויתקיימו בו כמה תנאים המבוארים בגמרא (גמרא לט, א; פירוש הרא"ה).

יוֹצְאִין בָּהֶן ידי חובת מרור **בֵּין** אם הם **לַחִין, בֵּין** אם הם **יְבֵשִׁין,**

אֲבָל לֹא יוצאים בהם כשהם **כְּבוּשִׁין** – שרויים בחומץ **וְלֹא** כשהם **שְׁלוּקִין וְלֹא** כשהם **מְבֻשָּׁלִין** – השליקה היא בישול מרובה עד שהירקות נימוחים (רש"י לט, א). הסיבה שאין יוצאים ידי חובה באופנים הנזכרים היא שצריך להרגיש את טעם המרור, ופעולות אלו מפיגות את טעמו המר.

וּמִצְטָרְפִין המינים זה עם זה **לִכְזַיִת** – שכן הכמות שצריך לאכול מהמרור היא כזית, ואין חובה שכל שיעור הכזית יהיה ממין אחד.

וְיוֹצְאִין בְּקֶלַח שֶׁלָּהֶן – הגבעול שממנו יוצאים העלים או השורש המרכזי הטמון בקרקע, **וּבִדְמַאי** שהגיע מידי עם הארץ, וספק אם הופרשו ממנו מעשרות, **וּבְמַעֲשֵׂר רִאשׁוֹן שֶׁנִּטְּלָה תְּרוּמָתוֹ** – מעשר ראשון הם 10 אחוזים מהתבואה שניתנים ללוי, ומתוכם הלוי נותן תרומת מעשר לכוהן, ומעשר ראשון זה, שניטלה ממנו התרומה המיועדת לכוהן, נעשה חולין ומותר באכילה, **וּבְמַעֲשֵׂר שֵׁנִי וְהֶקְדֵּשׁ שֶׁנִּפְדּוּ** – פקעה קדושתם ועתה הם 'חולין' ומותרים לכל שימוש.

ז אֵין שׁוֹרִין אֶת הַמֻּרְסָן לַתַּרְנְגוֹלִים,
אֲבָל חוֹלְטִין.
הָאִשָּׁה לֹא תִשְׁרֶה אֶת הַמֻּרְסָן שֶׁתּוֹלִיךְ בְּיָדָהּ לַמֶּרְחָץ,
אֲבָל שָׁפָה הִיא בִּבְשָׂרָהּ יָבֵשׁ.
לֹא יִלְעֹס אָדָם חִטִּין וְיַנִּיחַ עַל מַכָּתוֹ בַּפֶּסַח,
מִפְּנֵי שֶׁהֵן מַחְמִיצוֹת.

רבי עובדיה מברטנורה

אֵין שׁוֹרִין אֶת הַמֻּרְסָן בְּמַיִם קָרִים, וְכָל שֶׁכֵּן פּוֹשְׁרִין, כְּדֵי לָתֵת לִפְנֵי הַתַּרְנְגוֹלִים, **אֲבָל חוֹלְטִין** בְּרוֹתְחִין. שֶׁכָּל זְמַן שֶׁהַמַּיִם רוֹתְחִים – אֵינוֹ יָכוֹל לְהַחְמִיץ. וְהָאִידָּנָא נָהוּג עָלְמָא אִסּוּרָא אֲפִלּוּ בַּחֲלִיטָה בְּרוֹתְחִים: **לֹא תִשְׁרֶה אֶת הַמֻּרְסָן** לָשׁוּף בּוֹ בְּשָׂרָהּ, מִפְּנֵי שֶׁמַּחֲמִיץ בִּשְׁרִיָּתוֹ. **אֲבָל שָׁפָה הִיא** מֻרְסָן עַל בִּבְשָׂרָהּ יָבֵשׁ, אַף עַל גַּב שֶׁמַּיִם טוֹפְחִים עַל בְּשָׂרָהּ: **לֹא יִלְעֹס.** לֹא יָכֹס בְּשִׁנָּיו:

מיני הדגן עשויים לבוא לחימוץ במגע עם מים, ומשנה זו מונה פעולות שגורמות חימוץ ואסור לעשותן בפסח, ופעולות המותרות שאין בהן חשש חימוץ. בתקופת המשנה היו משתמשים בקליפות של גרעיני החיטה למאכל בהמה ועופות, וכן היו משפשפים בהן את עור הגוף, והן נקראות 'מורסן', וגם קליפות אלו יכולות להחמיץ.

אֵין שׁוֹרִין במים **אֶת הַמֻּרְסָן** קליפות גרעיני החיטה **לַתַּרְנְגוֹלִים, אֲבָל חוֹלְטִין** – שורים במים רותחים, והחום הרב מונע את פעולת ההחמצה.

הָאִשָּׁה לֹא תִשְׁרֶה במים **אֶת הַמֻּרְסָן שֶׁתּוֹלִיךְ בְּיָדָהּ לַמֶּרְחָץ** כדי לנקות ולשפשף בהן את עור הגוף, **אֲבָל שָׁפָה** משפשפת **הִיא בִּבְשָׂרָהּ** כשהוא **יָבֵשׁ**, ואין חשש חימוץ למרות שבשרה לח מזיעה (רא"ש ב, כא).

כיוצא בזה, **לֹא יִלְעֹס אָדָם חִטִּין** בפיו **וְיַנִּיחַ** אותם **עַל מַכָּתוֹ** לרפואה **בַּפֶּסַח,** **מִפְּנֵי שֶׁהֵן מַחְמִיצוֹת** במגע עם הרוק.

ח **אֵין נוֹתְנִין קֶמַח לְתוֹךְ הַחֲרֹסֶת אוֹ לְתוֹךְ הַחַרְדָּל,**
וְאִם נָתַן – יֹאכַל מִיָּד,
וְרַבִּי מֵאִיר אוֹסֵר.

אֵין מְבַשְּׁלִין אֶת הַפֶּסַח,
לֹא בְּמַשְׁקִין וְלֹא בְּמֵי פֵרוֹת,
אֲבָל סָכִין וּמַטְבִּילִין אוֹתוֹ בָּהֶן.

מֵי תַשְׁמִישׁוֹ שֶׁל נַחְתּוֹם – יִשָּׁפְכוּ,
מִפְּנֵי שֶׁהֵן מַחְמִיצִין.

רבי עובדיה מברטנורה

בַּחֲרֹסֶת. דָּבָר שֶׁיֵּשׁ בּוֹ חֹמֶץ וּמַיִם וְעָשׂוּי לְטַבֵּל בּוֹ בָּשָׂר: **וְאִם נָתַן** לְתוֹךְ הַחַרְדָּל – **יֹאכַל מִיָּד.** שֶׁהַחַרְדָּל חַד וְאֵינוֹ מְמַהֵר לְהַחְמִיץ כְּמוֹ הַחֲרֹסֶת. אֲבָל בַּחֲרֹסֶת – מוֹדֶה תַּנָּא קַמָּא לְרַבִּי מֵאִיר דְּאָסוּר: **וְרַבִּי מֵאִיר אוֹסֵר** אַף אִם נָתַן לְתוֹךְ הַחַרְדָּל, דְּסָבַר חַרְדָּל לְאַלְתַּר מַחְמִיץ כְּמוֹ הַחֲרֹסֶת. וְאֵין הֲלָכָה כְּרַבִּי מֵאִיר: **לֹא בְּמַשְׁקִין וְלֹא בְּמֵי פֵרוֹת.** דִּכְתִיב (שמות יב, ט): "וּבָשֵׁל מְבֻשָּׁל" – מִכָּל מָקוֹם: **אֲבָל סָכִין וּמַטְבִּילִין** לְאַחַר צְלִיָּתוֹ, וְלָא אָמְרִינַן דִּמְבַטֵּל טַעֲמוֹ. אִי נָמֵי, אֲפִלּוּ קֹדֶם צְלִיָּתוֹ שָׁרֵי לְסוּךְ הַפֶּסַח בְּמֵי פֵרוֹת, דְּהָכִי תְּנַן בְּכֵיצַד צוֹלִין (לקמן ז, ג): "סָכוֹ בְּשֶׁמֶן תְּרוּמָה, אִם חֲבוּרַת כֹּהֲנִים – יֹאכְלוּ". **מֵי תַשְׁמִישׁוֹ שֶׁל נַחְתּוֹם.** שֶׁמְּצַנֵּן בָּהֶן יָדָיו בְּשָׁעָה שֶׁמְּקַטֵּף אֶת הַמַּצָּה – **יִשָּׁפְכוּ** בְּמָקוֹם מִדְרוֹן, שֶׁלֹּא יִשָּׁאֲרוּ מְכֻנָּסִים בְּמָקוֹם אֶחָד וְיַחְמִיצוּ:

משנה זו ממשיכה לדון בפעולות שעלולות להביא לידי חימוץ, ומוסיפה דין בצליית קרבן הפסח.

אֵין נוֹתְנִין קֶמַח לְתוֹךְ הַחֲרֹסֶת אוֹ לְתוֹךְ הַחַרְדָּל – מיני תערובות שהיו עושים לטבל בהם את הבשר, ויש בהם מים וחוששים שהקמח יחמיץ. **וְאִם נָתַן** קמח לתוך החרדל – **יֹאכַל** אותו **מִיָּד** לפני שיחמיץ, שחריפות החרדל מאיטה את ההחמצה, ואין חשש שהקמח החמיץ מיד. החרוסת אינה חריפה כמו החרדל, ולכן אם נתן בה קמח – צריך לשרוף הכול מיד, שמא החמיץ ונאסר. **וְרַבִּי מֵאִיר אוֹסֵר** לאכול מיד אפילו בחרדל, מחשש שמא החמיץ מיד.

קרבן הפסח נאכל בליל ט"ו בניסן, ונאכל דווקא צלוי, שנאמר (שמות יב, ט): "אל תאכלו ממנו נא ובשל מבושל במים כי אם צלי אש". וחכמים למדו מריבוי הלשון "ובשל מבושל" שגם בישול בשאר משקים שאינם מים אסור (גמרא מא, א).

אֵין מְבַשְּׁלִין אֶת קרבן **הַפֶּסַח, לֹא בְּמַשְׁקִין** כגון יין, שמן או דבש, **וְלֹא בְּמֵי פֵרוֹת** כגון המיצים היוצאים משאר הפירות, **אֲבָל** לאחר צלייתו **סָכִין וּמַטְבִּילִין אוֹתוֹ בָּהֶן** – מותר למרוח אותו ולהטביל אותו ואין זה נקרא בישול. ויש מפרשים שהסיכה בכמות מועטת מותרת גם לפני הצלייה (ראה ברטנורה).

מֵי תַשְׁמִישׁוֹ שֶׁל נַחְתּוֹם – המים שבהם משתמש האופה במהלך לישת המצות כדי לקרר את ידיו (ברטנורה) או לשטוף בהם את הכלים מהבצק הדבוק בהם (ריטב"א) **יִשָּׁפְכוּ** במקום שלא יתקבצו, **מִפְּנֵי שֶׁהֵן מַחְמִיצִין,** ואסור שיהיה כזית משאריות הבצק במקום אחד.

פרק שלישי

פרק זה עוסק בשאלה מהו חמץ האסור בפסח שאותו צריך לבער ולסלק, כיצד אופים את המצות בפסח בזהירות מאיסור חמץ ומה הדין במקרים חריגים כמו ערב פסח שחל בשבת ואדם היוצא לדרך או לדבר מצווה ונזכר ששכח את עיסתו בביתו והיא עומדת להחמיץ.

א **אֵלּוּ עוֹבְרִין בַּפֶּסַח:**
כֻּתָּח הַבַּבְלִי, וְשֵׁכָר הַמָּדִי,
וְחֹמֶץ הָאֲדוֹמִי, וְזִיתוֹם הַמִּצְרִי,
וְזוֹמָן שֶׁל צַבָּעִים, וַעֲמִילָן שֶׁל טַבָּחִים,
וְקוֹלָן שֶׁל סוֹפְרִים.
רַבִּי אֱלִיעֶזֶר אוֹמֵר: אַף תַּכְשִׁיטֵי נָשִׁים.

זֶה הַכְּלָל:
כָּל שֶׁהוּא מִמִּין דָּגָן - הֲרֵי זֶה עוֹבֵר בַּפֶּסַח.
הֲרֵי אֵלּוּ בְּאַזְהָרָה, וְאֵין בָּהֶן מִשּׁוּם כָּרֵת.

רבי עובדיה מברטנורה

אֵלּוּ עוֹבְרִין. אֵלּוּ מִתְבַּעֲרִים מִן הָעוֹלָם. דְּאַף עַל גַּב דְּאֵין עוֹבְרִים עֲלֵיהֶם עַל "בַּל יֵרָאֶה" - מִדְּרַבָּנָן מִהָא צְרִיכִי בִּעוּר, דְּהָכִי תְּנַן לְקַמָּן (משנה ה): שִׂאוּר - יִשָּׂרֵף וְאַף עַל גַּב דְּהָאוֹכְלוֹ פָּטוּר. **כֻּתָּח הַבַּבְלִי.** עָשׂוּי מִפַּת מְעֻפָּשׁ וְחָלָב. וּרְגִילִים לְטַבֵּל בּוֹ אֶת הַמַּאֲכָל: **שֵׁכָר הַמָּדִי.** שֵׁכָר שֶׁהָיוּ עוֹשִׂין בְּמָדַי מֵחִטִּים אוֹ שְׂעוֹרִים שְׁרוּיִים בְּמַיִם. **וְחֹמֶץ הָאֲדוֹמִי.** חֹמֶץ שֶׁעָשׂוּי בְּאֶרֶץ אֱדוֹם, שֶׁנּוֹתְנִים שְׂעוֹרִים בְּיַיִן וּמַשְׁהִין אוֹתָם שָׁם כְּדֵי שֶׁיַּחְמִיצוּ. **וְזִיתוֹם הַמִּצְרִי.** תִּלְתָּא [שליש] שְׂעָרֵי וְתִלְתָּא קֻרְטְמֵי, הוּא כַּרְכֹּם מִדְבָּרִי וְנִקְרָא בַּעֲרָבִי קרטום, וְתִלְתָּא מִלְחָא, וְעוֹשִׂין אוֹתוֹ לִרְפוּאָה. עַד כָּאן חָמֵץ הָרָאוּי לַאֲכִילָה עַל יְדֵי תַּעֲרֹבֶת. מִכָּאן וָאֵילָךְ חָמֵץ נֻקְשֶׁה בְּעֵינֵיהּ כְּמוֹת שֶׁהוּא. **וְזוֹמָן שֶׁל צַבָּעִים.** מַיִם שֶׁנּוֹתְנִים בָּהֶם סֻבִּין, וּמִשְׁתַּמְּשִׁים בָּהֶם הַצַּבָּעִים לִמְלַאכְתָּן. **וַעֲמִילָן שֶׁל טַבָּחִין.** פַּת שֶׁעוֹשִׂין מִקֶּמַח תְּבוּאָה שֶׁלֹּא הֵבִיאָה שְׁלִישׁ בִּשּׁוּלָהּ, וּמְכַסִּים בָּהּ אֶת הַקְּדֵרָה לִשְׁאֹב אֶת הַזֻּהֲמָא. **וְקוֹלָן שֶׁל סוֹפְרִים.** עֲפַר הָרֵחַיִם מְגַבְּלִין אוֹתוֹ בְּמַיִם, וְסוֹפְרִים מְדַבְּקִים בּוֹ נְיָרוֹתֵיהֶם. **רַבִּי אֱלִיעֶזֶר** מוֹסִיף. דְּאִלּוּ תַּנָּא קַמָּא לֵית לֵיהּ אֶלָּא חָמֵץ דָּגָן גָּמוּר עַל יְדֵי תַּעֲרֹבֶת אוֹ חָמֵץ נֻקְשֶׁה בְּעֵינֵיהּ, וְרַבִּי אֱלִיעֶזֶר מוֹסִיף אַף תַּכְשִׁיטֵי נָשִׁים, שֶׁהֵן חָמֵץ נֻקְשֶׁה עַל יְדֵי תַּעֲרֹבֶת סַמְמָנִים אֲחֵרִים. וּבַגְּמָרָא (מב, ב) פָּרֵיךְ: "תַּכְשִׁיטֵי נָשִׁים סָלְקָא דַּעְתָּךְ? אֶלָּא אֵימָא: אַף טִפּוּלֵי נָשִׁים" - סֹלֶת שֶׁנָּשִׁים טוֹפְלוֹת וּמְחַבְּרוֹת עַל בְּשָׂרָן עִם סַמְמָנִין אֲחֵרִים לְהַשִּׁיר אֶת הַשֵּׂעָר אוֹ לְהַלְבִּין וּלְעַדֵּן אֶת הַבָּשָׂר. וְאֵין הֲלָכָה כְּרַבִּי אֱלִיעֶזֶר:

כָּל שֶׁהוּא מִין דָּגָן מֵחֲמֵשֶׁת הַמִּינִים, וּמְעֹרְבִין בָּהֶן מַיִם. דְּאִי אֵין בָּהֶם מַיִם אֶלָּא מֵי פֵּרוֹת - קַיְמָא לָן דְּמֵי פֵּרוֹת אֵין מַחְמִיצִין: **הֲרֵי אֵלּוּ בְּאַזְהָרָה.** אִם אֲכָלָן עוֹבֵר בְּלָאו: **וְאֵין בָּהֶם כָּרֵת.** דְּעַל חָמֵץ גָּמוּר עָנוּשׁ

כָּרֵת, וְאֵינוֹ עָנוּשׁ כָּרֵת עַל הַתַּעֲרֹבֶת. אֲבָל לוֹקֶה עַל אֲכִילָתוֹ אִם אָכַל כַּזַּיִת חָמֵץ בְּתוֹךְ הַתַּעֲרֹבֶת בִּכְדֵי אֲכִילַת פְּרָס. אֲבָל אִם לֹא אָכַל כַּזַּיִת חָמֵץ בְּתוֹךְ הַתַּעֲרֹבֶת בִּכְדֵי אֲכִילַת פְּרָס – אֵינוֹ לוֹקֶה מִן הַתּוֹרָה, מִיהוּ אִסּוּרָא מִהָא אִכָּא [אמנם איסור יש בדבר], דְּחָמֵץ בְּפֶסַח אוֹסֵר בְּתַעֲרֻבְתּוֹ בְּכָל שֶׁהוּא:

העונש על אכילת חמץ בפסח הוא כרת שנאמר (שמות יב, טו): "כל אוכל חמץ ונכרתה הנפש ההיא מישראל". משנה זו דנה בסוגים שונים של חמץ שדינם קל יותר מחמץ רגיל, ואין על אכילתם עונש כרת, ועם זאת אסור לקיימם בפסח. דינם קל יותר כיוון שהם תערובות חמץ ולא חמץ הניכר בעין או שאינם ראויים לאכילה.

אֵלּוּ הדברים **עוֹבְרִין בְּפֶסַח** – שחייבים להעביר ולסלק אותם בפסח משום איסור "בל יראה" ו"בל ימצא" (רמב"ם, ויש סוברים שאין איסור מן התורה בדברים אלו):

כֻּתָּח הַבַּבְלִי – רוטב העשוי מחלב ומקמח, ובבבל היו נוהגים לאוכלו, **וְשֵׁכָר הַמָּדִי** – משקה מְשַׁכֵּר מארץ מדי, שהיו עושים אותו משעורים, **וְחֹמֶץ הָאֲדוֹמִי** – חומץ מארץ אדום, שהיו עושים אותו מיין עם שעורים, **וְזִיתוֹם הַמִּצְרִי** – משקה מארץ מצרים, שהיו מערבים בו שעורים. דברים אלו הם חמץ הראוי לאכילה, ודינם קל כי החמץ אינו ניכר בהם אלא נמצא בתערובת.

קבוצה נוספת של דברים שיש בהם חמץ והאוכל אותם אינו נענש בכרת:

וְזוֹמָן שֶׁל צַבָּעִים – מי סובין העשויים מן החיטה והיו משמשים לצביעת עורות, **וַעֲמִילָן שֶׁל טַבָּחִים** – פת שהיו עושים מתבואה גרועה והיו משתמשים בה במכסה לסיר, וזאת בגלל תכונתה לספוג את הריח הרע (רמב"ם), **וְקוֹלָן שֶׁל סוֹפְרִים** – דבק העשוי מקמח דק ומים, שבו היו משתמשים בתעשיית הספרים. דברים אלו הם חמץ אך אינם ראויים לאכילה.

רַבִּי אֱלִיעֶזֶר אוֹמֵר: אַף תַּכְשִׁיטֵי נָשִׁים צריך לבער בפסח. תכשיטים אלו הם משחות שהנשים היו מורחות אותן והיה מעורב בהן בחמץ. חידושו של רבי אליעזר הוא שצריך לבער חמץ אף על פי שאינו ראוי לאכילה ואף אינו ניכר אלא נמצא בתערובת.

זֶה הַכְּלָל: כָּל שֶׁהוּא עשוי **מִמִּין דָּגָן** ומעורב עם מים - **הֲרֵי זֶה** חמץ ולכן **עוֹבֵר** חייב ביעור **בַּפֶּסַח. הֲרֵי אֵלּוּ** המנויים במשנה **בְּאַזְהָרָה** – באיסור 'לא תעשה' מן התורה של 'בל יראה' ו'בל ימצא', **וְאֵין בָּהֶן מִשּׁוּם כָּרֵת** – לעומת חמץ גמור, אין לאדם האוכל אותם עונש 'כרת', כיוון שהם תערובת חמץ או חמץ שאינו ראוי לאכילה.

ב **בָּצֵק שֶׁבְּסִדְקֵי עֲרֵבָה:**
אִם יֵשׁ כַּזַּיִת בְּמָקוֹם אֶחָד - חַיָּב לְבַעֵר,
וְאִם לֹא - בָּטֵל בְּמִעוּטוֹ.

וְכֵן לְעִנְיַן הַטֻּמְאָה:
אִם מַקְפִּיד עָלָיו - חוֹצֵץ,
וְאִם רוֹצֶה בְקִיּוּמוֹ - הֲרֵי הוּא כָּעֲרֵבָה.

בָּצֵק הַחֵרֵשׁ,
אִם יֵשׁ כַּיּוֹצֵא בוֹ שֶׁהֶחְמִיץ - הֲרֵי זֶה אָסוּר.

רבי עובדיה מברטנורה

בָּצֵק שֶׁבְּסִדְקֵי עֲרֵבָה, וְעָשׂוּי לְחַזֵּק שְׁבָרֶיהָ וּסְדָקֶיהָ: אִם יֵשׁ כַּזַּיִת בְּמָקוֹם אֶחָד - חַיָּב לְבַעֵר, פָּחוֹת מִכָּאן - בָּטֵל בְּמִעוּט. וְאִם אֵינוֹ עָשׂוּי לְחַזֵּק - אֲפִלּוּ פָּחוֹת מִכַּזַּיִת חַיָּב לְבַעֵר, לְפִי שֶׁאֵינוֹ מְבַטְּלוֹ שָׁם, וְאֶפְשָׁר שֶׁיִּמָּלֵךְ וְיִטְּלֶנּוּ מִשָּׁם:

וְכֵן לְעִנְיַן הַטֻּמְאָה, אִם נָגַע שֶׁרֶץ בְּהַאי בָּצֵק בְּפֶסַח, שֶׁאִסּוּרוֹ חוֹשְׁבוֹ. אִם יֵשׁ בּוֹ כַּזַּיִת - חוֹצֵץ בִּפְנֵי הַטֻּמְאָה וְלָא הָוֵי כָּעֲרֵבָה, וְלָא נָחֲתָא לָהּ טֻמְאָה לָעֲרֵבָה. וּבְפָחוֹת מִכַּזַּיִת, אִם אֵינוֹ מַקְפִּיד עָלָיו - בָּטֵל לְגַבֵּי עֲרֵבָה, וְהָוֵי כְּאִלּוּ נָגַע הַשֶּׁרֶץ בָּעֲרֵבָה עַצְמָהּ, וְהִיא טְמֵאָה: **אִם מַקְפִּיד עָלָיו - חוֹצֵץ.** הָכִי קָאָמַר: וּבִשְׁאָר יְמוֹת הַשָּׁנָה, שֶׁאֵין אִסּוּרוֹ חוֹשְׁבוֹ, אֵין הַדָּבָר תָּלוּי בְּשִׁעוּר אִם יֵשׁ בּוֹ כַּזַּיִת אִם לָאו, אֶלָּא בְּקְפִידָא תַּלְיָא מִלְּתָא: אִם הִקְפִּיד עָלָיו וְעָתִיד לִטְּלוֹ מִשָּׁם - חוֹצֵץ בִּפְנֵי הַטֻּמְאָה, בֵּין יֵשׁ בּוֹ כַּזַּיִת בֵּין אֵין בּוֹ כַּזַּיִת, וְלָא נָחֲתָא טֻמְאָה לָעֲרֵבָה. וְאִם לֹא הִקְפִּיד עָלָיו וְרוֹצֶה בְקִיּוּמוֹ, אֲפִלּוּ יֵשׁ בּוֹ כַּמָּה זֵיתִים - הֲרֵי הוּא כָּעֲרֵבָה, וּכְשֶׁנּוֹגֵעַ הַשֶּׁרֶץ בַּבָּצֵק, הָוֵי כְּאִלּוּ נָגַע בָּעֲרֵבָה מַמָּשׁ:

בָּצֵק הַחֵרֵשׁ. שֶׁמַּכִּין עָלָיו בַּיָּד וְאֵינוֹ מַשְׁמִיעַ קוֹל, וְדוֹמֶה לַחֵרֵשׁ שֶׁקּוֹרְאִין לוֹ וְאֵינוֹ מֵשִׁיב:
פֵּרוּשׁ אַחֵר: **בָּצֵק הַחֶרֶס.** שֶׁהוּא קָשֶׁה כְּחֶרֶס, וְאֵינוֹ נִכָּר אִם הֶחְמִיץ:

אִם יֵשׁ כַּיּוֹצֵא בוֹ שֶׁהֶחְמִיץ. אִם יֵשׁ עִסָּה אַחֶרֶת שֶׁנִּלּוֹשָׁה בְּשָׁעָה שֶׁזּוֹ נִלּוֹשָׁה וּכְבָר הֶחְמִיצָה - אָסוּר. וְאִם אֵין שָׁם כַּיּוֹצֵא בוֹ - הָוֵי שִׁעוּרָהּ כְּדֵי שֶׁיְּהַלֵּךְ אָדָם מִיל, בַּהֲלִיכָה בֵּינוֹנִית. וְשִׁעוּר זֶה כִּזְמַן שְׁנֵי חֲמִשֵּׁי שָׁעָה.

משנה זו דנה אם צריך לבער בצק שהחמיץ ודבוק בכלי, ובבצק שלא ברור לנו אם החמיץ.

בתקופת המשנה הכלים היו הרבה פחות חזקים ועמידים משלנו, והיו משתמשים בהם למרות סדקים שהיו בהם, ולעיתים היו סותמים את הסדקים באמצעות בצק.

בָּצֵק שֶׁבְּסִדְקֵי עֲרֵבָה – בצק הנמצא דבוק בקערה שלשים בה בצק:

אִם יֵשׁ כמות **כַּזַּיִת** של בצק מרוכז **בְּמָקוֹם אֶחָד – חַיָּב לְבַעֵר** אותו, משום 'בל יראה' ו'בל ימצא'. **וְאִם לָאו** – אם אין בצק מרוכז במקום אחד בכמות של כזית, אינו צריך לבער כיוון שהוא **בָּטֵל בְּמִעוּטוֹ**, ואינו נחשב לכלום.

שרץ הנוגע בכלי מטמא אותו, וכן אם נוגע בדבר שדבוק ובטל לכלי, כאילו נגע בכלי ומטמא אותו (ראה לעיל א, ו בהקדמה). המשנה דנה מתי בצק הדבוק לכלי בטל אליו וחשוב כחלק ממנו ומתי אינו בטל.

וְכֵן הדין **לְעִנְיַן הַטֻּמְאָה** בשאר ימות השנה:

אִם בעל הכלי **מַקְפִּיד עָלָיו** על החמץ הדבוק לקערת הלישה, ואינו רוצה שיישאר שם – אינו נחשב חלק מהכלי, ולכן **חוֹצֵץ** בפני הטומאה, שאם שרץ נגע בו, הכלי נשאר בטהרתו.

וְאִם רוֹצֶה בְּקִיּוּמוֹ של הבצק על הכלי, כגון שהוא סותם חורים וסדקים בכלי – **הֲרֵי הוּא כָּעֲרֵבָה**, שהבצק שעליה נחשב לחלק ממנה, ואם שרץ נגע בבצק הדבוק, אף הכלי נטמא.

בְּצֵק הַחֵרֵשׁ – בצק שלא ניכרים בו סימני חימוץ (המבוארים להלן משנה ה), והמשל הוא כמו אדם חֵרש, שכשמדברים עמו אינו מגיב. איך נדע אם כבר החמיץ ונאסר?

אִם יֵשׁ כַּיּוֹצֵא בוֹ שֶׁהֶחְמִיץ הֲרֵי זֶה אָסוּר – אם לשו יחד עמו בצק נוסף, יש לבדוק אם הבצק הנוסף החמיץ, ולפי בצק זה יש לדון גם את הבצק ה'חֵרש'. כיוון שנילושו יחד – מן הסתם הם מחמיצים בזמן שווה.

ג **כֵּיצַד מַפְרִישִׁין חַלָּה בְּטֻמְאָה בְּיוֹם טוֹב?**
רַבִּי אֱלִיעֶזֶר אוֹמֵר: לֹא תִקְרָא לָהּ שֵׁם עַד שֶׁתֵּאָפֶה,
רַבִּי יְהוּדָה בֶּן בְּתֵירָא אוֹמֵר: תַּטִּיל בְּצוֹנֵן.
אָמַר רַבִּי יְהוֹשֻׁעַ:
לֹא זֶה הוּא חָמֵץ שֶׁמֻּזְהָרִים עָלָיו
בְּ"בַל יֵרָאֶה" וּבְ"בַל יִמָּצֵא" (שמות יג, ז; יב, יט)**,**
אֶלָּא מַפְרַשְׁתָּהּ וּמַנַּחְתָּהּ עַד הָעֶרֶב,
וְאִם הֶחְמִיצָה – הֶחְמִיצָה.

רבי עובדיה מברטנורה

חַלָּה בְּטֻמְאָה. שֶׁנִּטְמֵאת הָעִסָּה וְשׁוּב אֵין הַחַלָּה הַנִּטֶּלֶת מִמֶּנָּה רְאוּיָה לַאֲכִילַת כֹּהֵן, **כֵּיצַד מַפְרִישִׁין** אוֹתָהּ **בְּיוֹם טוֹב** שֶׁל פֶּסַח? הֲרֵי אֵין יָכוֹל לְאָפוֹתָהּ בְּפֶסַח, מֵאַחַר שֶׁאֵינָהּ רְאוּיָה לַאֲכִילָה. וְלַשְׁהוֹתָהּ וּלְשׂוֹרְפָהּ בָּעֶרֶב – אִי אֶפְשָׁר, שֶׁמָּא תַּחֲמִיץ. וּלְהַאֲכִילָהּ לַכְּלָבִים – אִי אֶפְשָׁר, שֶׁאֵין מְבַעֲרִין קָדָשִׁים בְּיוֹם טוֹב: **רַבִּי אֱלִיעֶזֶר אוֹמֵר: לֹא יִקְרָא לָהּ שֵׁם חַלָּה עַד שֶׁתֵּאָפֶה.** דְּאַכַּתִּי כָּל חֲדָא וַחֲדָא חֲזְיָא לֵיהּ, דְּמִכָּל חֲדָא וַחֲדָא מַפְרִישׁ פּוּרְתָּא [שעדיין כל אחת ואחת ראויה לו, שמכל אחת ואחת מפריש מעט]. וּלְאַחַר אֲפִיָּתָהּ אִם רָצָה – יַפְרִישׁ חַלָּה שְׁלֵמָה עַל הַכֹּל, דְּקָסָבַר רַבִּי אֱלִיעֶזֶר: 'הָרוֹדֶה מִן הַתַּנּוּר וְנוֹתֵן לְסַל – הַסַּל מְצָרְפָן לְחַלָּה' (חלה ב, ד). **לֹא זֶהוּ חָמֵץ שֶׁמֻּזְהָרִים עָלָיו,** דְּלָאו דִּידֵיהּ הוּא לְאַחַר שֶׁקָּרָא עָלֶיהָ שֵׁם, וּקְרָא כְּתִיב (שמות יג, ז): "**לֹא יֵרָאֶה** לְךָ" – שֶׁלְּךָ אִי אַתָּה רוֹאֶה, אֲבָל אַתָּה רוֹאֶה שֶׁל אֲחֵרִים וְשֶׁל גָּבוֹהַּ. וְזֶה אֵינוֹ שֶׁלְּךָ וְלֹא שֶׁל חֲבֵרְךָ, דְּאַכַּתִּי לָא מְטָא [שעדיין לא הגיע] לְיַד כֹּהֵן. וְרַבִּי אֱלִיעֶזֶר סָבַר: הוֹאִיל אִי בָּעֵי מִתְשִׁיל עֲלָהּ הָוְיָא [אם ירצה יישאל עליו הרי הוא] הֶקְדֵּשׁ בְּטָעוּת וְאֵינוֹ הֶקְדֵּשׁ וַחֲזְיָא לֵיהּ [וראוי לו] לַאֲכִילָה – נִמְצָא דְּשֶׁלּוֹ הִיא וְחָמֵץ שֶׁל יִשְׂרָאֵל הוּא. וְרַבִּי יְהוֹשֻׁעַ סָבַר: לָא אָמְרִינַן 'הוֹאִיל'. וַהֲלָכָה כְּרַבִּי אֱלִיעֶזֶר:

הצטווינו להפריש תרומה מבצק העשוי ממיני דגן ולתת אותה לכוהן, והיא הנקראת "חלה" (במדבר טו, יט). מצוות החלה היא להפריש חתיכה מן הבצק קודם האפייה, אך בדיעבד, אם לא הפריש - יפריש חלה אחרי האפייה. ביום טוב של פסח, אי אפשר להפריש חלה מבצק שנטמא, כי חתיכה זו אסורה באפייה ("אין שורפים קדשים ביום טוב") ובכך היא תחמיץ ותיאסר. במשנה זו נחלקו כיצד יפרישו חלה ביום טוב של פסח.

כֵּיצַד מַפְרִישִׁין חַלָּה בְּטֻמְאָה בְּיוֹם טוֹב של פסח ללא חשש חימוץ?

רַבִּי אֱלִיעֶזֶר אוֹמֵר: לֹא תִקְרָא לָהּ שֵׁם עַד שֶׁתֵּאָפֶה, קריאת השם היא הגדרת החתיכה המופרשת כחלה המיועדת לכוהן, וכיוון שעדיין לא נקרא שם 'חלה' על הבצק, כולו מותר באפייה, ויפריש את החלה אחר האפייה, בזמן שהמצה כבר אינה יכולה להחמיץ.

רַבִּי יְהוּדָה בֶּן בְּתֵירָא אוֹמֵר: תפריש חלה מהבצק, ואז **תַּטִּיל** את הבצק המופרש לחלה **בְּצוֹנֵן** – נתינת הבצק במים צוננים מונעת את ההחמצה, ובכך מקיימת מצוות חלה וגם החלה אינה מחמיצה.

אָמַר רַבִּי יְהוֹשֻׁעַ: לֹא זֶה הוּא חָמֵץ שֶׁמֻּזְהָרִים עָלָיו בְּ"בַל יֵרָאֶה לך חמץ" **וּבְ"בַל יִמָּצֵא"** – לדעת רבי יהושע אין איסור כלל להשהות את בצק החלה, כיוון שאינה שייכת לאדם אלא היא 'קודש' ומיועדת לכוהנים. **אֶלָּא מַפְרִשַׁתָּהּ** בעודה בצק **וּמַנִּחַתָּהּ עַד הָעֶרֶב** מניחה את החלה המופרשת עד מוצאי יום טוב, **וְאִם הֶחְמִיצָה** נעשתה חמץ – **הֶחְמִיצָה** ואין איסור בכך.

ד **רַבָּן גַּמְלִיאֵל אוֹמֵר:**
שָׁלֹשׁ נָשִׁים לָשׁוֹת כְּאַחַת,
וְאוֹפוֹת בְּתַנּוּר אֶחָד זוֹ אַחַר זוֹ.
וַחֲכָמִים אוֹמְרִים:
שָׁלֹשׁ נָשִׁים עוֹסְקוֹת בַּבָּצֵק,
אַחַת לָשָׁה וְאַחַת עוֹרֶכֶת וְאַחַת אוֹפָה.
רַבִּי עֲקִיבָא אוֹמֵר:
לֹא כָּל הַנָּשִׁים וְלֹא כָּל הָעֵצִים וְלֹא כָּל הַתַּנּוּרִים שָׁוִין.
זֶה הַכְּלָל: תָּפַח - תִּלְטוֹשׁ בְּצוֹנֵן.

רבי עובדיה מברטנורה

שָׁלֹשׁ נָשִׁים לָשׁוֹת כְּאַחַת, כָּל אַחַת תַּנּוּר מָלֵא, וְאֵין כָּאן חִמּוּץ, אַף עַל פִּי [שֶׁהָאַחַת] מַמְתֶּנֶת עַד שֶׁיֹּאפוּ הַשְּׁתַּיִם. **וַחֲכָמִים אוֹמְרִים:** אֵין לְהָקֵל כָּל כָּךְ שֶׁיְּהוּ לָשׁוֹת כְּאַחַת, אֶלָּא שָׁלֹשׁ נָשִׁים עוֹסְקוֹת כָּל אַחַת בַּבָּצֵק שֶׁלָּהּ. **אַחַת לָשָׁה.** הָאַחֲרוֹנָה לָשָׁה כְּשֶׁחֲבֶרְתָּהּ הָאֶמְצָעִית מְקַטֶּפֶת, וְהַשְּׁלִישִׁית, שֶׁלָּשָׁה תְּחִלָּה - אוֹפָה. נִמְצְאוּ שְׁלָשְׁתָּן עוֹסְקוֹת בְּבַת אַחַת, כָּל אַחַת בַּבָּצֵק שֶׁלָּהּ: אַחַת לָשָׁה שֶׁלָּהּ, וְאַחַת מְקַטֶּפֶת שֶׁלָּהּ, וְאַחַת אוֹפָה שֶׁלָּהּ:

לֹא כָּל הַנָּשִׁים. רַבִּי עֲקִיבָא אַמִּלְּתֵיהּ [על דברי] דְּרַבָּן גַּמְלִיאֵל קָא מְהַדַּר [משיב], וְאָמַר שֶׁאֵין רָאוּי לַעֲשׂוֹת כִּדְבָרָיו, לְפִי שֶׁיֵּשׁ נָשִׁים עַצְלָנִיּוֹת וּמַחְמִיצוֹת אִם שׁוֹהוֹת כָּל כָּךְ, וְיֵשׁ תַּנּוּר שֶׁאֵינוֹ חַם מַהֵר, וְיֵשׁ עֵצִים שֶׁאֵין נִבְעָרִים מַהֵר. אֶלָּא כְּדִבְרֵי חֲכָמִים רָאוּי לַעֲשׂוֹת: לַעֲסֹק תָּמִיד בַּבָּצֵק, שֶׁכָּל זְמַן שֶׁעוֹסְקִין בַּבָּצֵק - אֵינוֹ בָּא לִידֵי חִמּוּץ. וְכֵן הֲלָכָה: **זֶה הַכְּלָל, תָּפַח** הַבָּצֵק שֶׁבְּיָדָהּ שֶׁרוֹאָה שֶׁרוֹצֶה לִתְפֹּחַ - **תִּלְטוֹשׁ** יָדֶהָ בְּמַיִם צוֹנְנִין וּתְקַטְּפֶנָּה וְתִצְטַנֵּן:

תהליך אפיית המצות מתחיל בנתינת המים לתוך הקמח, ממשיך בלישה עד העריכה, שהיא יצירת צורת המצה, ומסתיים באפייה בתנור. מרגע נתינת המים יש אפשרות שהבצק יחמיץ וייאסר. משנה זו דנה בחשש ההחמצה ובפתרון הקיים.

רַבָּן גַּמְלִיאֵל אוֹמֵר: שָׁלֹשׁ נָשִׁים לָשׁוֹת בצק למצות **כְּאַחַת** - באותו הזמן. **וְאוֹפוֹת** את המצות **בְּתַנּוּר אֶחָד, זוֹ אַחַר זוֹ,** ובזמן שאחת אופה, הבצק של חברתה שוהה עד שיתפנה התנור, ואין בכך חשש שיחמיץ.

וַחֲכָמִים אוֹמְרִים: שָׁלֹשׁ נָשִׁים עוֹסְקוֹת בְּבָצֵק באותו הזמן, **אַחַת לָשָׁה** את הבצק שלה **וְאַחַת עוֹרֶכֶת** עושה מהבצק צורת מצה **וְאַחַת אוֹפָה** בתנור. לדעת חכמים, אסור להשהות את הבצק עד שהתנור יתפנה, אלא בינתיים יש להתעסק בידיים בבצק ועל ידי כך הוא אינו מחמיץ.

רַבִּי עֲקִיבָא אוֹמֵר: לֹא כָּל הַנָּשִׁים וְלֹא כָּל הָעֵצִים וְלֹא כָּל הַתַּנּוּרִים שָׁוִין – החימוץ של הבצק תלוי בגורמים שונים כגון בזריזות המתעסקים, בלחות העצים, בגודלם ובחום התנור, ולכן אי אפשר לקבוע כלל כמה אנשים יכולים להתעסק באפייה בזמן אחד, אלא יש לעשות כחכמים ולהיזהר מחימוץ.

זֶה הַכְּלָל: אִם תָּפַח הבצק, כלומר הולך וגָדֵל, התקנה שלא יחמיץ היא: **תִּלְטֹשׁ** תרטיב את הבצק **בְּצוֹנֵן** – במים צוננים.

ה **שְׂאוֹר – יִשָּׂרֵף, וְהָאוֹכְלוֹ פָּטוּר,**
סִדּוּק – יִשָּׂרֵף, וְהָאוֹכְלוֹ חַיָּב כָּרֵת.

אֵיזֶהוּ שְׂאוֹר?
כְּקַרְנֵי חֲגָבִים.
סִדּוּק?
שֶׁנִּתְעָרְבוּ סְדָקָיו זֶה בָּזֶה, דִּבְרֵי רַבִּי יְהוּדָה.

וַחֲכָמִים אוֹמְרִים:
זֶה וָזֶה – הָאוֹכְלוֹ חַיָּב כָּרֵת,
וְאֵיזֶהוּ שְׂאוֹר?
כָּל שֶׁהִכְסִיפוּ פָּנָיו, כְּאָדָם שֶׁעָמְדוּ שַׂעֲרוֹתָיו.

רבי עובדיה מברטנורה

שְׂאוֹר. שֶׁלֹּא הֶחְמִיץ כָּל צָרְכּוֹ. **סִדּוּק.** דֶּרֶךְ הַבָּצֵק כְּשֶׁמַּחְמִיץ נַעֲשֶׂה סְדָקִים סְדָקִים. **כְּקַרְנֵי חֲגָבִים.** סֶדֶק לְכָאן וְסֶדֶק לְכָאן. **זֶה וָזֶה – הָאוֹכְלוֹ חַיָּב כָּרֵת.** דְּקַרְנֵי חֲגָבִים נַמֵּי הוּא סִדּוּק. וְאֵיזֶהוּ שְׂאוֹר שֶׁפָּטוּר? זֶה שֶׁאֵין בּוֹ שׁוּם סִדּוּק, אֲבָל הִכְסִיפוּ פָּנָיו כְּאָדָם שֶׁעָמְדוּ שַׂעֲרוֹתָיו מִתּוֹךְ פַּחַד, שֶׁפָּנָיו מַכְסִיפִין. וַהֲלָכָה כַּחֲכָמִים:

בצק ששהה בתהליך האפייה, ישנו חשש שהחמיץ ונאסר (ראה משנה הקודמת). משנה זו דנה בסימנים שבאמצעותם אפשר להבחין אם הבצק החמיץ או לא.

שְׂאוֹר – בצק שלא החמיץ לגמרי, **יִשָּׂרֵף** ואסור בהנאה, **וְהָאוֹכְלוֹ פָּטוּר** ואינו מתחייב מן התורה באיסור אכילת חמץ.

סִדּוּק – בצק שנעשו בו סדקים, וזהו סימן של החמצה, **יִשָּׂרֵף, וְהָאוֹכְלוֹ חַיָּב כָּרֵת** כחמץ גמור.

אֵיזֶהוּ שְׂאוֹר? שנעשו בבצק סדקים הנראים **כְּקַרְנֵי חֲגָבִים** הנפרדים זה מזה. ואיזהו **סִדּוּק? שֶׁנִּתְעָרְבוּ סְדָקָיו** של הבצק **זֶה בָּזֶה** והתחברו, **דִּבְרֵי רַבִּי יְהוּדָה.**

וַחֲכָמִים אוֹמְרִים: זֶה וָזֶה – גם הבצק עם הסדקים הנפרדים וגם זה שעם הסדקים שהתחברו, **הָאוֹכְלוֹ חַיָּב כָּרֵת,** שהם חמץ גמור. **וְאֵיזֶהוּ שִׂאוּר** שלא החמיץ והאוכלו פטור מן התורה? **כָּל שֶׁהִכְסִיפוּ פָּנָיו** של הבצק ונהיה חיוור ולבן יותר, **כְּאָדָם שֶׁעָמְדוּ שַׂעֲרוֹתָיו** מתוך פחד, ופניו חיוורות.

ו אַרְבָּעָה עָשָׂר שֶׁחָל לִהְיוֹת בַּשַּׁבָּת -
מְבַעֲרִים אֶת הַכֹּל מִלִּפְנֵי הַשַּׁבָּת,
דִּבְרֵי רַבִּי מֵאִיר.
וַחֲכָמִים אוֹמְרִים: בִּזְמַנָּן.
רַבִּי אֶלְעָזָר בַּר צָדוֹק אוֹמֵר:
תְּרוּמָה מִלִּפְנֵי הַשַּׁבָּת וְחֻלִּין בִּזְמַנָּן.

רבי עובדיה מברטנורה

מְבַעֲרִים אֶת הַכֹּל, בֵּין חֻלִּין בֵּין תְּרוּמָה. חוּץ מִכְּדֵי אֲכִילָתוֹ לַשַּׁבָּת: **תְּרוּמָה מִלִּפְנֵי הַשַּׁבָּת,** שֶׁאֵין יָכוֹל לְהַאֲכִילָהּ לֹא לְזָרִים וְלֹא לִבְהֵמָה, וּלְהַשְׁהוֹתָהּ - אִי אֶפְשָׁר. אֲבָל חֻלִּין - אֵין צָרִיךְ לְבָעֵר אֶלָּא בִּזְמַנּוֹ, שֶׁיָּכוֹל לִמְצֹא לָהֶם אוֹכְלִים הַרְבֵּה. וַהֲלָכָה כְּרַבִּי אֱלִיעֶזֶר בְּרַבִּי צָדוֹק:

משנה זו דנה בביעור החמץ כאשר ערב פסח חל בשבת.

אַרְבָּעָה עָשָׂר בניסן, שהוא ערב פסח, **שֶׁחָל לִהְיוֹת בַּשַּׁבָּת - מְבַעֲרִים אֶת הַכֹּל** כל דבר שיש בו חמץ **מִלִּפְנֵי הַשַּׁבָּת, דִּבְרֵי רַבִּי מֵאִיר.**

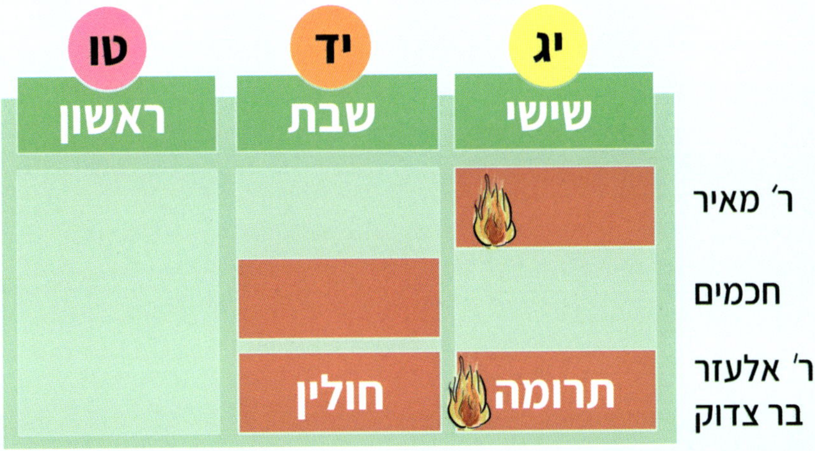

וַחֲכָמִים אוֹמְרִים: מבערים **בִּזְמַנָּן** – בערב פסח כלומר בשבת, לפני זמן איסור חמץ (ראה לעיל א, ד-ה), על ידי פיזור לרוח או לים, שכן ביעור באש אסור בשבת.

רַבִּי אֶלְעָזָר בַּר צָדוֹק אוֹמֵר: תְּרוּמָה מבערים **מִלִּפְנֵי הַשַּׁבָּת** כיוון שהיא מותרת רק לכוהנים טהורים, ויש סיכוי קטן שיימצאו לה אוכלים בשבת, **וְחֻלִּין** מאכלי חמץ המותרים לכל אדם, מבערים **בִּזְמַנָּן** – בערב הפסח, כלומר בשבת, כי מן הסתם יהיה מי שיאכל אותם עד זמן איסור החמץ.

ז **הַהוֹלֵךְ לִשְׁחוֹט אֶת פִּסְחוֹ, וְלָמוּל אֶת בְּנוֹ,**
וְלֶאֱכוֹל סְעוּדַת אֵרוּסִין בְּבֵית חָמִיו,
וְנִזְכַּר שֶׁיֵּשׁ לוֹ חָמֵץ בְּתוֹךְ בֵּיתוֹ,
אִם יָכוֹל לַחֲזוֹר וּלְבַעֵר וְלַחֲזוֹר לְמִצְוָתוֹ - יַחֲזוֹר וִיבַעֵר.
וְאִם לָאו - מְבַטְּלוֹ בְּלִבּוֹ.

לְהַצִּיל מִן הַגַּיִס, וּמִן הַנָּהָר, וּמִן הַלִּסְטִים,
וּמִן הַדְּלֵקָה, וּמִן הַמַּפֹּלֶת - יְבַטֵּל בְּלִבּוֹ.
וְלִשְׁבּוֹת שְׁבִיתַת הָרְשׁוּת - יַחֲזוֹר מִיָּד.

רבי עובדיה מברטנורה

הַהוֹלֵךְ - בְּי"ד קָאֵי: **אִם יָכוֹל,** שֶׁיֵּשׁ שָׁהוּת בַּיּוֹם: **לְהַצִּיל מִן הַגַּיִס** אֶת יִשְׂרָאֵל הַנִּרְדָּפִים: **יְבַטֵּל בְּלִבּוֹ,** וְלֹא יַחְזֹר וַאֲפִלּוּ יֵשׁ שָׁהוּת, דְּמִדְּאוֹרַיְתָא - בְּבִטּוּל בְּעָלְמָא סַגִּי: **לִשְׁבּוֹת שְׁבִיתַת הָרְשׁוּת.** שֶׁהָיָה הוֹלֵךְ לְהַחֲשִׁיךְ עַל הַתְּחוּם וְלִקְנוֹת שְׁבִיתָה לְהַלֵּךְ מִשָּׁם וָהָלְאָה אַלְפַּיִם אַמָּה לִדְבַר הָרְשׁוּת - יַחְזֹר מִיָּד. אֲבָל לִקְנוֹת שְׁבִיתַת מִצְוָה, כְּגוֹן שֶׁצָּרִיךְ לֵילֵךְ לְמָחָר לְבֵית הָאֵבֶל אוֹ לְבֵית הַמִּשְׁתֶּה - הַיְנוּ כְּהוֹלֵךְ לִשְׁחוֹט אֶת פִּסְחוֹ:

הצטווינו להשבית ולבער את החמץ מבתינו ומרשותנו בימי הפסח (שמות יב, טו). משנה זו דנה מה הדין של אדם שלא ביער את החמץ, ונזכר בכך בדרכו לדבר מצווה, בדרכו להצלת נפשות או בדרכו לענייני הרשות.

אדם **הַהוֹלֵךְ** לדבר מצווה, כגון: **לִשְׁחוֹט אֶת** קרבן **פִּסְחוֹ, וְלָמוּל אֶת בְּנוֹ, וְלֶאֱכוֹל סְעוּדַת אֵרוּסִין בְּבֵית חָמִיו** - כפי שהיו נוהגים לעשות סעודה בין הקידושין (אירוסין) לנישואין. **וְנִזְכַּר שֶׁיֵּשׁ לוֹ חָמֵץ** שלא ביער אותו **בְּתוֹךְ בֵּיתוֹ, אִם** הוא **יָכוֹל לַחֲזוֹר וּלְבַעֵר** את החמץ בביתו, **וְלַחֲזוֹר לְמִצְוָתוֹ - יַחֲזוֹר** לביתו **וִיבַעֵר.**

וְאִם לָאו - אם לא יוכל להספיק לבער וגם לחזור למצותו שהולך אליה, **מְבַטְּלוֹ בְּלִבּוֹ** - שיחשיב את החמץ כעפר וכדבר שאין בו צורך כלל, ובכך אינו עובר על איסור בל יֵראה ובל ימצא (רמב"ם חמץ ומצה ב, ב) ויש שהצריכו שיבטל בדיבור ויאמר שהחמץ הפקר ובטל כעפר הארץ (על פי תוספות ד, ב).

ואם הולך לעסקי פיקוח נפש, כגון: **לְהַצִּיל מִן הַגַּיִס** – האויב, **וּמִן הַנָּהָר** – סכנת שיטפון וטביעה, **וּמִן הַלִּסְטִים** – שודדים, **וּמִן הַדְּלֵקָה, וּמִן הַמַּפֹּלֶת** – **יְבַטֵּל** את החמץ **בְּלִבּוֹ**, ולא יבער, למרות שיש די זמן כדי לבער ולשוב להצלה. חכמים לא רצו להטריח אדם העוסק בפיקוח נפש, כדי שיעשה זאת לי הפרעות.

וְלִשְׁבוֹת שְׁבִיתַת הָרְשׁוּת – אם יצא מביתו לעסוק בענייני רשות שאינם מצוה, **יַחֲזוֹר מִיָּד** לביתו כדי לבער את החמץ.

ח **וְכֵן מִי שֶׁיָּצָא מִירוּשָׁלַיִם,**
וְנִזְכַּר שֶׁיֵּשׁ בְּיָדוֹ בְּשַׂר קֹדֶשׁ:
אִם עָבַר צוֹפִים – שׂוֹרְפוֹ בִּמְקוֹמוֹ.
וְאִם לָאו – חוֹזֵר וְשׂוֹרְפוֹ לִפְנֵי הַבִּירָה מֵעֲצֵי הַמַּעֲרָכָה.

וְעַד כַּמָּה הֵן חוֹזְרִין?
רַבִּי מֵאִיר אוֹמֵר: זֶה וָזֶה בְּכַבֵּיצָה.
רַבִּי יְהוּדָה אוֹמֵר: זֶה וָזֶה בְּכַזַּיִת.
וַחֲכָמִים אוֹמְרִים: בְּשַׂר קֹדֶשׁ בְּכַזַּיִת, וְחָמֵץ בְּכַבֵּיצָה.

רבי עובדיה מברטנורה

שֶׁיֵּשׁ בְּיָדוֹ בְּשַׂר קֹדֶשׁ שֶׁנִּפְסַל בְּיוֹצֵא. שֶׁחוֹמַת יְרוּשָׁלַיִם הִיא מְחִיצָה לְקָדָשִׁים קַלִּים: **אִם עָבַר צוֹפִים.** שֵׁם מָקוֹם שֶׁמִּשָּׁם רוֹאִים בֵּית הַמִּקְדָּשׁ: **שׂוֹרְפוֹ בִּמְקוֹמוֹ.** וְלֹא הִטְרִיחוּהוּ לַחְזֹר: **וְאִם לָאו – חוֹזֵר וְשׂוֹרְפוֹ.** דִּכְתִיב (ויקרא ו, כג): "בַּקֹּדֶשׁ לֹא תֵאָכֵל, בָּאֵשׁ תִּשָּׂרֵף", בִּמְקוֹם אֲכִילָתוֹ – שְׂרֵפָתוֹ: **זֶה וָזֶה.** חָמֵץ, דְּאָמְרִינַן לְעֵיל (משנה ז): וְנִזְכַּר שֶׁיֵּשׁ לוֹ חָמֵץ בְּתוֹךְ בֵּיתוֹ וְכוּ', וּבְשַׂר קֹדֶשׁ שֶׁעִמּוֹ: **כַּבֵּיצָה.** אֲבָל בְּפָחוֹת: חָמֵץ – מְבַטְּלוֹ בְּלִבּוֹ, וּבְשַׂר קֹדֶשׁ – שׂוֹרְפוֹ בִּמְקוֹמוֹ. וְסָבַר רַבִּי מֵאִיר חֲזָרָתוֹ כְּטֻמְאָתוֹ: מָה טֻמְאַת אֳכָלִין בְּכַבֵּיצָה, שֶׁאֵין אֹכֶל מְטַמֵּא בְּפָחוֹת מִכַּבֵּיצָה – כָּךְ אֵינוֹ חוֹזֵר עַל פָּחוֹת מִכַּבֵּיצָה:

רַבִּי יְהוּדָה אוֹמֵר: זֶה וָזֶה בְּכַזַּיִת. סָבַר חֲזָרָתוֹ כְּאִסּוּרוֹ: מָה אִסּוּרוֹ בְּכַזַּיִת, שֶׁעַל כַּזַּיִת חָמֵץ אוֹ בְּשַׂר קֹדֶשׁ חַיָּב – כָּךְ עַל כַּזַּיִת חוֹזֵר: **בְּשַׂר קֹדֶשׁ.** מִשּׁוּם חֻמְרָא דְּקָדָשִׁים חוֹזֵר אַף עַל כַּזַּיִת. חָמֵץ דְּחֻלִּין – אֵינוֹ חוֹזֵר אֶלָּא עַל כַּבֵּיצָה. וַהֲלָכָה כַּחֲכָמִים:

אגב המשנה הקודמת, משנה זו מביאה דין דומה בעניין קודשים. קודשים קלים, כגון שלמים, נאכלים בכל ירושלים שבין החומות, ואם הבשר יצא מגבולות אלו, הוא נפסל מאכילה וצריך לשרוף אותו.

וְכֵן מִי שֶׁיָּצָא מִירוּשָׁלַיִם שבין החומות, **וְנִזְכַּר שֶׁיֵּשׁ בְּיָדוֹ בְּשַׂר קֹדֶשׁ** – קודשים קלים, כגון שלמים, והדין שצריך לשרוף אותם אם יצאו מירושלים, **אִם עָבַר** את המקום שנקרא **צוֹפִים – שׂוֹרְפוֹ** את הבשר **בִּמְקוֹמוֹ**, באותו מקום שנזכר, **וְאִם לָאו** – אם עדיין לא התרחק כל כך, **חוֹזֵר וְשׂוֹרְפוֹ לִפְנֵי הַבִּירָה מֵעֲצֵי**

הַמַּעֲרָכָה עצים המוכנים להדלקה במזבח - שכן מצווה לשרוף קודשים שנפסלו במקום הראוי לאכילתם, והוא ה'בירה': לדעת רבי יוחנן זהו מקום מסוים בהר הבית, ולדעת ריש לקיש ברחבי המקדש כולו (גמרא יומא ב, א).

וְעַד כַּמָּה הֵן חוֹזְרִין? על איזו כמות של חמץ שנשארה בביתו צריך לחזור לביתו ולבער? וכן על איזו כמות של בשר הקודש שבידו מחוץ לירושלים חוזר לירושלים כדי לשורפו?

רַבִּי מֵאִיר אוֹמֵר: זֶה וָזֶה - גם בשר הקודש וגם החמץ, **בִּכְבֵיצָה** כגודל ביצה.

רַבִּי יְהוּדָה אוֹמֵר: זֶה וָזֶה - גם בשר הקודש וגם החמץ, **בִּכְזַיִת** כגודל זית.

וַחֲכָמִים אוֹמְרִים: יש חילוק בין שני הדינים. **בְּשַׂר קֹדֶשׁ בִּכְזַיִת, וְחָמֵץ בִּכְבֵיצָה.** חכמים החמירו בדבר הקודש יותר מבחמץ שהוא חולין (רמב"ם).

פרק רביעי

פרק זה עוסק בכמה הלכות המשתנות ותלויות במנהג המקום, ובמיוחד בהלכות של עשיית מלאכה ביום י"ד בניסן, ערב הפסח. בסוף הפרק, אגב דיני ערב הפסח, מובאות שתי משניות על יחס החכמים לכמה מעשים של אנשי יריחו, ועל יחסם לכמה מעשים של חזקיה המלך.

א **מָקוֹם שֶׁנָּהֲגוּ לַעֲשׂוֹת מְלָאכָה**
בְּעַרְבֵי פְסָחִים עַד חֲצוֹת –
עוֹשִׂין,
מָקוֹם שֶׁנָּהֲגוּ שֶׁלֹּא לַעֲשׂוֹת –
אֵין עוֹשִׂין.

הַהוֹלֵךְ מִמָּקוֹם שֶׁעוֹשִׂין לְמָקוֹם שֶׁאֵין עוֹשִׂין,
אוֹ מִמָּקוֹם שֶׁאֵין עוֹשִׂין לְמָקוֹם שֶׁעוֹשִׂין –
נוֹתְנִין עָלָיו חֻמְרֵי מָקוֹם שֶׁיָּצָא מִשָּׁם,
וְחֻמְרֵי מָקוֹם שֶׁהָלַךְ לְשָׁם.
וְאַל יְשַׁנֶּה אָדָם, מִפְּנֵי הַמַּחֲלֹקֶת.

רבי עובדיה מברטנורה

מָקוֹם שֶׁנָּהֲגוּ... עַד חֲצוֹת. עַד חֲצִי הַיּוֹם. **שֶׁלֹּא לַעֲשׂוֹת.** כְּדֵי שֶׁלֹּא יְהֵא טָרוּד בִּמְלָאכָה וְיִשְׁכַּח בִּעוּר חָמֵץ וּשְׁחִיטַת פֶּסַח וְתִקּוּן מַצָּה שֶׁל מִצְוָה. **וְאַל יְשַׁנֶּה אָדָם.** הָכִי קָאָמַר: הַהוֹלֵךְ מִמָּקוֹם שֶׁאֵין עוֹשִׂין לְמָקוֹם שֶׁעוֹשִׂין – נוֹתְנִין עָלָיו חֻמְרֵי מָקוֹם שֶׁיָּצָא מִשָּׁם וְלֹא יַעֲשֶׂה, דְּהָא דְּקָיְמָא לָן: אַל יְשַׁנֶּה אָדָם מִמִּנְהַג הָעִיר – אֵינוֹ אֶלָּא מִפְּנֵי הַמַּחֲלֹקֶת, וְכָאן אֵין מַחֲלֹקֶת. דְּמַאי קָא אָמְרַתְּ? הָרוֹאֶה אוֹתוֹ בָּטֵל אוֹמֵר: "זֶה שֶׁבָּטֵל חוֹשֵׁב שֶׁהַמְּלָאכָה אֲסוּרָה וְחוֹלֵק עַל כֻּלָּנוּ" – לֹא אָמַר הָכִי! אֶלָּא אָמַר: "אֵין לוֹ מְלָאכָה", שֶׁהֲרֵי כַּמָּה בַּטְלָנִים אִכָּא בְּשׁוּקָא כָּל יְמוֹת הַשָּׁנָה. וְהָא דִּתְנַן: נוֹתְנִים עָלָיו חֻמְרֵי מָקוֹם שֶׁיָּצָא מִשָּׁם – אֵינוֹ אֶלָּא בִּזְמַן שֶׁדַּעְתּוֹ לַחְזֹר לִמְקוֹמוֹ; אֲבָל אֵין דַּעְתּוֹ לַחְזֹר לִמְקוֹמוֹ – נוֹהֵג כְּמִנְהַג אַנְשֵׁי מָקוֹם שֶׁהָלַךְ לְשָׁם, בֵּין לְקֻלָּא בֵּין לְחֻמְרָא:

בי"ד בניסן, ערב חג הפסח, אסרו חכמים לעשות מלאכה מחצות היום והלאה, שכן זהו הזמן הראוי להקרבת קרבן הפסח, ואין ראוי שיעסוק אז במלאכתו (ירושלמי). ולפי רש"י (נ, א), חכמים רצו שהאדם יהיה פנוי לטרוח בצורכי החג. משנה זו מוסיפה שיש מקומות שנהגו להימנע ממלאכה גם קודם חצות היום.

מָקוֹם שֶׁנָּהֲגוּ לַעֲשׂוֹת מְלָאכָה בְּעַרְבֵי פְסָחִים יום י"ד בניסן **עַד חֲצוֹת** היום - **עוֹשִׂין, מָקוֹם שֶׁנָּהֲגוּ שֶׁלֹּא לַעֲשׂוֹת - אֵין עוֹשִׂין.** הכול כפי המנהג, אבל אחר חצות אסרו חכמים בכל המקומות.

אדם **הַהוֹלֵךְ מִמָּקוֹם שֶׁעוֹשִׂין** מלאכה בערב פסח עד חצות **לְמָקוֹם שֶׁאֵין עוֹשִׂין,** או שהולך **מִמָּקוֹם שֶׁאֵין עוֹשִׂין לְמָקוֹם שֶׁעוֹשִׂין - נוֹתְנִין עָלָיו חֻמְרֵי מָקוֹם שֶׁיָּצָא מִשָּׁם וְחֻמְרֵי מָקוֹם שֶׁהָלַךְ לְשָׁם** - נוהג לפי המקום שבו מחמירים, ואסור בעשיית מלאכה. **וְאַל יְשַׁנֶּה אָדָם, מִפְּנֵי הַמַּחֲלֹקֶת** - אסור לאדם לעשות מנהג לעצמו שלא כאנשי המקום, שלא ירבו המחלוקות.

ב כַּיּוֹצֵא בוֹ:

הַמּוֹלִיךְ פֵּרוֹת שְׁבִיעִית מִמָּקוֹם שֶׁכָּלוּ לְמָקוֹם שֶׁלֹּא כָלוּ,
אוֹ מִמָּקוֹם שֶׁלֹּא כָלוּ לְמָקוֹם שֶׁכָּלוּ –
חַיָּב לְבַעֵר.
רַבִּי יְהוּדָה אוֹמֵר:
אוֹמְרִים לוֹ: "צֵא וְהָבֵא לְךָ אַף אַתָּה"!

רבי עובדיה מברטנורה

הַמּוֹלִיךְ פֵּרוֹת שְׁבִיעִית מִמָּקוֹם שֶׁכָּלוּ לַחַיָּה מִן הַשָּׂדֶה, וְחַיָּבִין עָלָיו בְּנֵי מְקוֹמוֹ לְבַעֲרָן מִן הַבַּיִת. וְהוֹלִיכָן זֶה **לְמָקוֹם שֶׁלֹּא כָלוּ,** וּבְנֵי אוֹתוֹ מָקוֹם עֲדַיִן אוֹכְלִין הֵן מִן הַמְּכֻנָּסִים לַבַּיִת – **חַיָּב לְבַעֵר,** מִשּׁוּם חֻמְרֵי הַמָּקוֹם שֶׁיָּצָא מִשָּׁם:

רַבִּי יְהוּדָה אוֹמֵר: אוֹמְרִים לוֹ: "צֵא וְהָבֵא לְךָ אַף אַתָּה". פַּלְגְתָא דְּרַבִּי יְהוּדָה וְתַנָּא קַמָּא בְּכוֹבֵשׁ שְׁלֹשָׁה מִינֵי יָרָק בְּחֹמֶץ אוֹ בְּצִיר לְהִתְקַיֵּם, וּשְׁנַיִם מֵהֶם כָּלוּ לַחַיָּה מִן הַשָּׂדֶה, וְהַשְּׁלִישִׁי לֹא כָלָה. תַּנָּא קַמָּא סָבַר: אוֹכֵל מֵאוֹתָן שֶׁכָּלוּ עַל סְמַךְ אוֹתוֹ שֶׁלֹּא כָלָה, הוֹאִיל וְהֵן בְּחָבִית אַחַת. וְהָכִי מִשְׁתַּמַּע לְמִלְּתֵיהּ: מִמָּקוֹם שֶׁלֹּא כָלוּ לְמָקוֹם שֶׁכָּלוּ לְגַמְרֵי, חַיָּבִין לְבָעֵר. אֲבָל לֹא כָלוּ כֻּלָּן אֶלָּא מִקְצָתָן – אוֹכֵל אַף מִמִּין הַכָּלֶה, כָּל זְמַן שֶׁלֹּא כָלוּ כֻּלָּן, דְּאוֹכְלִין עַל סְמַךְ הָאַחֲרוֹן. וְרַבִּי יְהוּדָה אוֹמֵר: אוֹמְרִים לוֹ: "צֵא וְהָבֵא לְךָ אַף אַתָּה מֵאוֹתוֹ הַמִּין שֶׁכָּלָה כְּמוֹ שֶׁהֵבִיא זֶה הָאִישׁ, וְלֹא תִּמְצָא", הִלְכָּךְ אֵינוֹ אוֹכֵל אֶלָּא מֵהַמִּין שֶׁלֹּא כָלָה, דְּאֵין אוֹכְלִין מֵהַמִּינִין שֶׁכָּלוּ עַל סְמַךְ הַמִּין שֶׁלֹּא כָלָה, וְחַיָּב לְבַעֵר הַמִּינִין שֶׁכָּלוּ:

וַהֲלָכָה כְּרַבִּי יְהוּדָה, דְּקָאֵי בְּשִׁטָתֵיהּ דְּרַבָּן גַּמְלִיאֵל, שֶׁהֲלָכָה כְּמוֹתוֹ בְּמַסֶּכֶת שְׁבִיעִית פֶּרֶק 'הַפֵּיגָם' (ט, ה).

אגב המשנה הקודמת, משנה זו מביאה דין דומה בעניין פירות של שנת השמיטה, שהם קדושים בקדושת שביעית, וכשכלו אותם הפירות מהשדה, חייבים לבער אותם מן הבית. מציאות זו משתנה בין המקומות השונים בארץ ישראל (ראה משנה שביעית פרק ט).

כַּיּוֹצֵא בוֹ בדומה לדין המשנה הקודמת: אדם **הַמּוֹלִיךְ פֵּרוֹת** של שנה **שְׁבִיעִית מִמָּקוֹם שֶׁכָּלוּ** אותם הפירות מן השדה ומאותה העת יש לבערם מן הבית, **לְמָקוֹם** אחר בארץ ישראל **שֶׁלֹּא כָלוּ** בו פירות אלו מן השדה.

אוֹ שמוליך **מִמָּקוֹם שֶׁלֹּא כָּלוּ לְמָקוֹם שֶׁכָּלוּ - חַיָּב לְבַעֵר** את הפירות ונאסרו באכילה. יש אומרים שבשעת הכילוי - הפירות אינם נאסרים באכילה, והחובה לבער אינה כילוי ממש, אלא צריך להפקיר אותם לכל אדם (רמב"ן ויקרא כה, ז).

מדברי תנא קמא עולה שחובת הביעור נקבעת רק אם כלו לגמרי הפירות מן השדה, ולפי זה יש לדון במקרה שעשו תבשיל מכמה מינים שונים שכַּלים בזמנים שונים, האם כל אחד יהיה נידון לפי שעתו? ועל זה **רַבִּי יְהוּדָה אוֹמֵר: אוֹמְרִים לוֹ: "צֵא וְהָבֵא לָךְ אַף אַתָּה"!** הפירות שבתבשיל שעדיין לא כלו - מותרים, ואילו אותם שכבר כלו - חייבים ביעור, שאומרים למי שבא לאוכלם שיביא מן השדה כמותם, ואי אפשר לעשות כן, משום שמין זה כלה מן השדה. הלכה זו שנויה במחלוקת במשנה בשביעית (ט, ה).

ג **מָקוֹם שֶׁנָּהֲגוּ לִמְכּוֹר בְּהֵמָה דַקָּה לַגּוֹיִם - מוֹכְרִין,
מָקוֹם שֶׁנָּהֲגוּ שֶׁלֹּא לִמְכּוֹר - אֵין מוֹכְרִין.**

**וּבְכָל מָקוֹם אֵין מוֹכְרִין לָהֶם בְּהֵמָה גַּסָּה,
עֲגָלִים וּסְיָחִים שְׁלֵמִין וּשְׁבוּרִין.
רַבִּי יְהוּדָה מַתִּיר בִּשְׁבוּרָה.
בֶּן בְּתֵירָא מַתִּיר בְּסוּס.**

רבי עובדיה מברטנורה

מָקוֹם שֶׁנָּהֲגוּ שֶׁלֹּא לִמְכּוֹר. דְּהֶחְמִירוּ עַל עַצְמָן דִּלְמָא אָתֵי לִמְכּוֹר גַּסָּה. **וּבְכָל מָקוֹם אֵין מוֹכְרִין לָהֶם בְּהֵמָה גַּסָּה.** דִּגְזוּר רַבָּנָן שֶׁמָּא יַשְׁאִיל אוֹ יַשְׂכִּיר בְּהֶמְתּוֹ לְנָכְרִי, וְאָדָם מְצֻוֶּה עַל שְׁבִיתַת בְּהֶמְתּוֹ. אִי נָמֵי, פְּעָמִים שֶׁמּוֹכְרָהּ לוֹ עֶרֶב שַׁבָּת עִם חֲשֵׁכָה, וְצוֹעֵק לָהּ הַיִּשְׂרָאֵל כְּדֵי שֶׁתֵּלֵךְ לִפְנֵי הַקּוֹנֶה, וְהִיא מַכֶּרֶת קוֹלוֹ וְהוֹלֶכֶת מֵחֲמָתוֹ, וְנִמְצָא מְחַמֵּר אַחַר בְּהֶמְתּוֹ בְּשַׁבָּת. **עֲגָלִים וּסְיָחִין** קְטַנִּים, אַף עַל גַּב דְּלָאו בְּנֵי מְלָאכָה נִנְהוּ. מִחְלְפִי בִּמְכִירַת גְּדוֹלִים. **וּשְׁבוּרִים** מִחְלְפִי בִּמְכִירַת **שְׁלֵמִים:** **רַבִּי יְהוּדָה מַתִּיר בִּשְׁבוּרָה.** דְּאֵינָהּ בַּת מְלָאכָה לְעוֹלָם. אֲבָל בַּעֲגָלִים וּסְיָחִים מוֹדֶה, כֵּיוָן דִּלְכִי גָּדְלֵי הָווּ בְּנֵי מְלָאכָה. וְאֵין הֲלָכָה כְּרַבִּי יְהוּדָה:

בֶּן בְּתֵירָא מַתִּיר בְּסוּס. הוֹאִיל וְלִרְכִיבָה עוֹמֵד וְהַחַי נוֹשֵׂא אֶת עַצְמוֹ. וְאֵין הֲלָכָה כְּבֶן בְּתֵירָא:

וְעַל יְדֵי סַרְסוּר - שָׁרֵי לִמְכּוֹר בְּהֵמָה לְנָכְרִי, בִּזְמַן שֶׁאֵין הַבְּעָלִים מְצוּיִין שָׁם בְּעֵת הַמְּכִירָה, דְּלֵיכָּא לְמֵיחַשׁ שֶׁמָּא יַשְׁאִילֶנָּה וְיַשְׂכִּירֶנָּה, שֶׁהֲרֵי אֵינָהּ שֶׁלּוֹ. וְשֶׁמָּא תֵּלֵךְ מֵחֲמַת קוֹלוֹ וְנִמְצָא מְחַמֵּר - אַהָא נָמֵי לֵיכָּא לְמֵיחַשׁ [לזה גם אין לחשוש], שֶׁאֵינָהּ מַכֶּרֶת אֶת קוֹלוֹ:

משנה זו דנה בהלכה נוספת התלויה במנהג. חכמים אסרו למכור לגויים בהמה גסה, ומתוך כך נהגו בכמה מקומות להחמיר ולא למכור להם אף בהמה דקה.

מָקוֹם שֶׁנָּהֲגוּ לִמְכּוֹר בְּהֵמָה דַקָּה כגון עז או כבש **לַגּוֹיִם - מוֹכְרִין, מָקוֹם שֶׁנָּהֲגוּ שֶׁלֹּא לִמְכּוֹר - אֵין מוֹכְרִין.** הכל לפי המנהג.

וּבְכָל מָקוֹם אֵין מוֹכְרִין לָהֶם בְּהֵמָה גַּסָּה - כגון פרה או חמור, **עֲגָלִים** - פרים קטנים, **וּסְיָחִים** - חמורים קטנים, **שְׁלֵמִין** - בגופם, **וּשְׁבוּרִים** - שיש בגופם שבר. סיבת האיסור היא גזירת חכמים שמא ישאיל או ישכיר את הבהמה

לגוי והוא יעבוד בה בשבת, ונמצא שבהמת ישראל עבדה בשבת, והישראל מצווה על שביתת בהמתו בשבת (על פי גמרא עבודה זרה טו, א). ואף שבעלי שבר בגופם מוגבלים בעשיית מלאכה, לדעת חכמים כללו אותם בגזירה זו.

רַבִּי יְהוּדָה מַתִּיר בַּשְּׁבוּרָה, שכן בהמה שיש לה שבר אינה ראויה למלאכה, וכנראה הגוי קונה אותה לצורך שחיטה, ואין חשש לאיסור מלאכה בשבת.

בֶּן בְּתֵירָא מַתִּיר בַּסּוּס, שכן אין משתמשים בו למשא, חרישה או שאר מלאכה, והרכיבה עליו אינה אסורה בשבת משום שביתת בהמה.

ד מָקוֹם שֶׁנָּהֲגוּ לֶאֱכוֹל צָלִי בְּלֵילֵי פְסָחִים - אוֹכְלִין.
מָקוֹם שֶׁנָּהֲגוּ שֶׁלֹּא לֶאֱכוֹל - אֵין אוֹכְלִין.

מָקוֹם שֶׁנָּהֲגוּ לְהַדְלִיק אֶת הַנֵּר בְּלֵילֵי יוֹם הַכִּפּוּרִים - מַדְלִיקִין,
מָקוֹם שֶׁנָּהֲגוּ שֶׁלֹּא לְהַדְלִיק - אֵין מַדְלִיקִין.
וּמַדְלִיקִין בְּבָתֵּי כְנֵסִיּוֹת וּבְבָתֵּי מִדְרָשׁוֹת,
וּבַמְּבוֹאוֹת הָאֲפֵלִים, וְעַל גַּבֵּי הַחוֹלִים.

רבי עובדיה מברטנורה

מָקוֹם שֶׁנָּהֲגוּ שֶׁלֹּא לֶאֱכוֹל. שֶׁנִּרְאֶה כְּאוֹכֵל פְּסָחִים בְּחוּצָה לָאָרֶץ. **שֶׁנָּהֲגוּ לְהַדְלִיק אֶת הַנֵּר בְּיוֹם הַכִּפּוּרִים.** מִפְּנֵי שֶׁיּוֹם הַכִּפּוּרִים אָסוּר בְּתַשְׁמִישׁ הַמִּטָּה, וְכָל זְמַן שֶׁהַנֵּר דּוֹלֵק - לֹא יְשַׁמֵּשׁ, שֶׁאָסוּר לְאָדָם לְשַׁמֵּשׁ מִטָּתוֹ לְאוֹר הַנֵּר. **שֶׁנָּהֲגוּ שֶׁלֹּא לְהַדְלִיק.** שֶׁמָּא יִרְאֶה אִשְׁתּוֹ וְתִשָּׂא חֵן בְּעֵינָיו וִישַׁמֵּשׁ. **וּמַדְלִיקִין בְּבָתֵּי כְנֵסִיּוֹת.** וּבְכָל מָקוֹם שֶׁאֵין אִישׁ וְאִשְׁתּוֹ מִתְיַחֲדִים שָׁם:

משנה זו דנה בהלכות נוספות התלויות במנהג. בליל הסדר בזמן המקדש אכלו את בשר קרבן הפסח צלוי, שנאמר (שמות יב, ח): "ואכלו את הבשר בלילה הזה צלי אש", ולכן יש שנהגו שלא לאכול בזמן החורבן בשר צלוי בליל פסח, שלא יֵראה כמי שהקריב קרבנות מחוץ למקדש.

מָקוֹם שֶׁנָּהֲגוּ לֶאֱכוֹל צָלִי בשר צלוי **בְּלֵילֵי פְסָחִים - אוֹכְלִין. מָקוֹם שֶׁנָּהֲגוּ שֶׁלֹּא לֶאֱכוֹל** בשר צלוי בליל פסח, כדי שלא יֵראה כמי שאוכל קרבן מחוץ למקדש - **אֵין אוֹכְלִין.** הכול לפי המנהג.

בשבתות וימים טובים יש מצוות חכמים להדליק נרות בבית. סיבת המצווה היא כבוד השבת וכדי להשרות אווירה נעימה, שלא ייפלו או ייכשלו בחושך. לעומת ימים אלו, ביום הכפורים, שעניינו צום ועינוי, אין חובה להדליק נרות, והדבר תלוי במנהג.

מָקוֹם שֶׁנָּהֲגוּ לְהַדְלִיק אֶת הַנֵּר בְּלֵילֵי יוֹם הַכִּפּוּרִים - מַדְלִיקִין, מָקוֹם שֶׁנָּהֲגוּ שֶׁלֹּא לְהַדְלִיק - אֵין מַדְלִיקִין. הכול לפי המנהג.

אולם, ישנה תקנה אחת שחייבים בה בכל המקומות: **וּמַדְלִיקִין** נרות ביום הכפורים **בְּבָתֵּי כְנֵסִיּוֹת וּבְבָתֵּי מִדְרָשׁוֹת** שיש מצווה לפאר ולכבד אותם, **וּבַמְּבוֹאוֹת הָאֲפֵלִים** החשוכים, כדי שאנשים לא ייתקלו במכשולים, **וְעַל גַּבֵּי הַחוֹלִים** כדי שירגישו בטוחים שמטפלים בהם בצורה טובה, ולא בחושך.

ה **מָקוֹם שֶׁנָּהֲגוּ לַעֲשׂוֹת מְלָאכָה בְּתִשְׁעָה בְּאָב - עוֹשִׂין,**
מָקוֹם שֶׁנָּהֲגוּ שֶׁלֹּא לַעֲשׂוֹת מְלָאכָה - אֵין עוֹשִׂין.

וּבְכָל מָקוֹם - תַּלְמִידֵי חֲכָמִים בְּטֵלִים.
רַבָּן שִׁמְעוֹן בֶּן גַּמְלִיאֵל אוֹמֵר:
לְעוֹלָם יַעֲשֶׂה אָדָם עַצְמוֹ תַּלְמִיד חָכָם.

וַחֲכָמִים אוֹמְרִים:
בִּיהוּדָה הָיוּ עוֹשִׂין מְלָאכָה בְּעַרְבֵי פְסָחִים עַד חֲצוֹת,
וּבַגָּלִיל לֹא הָיוּ עוֹשִׂין כָּל עִקָּר.

וְהַלַּיְלָה -
בֵּית שַׁמַּאי אוֹסְרִין,
וּבֵית הִלֵּל מַתִּירִין עַד הָנֵץ הַחַמָּה.

רבי עובדיה מברטנורה

תַּלְמִידֵי חֲכָמִים בְּטֵלִים מִמְּלַאכְתָּן כָּל אוֹתוֹ הַיּוֹם, כְּדֵי שֶׁלֹּא יַסִּיחוּ דַּעְתָּם מֵאֲבֵלוּת. **לְעוֹלָם יַעֲשֶׂה אָדָם עַצְמוֹ כְּתַלְמִיד חָכָם.** וְלָא מֶחֱזֵי כְּיוֹהֲרָא [אינו נראה כגאווה], שֶׁהָרוֹאֶה אוֹתוֹ בָּטֵל אוֹמֵר: "אֵין לוֹ מְלָאכָה לַעֲשׂוֹת", וְלֹא מִפְּנֵי שֶׁנּוֹהֵג בּוֹ אִסּוּר: **וַחֲכָמִים אוֹמְרִים: בִּיהוּדָה וְכוּ'.** חֲכָמִים סְבִירָא לְהוּ דַּעֲשִׂיַּת מְלָאכָה בְּעַרְבֵי פְּסָחִים לָאו בְּמִנְהֲגָא תַּלְיָא מִלְּתָא, אֶלָּא **בִּיהוּדָה הָיוּ** מַתִּירִים, **וּבַגָּלִיל** אוֹסְרִים אִסּוּר גָּמוּר, וְלֹא מִכֹּחַ מִנְהָג. **הַלַּיְלָה.** לֵיל י"ד, לְאַנְשֵׁי גָּלִיל שֶׁאוֹסְרִים לַעֲשׂוֹת מְלָאכָה בְּעַרְבֵי פְּסָחִים. **בֵּית שַׁמַּאי אוֹסְרִים** לָהֶם כְּכָל שְׁאָר יָמִים טוֹבִים שֶׁאֲסוּרִים בַּעֲשִׂיַּת מְלָאכָה, שֶׁהַלַּיְלָה הוֹלֵךְ אַחַר הַיּוֹם. **וּבֵית הִלֵּל מַתִּירִים.** מִידֵי דַּהֲוָה אַתַּעֲנִית, שֶׁהַיּוֹם אָסוּר בַּאֲכִילָה, וְהַלַּיְלָה מֻתָּר:

משנה זו דנה בהלכות נוספות התלויות במנהג. תשעה באב הוא יום שנקבע לאבלות על חורבן בתי המקדש (ראה משנה תענית ד, ו), ואף על פי כן חכמים לא רצו לאסור מלאכה לכלל הציבור ביום זה.

מָקוֹם שֶׁנָּהֲגוּ לַעֲשׂוֹת מְלָאכָה בְּתִשְׁעָה בְּאָב - עוֹשִׂין, שאין איסור מלאכה ביום זה, **מָקוֹם שֶׁנָּהֲגוּ שֶׁלֹּא לַעֲשׂוֹת מְלָאכָה,** מפני האבלות על חורבן בתי המקדש, **אֵין עוֹשִׂין.**

וּבְכָל מָקוֹם - תַּלְמִידֵי חֲכָמִים בְּטֵלִים, וזה דין שאינו תלוי במנהג, משום שתלמידי חכמים צריכים להרגיש יותר את חסרון המקדש ולהתאבל עליו (מאירי נד, ב).

רַבָּן שִׁמְעוֹן בֶּן גַּמְלִיאֵל אוֹמֵר: לְעוֹלָם יַעֲשֶׂה אָדָם עַצְמוֹ תַּלְמִיד חָכָם, ויימנע ממלאכה בתשעה באב. רבן שמעון בן גמליאל משמיע לנו שאין איסור יוהרא והתנשאות בחומרה זו, ואכן, רבי עקיבא אמר שמי שעושה מלאכה ביום זה אינו רואה ממנה ברכה (גמרא תענית ל, ב).

בתחילת הפרק שנינו שעשיית מלאכה בערב פסח (י"ד בניסן) תלויה במנהג המקומות, והמשנה כאן מביאה עדות על מנהגים שונים.

וַחֲכָמִים אוֹמְרִים בערב פסח נהגו בארץ ישראל מנהגים שונים: **בִּיהוּדָה** - אזור בתוך ארץ ישראל, **הָיוּ עוֹשִׂין מְלָאכָה בְּעַרְבֵי פְסָחִים עַד חֲצוֹת** היום בלבד, **וּבַגָּלִיל** אזור אחר **לֹא הָיוּ עוֹשִׂין כָּל עִקָּר** - לא עשו מלאכה כל היום, אפילו קודם חצות היום.

וְהַלַּיְלָה שלפני יום י"ד בניסן - **בֵּית שַׁמַּאי אוֹסְרִין** לעשות בו מלאכה, כי כבר בלילה מתחילה היממה הבאה והגיע 'ערב פסח', **וּבֵית הִלֵּל מַתִּירִין** לעשות מלאכה **עַד הָנֵץ הַחַמָּה** זריחת השמש.

ו **רַבִּי מֵאִיר אוֹמֵר:**
כָּל מְלָאכָה שֶׁהִתְחִיל בָּהּ קֹדֶם לְאַרְבָּעָה עָשָׂר –
גּוֹמְרָהּ בְּאַרְבָּעָה עָשָׂר.
אֲבָל לֹא יַתְחִיל בָּהּ בַּתְּחִלָּה בְּאַרְבָּעָה עָשָׂר,
אַף עַל פִּי שֶׁיָּכוֹל לְגָמְרָהּ.

וַחֲכָמִים אוֹמְרִים:
שָׁלֹשׁ אֻמָּנִיּוֹת עוֹשִׂין מְלָאכָה בְּעַרְבֵי פְסָחִים עַד חֲצוֹת,
וְאֵלּוּ הֵן:
הַחַיָּטִים, הַסַּפָּרִים וְהַכּוֹבְסִים.
רַבִּי יוֹסֵי בַּר יְהוּדָה אוֹמֵר: אַף הָרַצְעָנִים.

רבי עובדיה מברטנורה

כָּל מְלָאכָה שֶׁהִיא לְצֹרֶךְ הַמּוֹעֵד וְהִתְחִיל בָּהּ קֹדֶם י"ד – **גּוֹמְרָהּ בְּי"ד**, וַאֲפִלּוּ בְּמָקוֹם שֶׁנָּהֲגוּ שֶׁלֹּא לַעֲשׂוֹת מְלָאכָה. אֲבָל מְלָאכָה שֶׁאֵינָהּ לְצֹרֶךְ הַמּוֹעֵד, בְּמָקוֹם שֶׁנָּהֲגוּ לַעֲשׂוֹת מְלָאכָה – עוֹשִׂין, וּמָקוֹם שֶׁנָּהֲגוּ שֶׁלֹּא לַעֲשׂוֹת, אֲפִלּוּ הִתְחִיל בָּהּ קֹדֶם י"ד – אֵינָהּ גּוֹמְרָהּ.

חַיָּטִים שָׁרֵי בְּי"ד בְּכָל מָקוֹם, שֶׁכֵּן מָצִינוּ בָּהֶן בְּחֻלּוֹ שֶׁל מוֹעֵד קֻלָּא יוֹתֵר מִשְּׁאָר אֻמָּנִיּוֹת, שֶׁהֶדְיוֹט שֶׁאֵינוֹ אֻמָּן בְּכָךְ תּוֹפֵר כְּדַרְכּוֹ. הִלְכָּךְ בְּי"ד, דְּקִיל מֵחֹל הַמּוֹעֵד – אֲפִלּוּ אֻמָּן נַמֵּי שָׁרֵי:

וְהַסַּפָּרִים וְהַכּוֹבְסִין. שֶׁכֵּן הַבָּא מִמְּדִינַת הַיָּם וְהַיּוֹצֵא מִבֵּית הָאֲסוּרִים מְסַפְּרִים וּמְכַבְּסִים בְּחֹל הַמּוֹעֵד, וְכֵיוָן דְּאַשְׁכְּחַן בָּהֶן צַד הֶתֵּר בְּחֹל הַמּוֹעֵד, בְּי"ד דְּקִיל – שָׁרֵי לְכֻלֵּי עָלְמָא:

אַף הָרַצְעָנִים. שֶׁכֵּן עוֹלֵי רְגָלִים מְתַקְּנִין מִנְעֲלֵיהֶן בְּחֹל הַמּוֹעֵד. וַחֲכָמִים סָבְרֵי אֵין לְמֵדִין תְּחִלַּת מְלֶאכֶת רַצְעָנִים, שֶׁעוֹשִׂין מִנְעָלִים חֲדָשִׁים תְּחִלָּה, מִסּוֹף מְלָאכָה תִּקּוּן מִנְעָלִים שֶׁל עוֹלֵי רְגָלִים. וַהֲלָכָה כַּחֲכָמִים:

משנה זו ממשיכה לדון בעשיית מלאכה בי"ד בניסן, ערב הפסח.

רַבִּי מֵאִיר אוֹמֵר: כָּל מְלָאכָה שֶׁהִתְחִיל בָּהּ קֹדֶם לְאַרְבָּעָה עָשָׂר בניסן – **גּוֹמְרָהּ בְּאַרְבָּעָה עָשָׂר** עד חצות היום, אפילו במקום שנהגו לאסור מלאכה עד חצות (ראה במשנה הקודמת), **אֲבָל לֹא יַתְחִיל בָּהּ בַּתְּחִלָּה בְּאַרְבָּעָה עָשָׂר, אַף עַל פִּי שֶׁיָּכוֹל לְגָמְרָהּ** עד חצות היום.

וַחֲכָמִים אוֹמְרִים: שָׁלֹשׁ אֻמָּנִיּוֹת עוֹשִׂין מְלָאכָה בְּעַרְבֵי פְסָחִים עַד חֲצוֹת, חכמים התירו אותן משום שאלו מלאכות חשובות ביותר לצורך החג. **וְאֵלּוּ הֵן: הַחַיָּטִים** תופרי בגדים, **הַסַּפָּרִים** שמסדרים את השיער **וְהַכּוֹבְסִים** מנקי בגדים.

רַבִּי יוֹסֵי בַּר יְהוּדָה אוֹמֵר: אַף הָרַצְעָנִים היוצרים חפצים מעור, כגון נעליים, שזו מלאכה הנצרכת למועד. חכמים לא מתירים לרצענים לעבוד עד חצות, ובדומה למלאכת העור בימי חול המועד, התירו רק תיקון של נעליים, אך לא התירו ייצור של נעליים חדשות.

ז מוֹשִׁיבִין שׁוֹבָכִין לְתַרְנְגוֹלִים בְּאַרְבָּעָה עָשָׂר.
וְתַרְנְגֹלֶת שֶׁבָּרְחָה - מַחֲזִירִין אוֹתָהּ לִמְקוֹמָהּ.
וְאִם מֵתָה - מוֹשִׁיבִין אַחֶרֶת תַּחְתֶּיהָ.

גּוֹרְפִים מִתַּחַת רַגְלֵי בְהֵמָה בְּאַרְבָּעָה עָשָׂר.
וּבַמּוֹעֵד - מְסַלְּקִין לַצְּדָדִין.

מוֹלִיכִין וּמְבִיאִין כֵּלִים מִבֵּית הָאֻמָּן,
אַף עַל פִּי שֶׁאֵינָם לְצֹרֶךְ הַמּוֹעֵד.

רבי עובדיה מברטנורה

מוֹשִׁיבִין שׁוֹבָכִין. שׁוֹבְכֵי יוֹנִים שֶׁיִּהְיוּ יוֹשְׁבִים לְגַדֵּל אֶפְרוֹחִים, מוֹשִׁיבִין אוֹתָם לְכַתְּחִלָּה בְּי״ד. **וְתַרְנְגֹלֶת שֶׁבָּרְחָה** בְּחֻלּוֹ שֶׁל מוֹעֵד. דְּאִלּוּ בְּי״ד, הָשְׁתָּא אוֹתוּבֵי שׁוֹבָכִין לְכַתְּחִלָּה אָמְרַתְּ דְּשָׁרֵי, אַהְדּוּרֵי מִבַּעְיָא?! אֶלָּא הַתַּרְנְגֹלֶת שֶׁבָּרְחָה בְּחֻלּוֹ שֶׁל מוֹעֵד קָאָמַר דִּמַחְזִירִין. וְהוּא שֶׁיָּשְׁבָה עַל הַבֵּיצִים שְׁלֹשָׁה יָמִים קֹדֶם שֶׁבָּרְחָה, דְּשׁוּב אֵין הַבֵּיצִים רְאוּיִים לַאֲכִילָה, וְדָבָר הָאָבֵד הוּא. הִלְכָּךְ אִם מֵתָה - מוֹשִׁיב אַחֶרֶת תַּחְתֶּיהָ מִשּׁוּם הֶפְסֵד דְּבֵיצִים. **גּוֹרְפִין.** מַשְׁלִיכִין לַחוּץ. **וּבַמּוֹעֵד.** שֶׁחָמוּר יוֹתֵר, אֵין מַשְׁלִיכִין לַחוּץ אֶלָּא מְסַלְּקִין לַצְּדָדִין. **מוֹלִיכִין וּמְבִיאִין כֵּלִים מִבֵּית הָאֻמָּן** בְּאַרְבָּעָה עָשָׂר. וְאַף עַל פִּי שֶׁאֵינוֹ לְצֹרֶךְ הַמּוֹעֵד.

משנה זו ממשיכה לדון בעשיית מלאכה בי"ד בניסן, ערב הפסח.

מוֹשִׁיבִין שׁוֹבָכִין לְתַרְנְגוֹלִים בְּאַרְבָּעָה עָשָׂר בניסן - מסדרים קש וזרדים לתרנגולת שתשב ותדגור על הביצים, כדי לגדל אפרוחים. והתירו זאת משום שזו אינו מלאכה גמורה.

וְתַרְנְגֹלֶת שֶׁבָּרְחָה מלדגור על הביצים - **מַחֲזִירִין אוֹתָהּ לִמְקוֹמָהּ**, אף על פי שיש קצת טורח להחזיר אותה. **וְאִם מֵתָה** התרנגולת שדגרה על הביצים - **מוֹשִׁיבִין אַחֶרֶת תַּחְתֶּיהָ**, כדי שהביצים לא יתקלקלו.

גּוֹרְפִים את הזבל וצואת הבהמה **מִתַּחַת רַגְלֵי בְהֵמָה בְּאַרְבָּעָה עָשָׂר** בניסן, ומשליכים החוצה. **וּבַמּוֹעֵד** - בחול המועד, שדינו חמור יותר מערב פסח,

לא התירו לסלק את הזבל והצואה החוצה, אלא **מְסַלְּקִין לַצְּדָדִין**, לצידי החצר. ואם התמלאה החצר כולה בלכלוך, מותר להוציא החוצה (גמרא נה, ב).

מוֹלִיכִין כלים לבית האומן כדי שיתקן אותם, **וּמְבִיאִין כֵּלִים מִבֵּית הָאֻמָּן** לאחר שתיקן אותם, **אַף עַל פִּי שֶׁאֵינָם לְצֹרֶךְ הַמּוֹעֵד** – אין בהם שימוש במשך החג, דבר זה לא נאסר בערב פסח כיוון שאין זו מלאכה כלל.

ח **שִׁשָּׁה דְּבָרִים עָשׂוּ אַנְשֵׁי יְרִיחוֹ,**
עַל שְׁלֹשָׁה מִחוּ בְיָדָם, וְעַל שְׁלֹשָׁה לֹא מִחוּ בְיָדָם.

וְאֵלּוּ הֵן שֶׁלֹּא מִחוּ בְיָדָם:
מַרְכִּיבִין דְּקָלִים כָּל הַיּוֹם,
וְכוֹרְכִין אֶת "שְׁמַע",
וְקוֹצְרִין וְגוֹדְשִׁין לִפְנֵי הָעֹמֶר,
וְלֹא מִחוּ בְיָדָם.

וְאֵלּוּ שֶׁמִּחוּ בְיָדָם:
מַתִּירִין גַּמְזִיּוֹת שֶׁל הֶקְדֵּשׁ,
וְאוֹכְלִין מִתַּחַת הַנְּשָׁרִים בְּשַׁבָּת,
וְנוֹתְנִין פֵּאָה לַיָּרָק,
וּמִחוּ בְיָדָם חֲכָמִים.

רבי עובדיה מברטנורה

עָשׂוּ אַנְשֵׁי יְרִיחוֹ. הָיוּ נוֹהֲגִין לַעֲשׂוֹת אַנְשֵׁי יְרִיחוֹ. **מַרְכִּיבִין דְּקָלִים.** עָנָף רַךְ שֶׁל דֶּקֶל זָכָר מַרְכִּיבוֹ בְּדֶקֶל נְקֵבָה, שֶׁהַזָּכָר עוֹשֶׂה פֵּרוֹת וְהַנְּקֵבָה אֵינָהּ עוֹשָׂה פֵּרוֹת. **כָּל הַיּוֹם.** כְּלוֹמַר בְּאַרְבָּעָה עָשָׂר. **וְכוֹרְכִין אֶת שְׁמַע.** שֶׁלֹּא הָיוּ אוֹמְרִים: "בָּרוּךְ שֵׁם כְּבוֹד מַלְכוּתוֹ לְעוֹלָם וָעֶד" בִּקְרִיאַת שְׁמַע. פֵּרוּשׁ אַחֵר, שֶׁלֹּא הָיוּ מַפְסִיקִין בֵּין "אֶחָד" לְ"וְאָהַבְתָּ" (דברים ו, ד-ה), שֶׁצָּרִיךְ לְהַאֲרִיךְ בְּ"אֶחָד" וּלְהַפְסִיק בֵּין מַלְכוּת שָׁמַיִם לִדְבָרִים אֲחֵרִים. **וְקוֹצְרִין וְגוֹדְשִׁין.** עוֹשִׂין גָּדִישׁ מִן הֶחָדָשׁ לִפְנֵי הָעֹמֶר, וְלָא חָיְשִׁינַן דִּלְמָא אָתֵי לְמֵיכַל מִנֵּיהּ. **וְלֹא מִחוּ בְיָדָם.** כָּל הַשִּׁשָּׁה דְּבָרִים שֶׁעָשׂוּ, כֻּלָּם שֶׁלֹּא בִּרְצוֹן חֲכָמִים הָיוּ עוֹשִׂין, אֶלָּא שֶׁעַל אֵלּוּ הַשְּׁלֹשָׁה לֹא מִחוּ, וְעַל שְׁלֹשֶׁת הָאַחֲרוֹנִים מִחוּ:

מַתִּירִין לֶאֱכוֹל גַּמְזִיּוֹת שֶׁל הֶקְדֵּשׁ. גְּדוּלִים שֶׁגָּדְלוּ בְּאִילָן שֶׁל הֶקְדֵּשׁ, דְּקָסָבְרִי אֵין אָסוּר אֶלָּא הַפְּרִי עַצְמוֹ שֶׁהֻקְדַּשׁ. וְאִית סְפָרִים דְּגָרְסִי: **מַתִּיזִין.** כְּלוֹמַר חוֹתְכִים וְכוֹרְתִים עַנְפֵי אִילָנוֹת שֶׁל הֶקְדֵּשׁ שֶׁצָּמְחוּ אַחַר שֶׁהִקְדִּישׁוּ הָאִילָן, לֵהָנוֹת מֵהֶן. **וְאוֹכְלִין בְּשַׁבָּת** וְיוֹם טוֹב פֵּרוֹת שֶׁנִּמְצְאוּ תַּחַת הָאִילָן וְלֹא נוֹדַע אִם נָשְׁרוּ מֵאֶמֶשׁ וְהֵם מֻתָּרִים, אוֹ נָשְׁרוּ הַיּוֹם וַאֲסוּרִים. **וְנוֹתְנִים פֵּאָה לַיָּרָק.**

וַאֲנַן קַיְמָא לָן דְּכָל דָּבָר שֶׁאֵין אָדָם מַכְנִיסוֹ לְקִיּוּם – אֵינוֹ חַיָּב בְּפֵאָה. וְיָרָק – דָּבָר שֶׁאֵין מַכְנִיסוֹ לְקִיּוּם הוּא. **וּמִחוּ בְּיָדָם חֲכָמִים.** מִשּׁוּם דְּקָא מַפְקְעֵי לָהּ מִן הַמַּעֲשֵׂר, וְהָעֲנִיִּים אוֹכְלִים אוֹתָהּ בְּטִבְלָהּ, כִּסְבוּרִין שֶׁהוּא פֵּאָה, וּפֵאָה פְּטוּרָה מִן הַמַּעֲשֵׂר מִשּׁוּם דְּהֶפְקֵר הִיא:

משנה זו מביאה שישה דברים שעשו אנשי העיר יריחו ואת התייחסות חכמים למעשים אלו. משנה זו הובאה כאן משום שאחד ממעשי אנשי יריחו שייך לדיני ערב פסח.

שִׁשָּׁה דְּבָרִים עָשׂוּ אַנְשֵׁי יְרִיחוֹ, עַל שְׁלֹשָׁה מהם **מִחוּ בְיָדָם** – חכמים הביעו את התנגדותם, **וְעַל שְׁלֹשָׁה** מהם **לֹא מִחוּ בְיָדָם**, אף שלא היה להם נוח במעשים אלו.

וְאֵלּוּ הֵן שלושת הדברים **שֶׁלֹּא מִחוּ בְיָדָם:**

1. **מַרְכִּיבִין דְּקָלִים כָּל הַיּוֹם** של ערב פסח, למרות איסור עשיית מלאכה. ההרכבה היא נתינת ענף חיצוני של עץ ('רוכב'), בתוך גזע אחר ('כנה') כדי שהענף ייקלט בקרקע בצורה טובה, ואנשי יריחו היו עושים מלאכה זו בערב פסח כל היום.
2. **וְכוֹרְכִין אֶת "שְׁמַע"** – מחברים את שמע, בלי להפסיק. כלומר היו אומרים "שמע ישראל" ומיד אחר כך "ואהבת", בלי לומר באמצע "ברוך שם כבוד מלכותו לעולם ועד" (ראה גמרא נו, א).
3. **וְקוֹצְרִין** מן הקרקע **וְגוֹדְשִׁין** עושים ערימה מן התבואה החדשה **לִפְנֵי הָעֹמֶר.** העומר הוא קרבן הבא משעורים שגדלו בשנה החדשה, וקוצרים את העומר בט"ז בניסן. עד הקרבת העומר, התבואה החדשה אסורה באכילה, ומשום כך אסרו חכמים לעשות גדיש מהתבואה החדשה קודם קצירת העומר, כדי שלא יבואו לאכול ממנה. אנשי יריחו לא חששו לזה וקצרו וגדשו את התבואה החדשה, אך לא אכלו ממנה.

וְלֹא מִחוּ בְיָדָם חכמים בכל שלושת הדברים האלו.

וְאֵלּוּ שלושת הדברים **שֶׁמִּחוּ בְיָדָם:**

1. **מַתִּירִין גַּמְזִיּוֹת** גידולים **שֶׁל הֶקְדֵּשׁ** – אדם המקדיש פרי לבית המקדש, גם הגידולים שיצמחו מהגרעין של פרי זה אסורים, ואף על פי כן אנשי יריחו אסרו את המוקדש עצמו בלבד והתירו את הגידולים היוצאים ממנו (רמב"ם).

2. **וְאוֹכְלִין מִתַּחַת הַנְּשָׁרִים בְּשַׁבָּת** – נשרים הם פירות שנשרו מהעץ בשבת, וחכמים אסרו אותם באכילה שמא יתלוש פירות מחוברים. אנשי יריחו היו מתירים לאכול פירות הנושרים כאלו.

3. **וְנוֹתְנִין פֵּאָה לַיָּרָק** – הפאה היא מתנה לעניים מגידולי השדה, וחלק זה שהופרש פטור מתרומות ומעשרות. אין מצוות פאה בירקות שאינם נשמרים לזמן רב (משנה פאה א, ד), ואנשי יריחו היו נותנים מהירקות פאה, ובכך היו פוטרים חלק זה מתרומות ומעשרות, שלא כדין.

וּמִחוּ בְיָדָם חֲכָמִים – בכל שלושת הדברים האלו.

ט **שִׁשָּׁה דְּבָרִים עָשָׂה חִזְקִיָּה הַמֶּלֶךְ,**
עַל שְׁלֹשָׁה הוֹדוּ לוֹ,
וְעַל שְׁלֹשָׁה לֹא הוֹדוּ לוֹ.

גֵּרֵר עַצְמוֹת אָבִיו עַל מִטָּה שֶׁל חֲבָלִים, וְהוֹדוּ לוֹ,
כִּתֵּת נְחַשׁ הַנְּחֹשֶׁת, וְהוֹדוּ לוֹ,
גָּנַז סֵפֶר רְפוּאוֹת, וְהוֹדוּ לוֹ.

עַל שְׁלֹשָׁה לֹא הוֹדוּ לוֹ:
קִצֵּץ דַּלְתוֹת שֶׁל הֵיכָל וְשִׁגְּרָן לְמֶלֶךְ אַשּׁוּר, וְלֹא הוֹדוּ לוֹ,
סָתַם מֵי גִיחוֹן הָעֶלְיוֹן, וְלֹא הוֹדוּ לוֹ,
עִבֵּר נִיסָן בְּנִיסָן, וְלֹא הוֹדוּ לוֹ.

רבי עובדיה מברטנורה

גֵּרֵר עַצְמוֹת אָבִיו מִשּׁוּם כַּפָּרָה. וְלֹא קְבָרוֹ לְפִי כְּבוֹדוֹ עַל מִטָּה נָאָה, כְּדֵי שֶׁיִּתְגַּנֶּה עַל רִשְׁעוֹ וְיִוָּסְרוּ הָרְשָׁעִים:

כִּתֵּת נְחַשׁ הַנְּחֹשֶׁת. כְּדִכְתִיב בְּדִבְרֵי הַיָּמִים (מלכים ב יח, ד), לְפִי שֶׁהָיוּ טוֹעִין אַחֲרָיו:

וְגָנַז סֵפֶר רְפוּאוֹת. לְפִי שֶׁלֹּא הָיָה לִבָּם נִכְנָע עַל חֳלָיִים אֶלָּא מִתְרַפְּאִים מִיָּד. וְהָרַמְבָּ"ם פֵּרֵשׁ: סֵפֶר רְפוּאוֹת. סֵפֶר מוֹדִיעַ מֵעִנְיְנֵי צוּרוֹת הַכּוֹכָבִים וְהַטַּלְסְמָאוֹת, שֶׁצּוּרָה פְּלוֹנִית הָעֲשׂוּיָה בִּזְמַן וְעֵת יָדוּעַ מְרַפֵּאת מֵחֹלִי פְּלוֹנִי, וְזֶה הָיָה קָרוֹב לְהַטְעוֹת הַבְּרִיּוֹת אַחַר עֲבוֹדַת כּוֹכָבִים, וּלְכָךְ גְּנָזוֹ:

עִבֵּר נִיסָן בְּנִיסָן. לְאַחַר שֶׁנִּכְנַס נִיסָן – נִמְלַךְ וְעָשָׂה אֲדָר שֵׁנִי. וְהַכָּתוּב אוֹמֵר (שמות יב, ב): "הַחֹדֶשׁ הַזֶּה לָכֶם" – זֶה נִיסָן, וְאֵין אַחֵר נִיסָן. וְלֹא עִבֵּר חִזְקִיָּה לְאַחַר שֶׁנִּכְנַס נִיסָן מַמָּשׁ, אֶלָּא יוֹם שְׁלֹשִׁים שֶׁל אֲדָר עִבֵּר אֶת הַשָּׁנָה, וַאֲנַן קַיְמָא לָן: אֵין מְעַבְּרִין אֶת הַשָּׁנָה בִּשְׁלֹשִׁים שֶׁל אֲדָר, הוֹאִיל וְרָאוּי לְקָבְעוֹ נִיסָן:

בהמשך למשנה הקודמת, על מעשים שעשו אנשי יריחו והתייחסות חכמים להם, משנה זו מביאה שישה דברים שעשה חזקיה המלך ואת התייחסות חכמים למעשים אלו.

שִׁשָּׁה דְּבָרִים עָשָׂה חִזְקִיָּה הַמֶּלֶךְ, עַל שְׁלֹשָׁה מהם **הודו** והסכימו **לו** חכמים, **וְעַל שְׁלֹשָׁה** מהם **לֹא הודו לוֹ:**

1. **גֵּרֵר עַצְמוֹת אָבִיו עַל מִטָּה שֶׁל חֲבָלִים, וְהודו לוֹ** – הסכימו לזה. אביו של חזקיה המלך, אחז, היה מלך רשע, ומחמת כן חזקיה לא רצה לנהוג בו כבוד בקבורתו, והוציא אותו לקבורה בצורה פשוטה שאינה ראויה למלך.
2. **כִּתֵּת** שבר **נְחַשׁ הַנְּחֹשֶׁת, וְהודו לוֹ** – הסכימו לזה. משה רבינו עשה נחש נחושת בציווי ה', ועל ידו נתרפאו ישראל מהמגפה (במדבר כא, ו-ט) ובימי חזקיה רבים פירשו את הדבר ככוח על-טבעי של נחש זה, ועבדו אותו, ועל כן חזקיה שבר אותו.
3. **גָּנַז סֵפֶר רְפוּאוֹת, וְהודו לוֹ** – הסכימו לזה. בימי חזקיה היה ספר שבו היו הדרכות רפואיות, שגרמו לשכחת ה' בעת החולי, כי כל אדם היה סומך על הכתוב בו. והרמב"ם פירש שזה היה ספר שהיו בו הדרכות מזיקות, וכיוון שאנשים השתמשו בו לרעה, גנז אותו.

עַל שְׁלֹשָׁה לֹא הודו לוֹ:

1. **קִצֵּץ דַּלְתוֹת שֶׁל הֵיכָל** המקדש שהיו מצופות זהב **וְשִׁגְּרָן,** שלח אותן, **לְמֶלֶךְ אַשּׁוּר** לאות פיוס, כדי שלא יילחם נגדו, **וְלֹא הודו לוֹ** – לא הסכימו לזה, שסברו כי היה לו לבטוח בה' שיעזור לעם ישראל במלחמה מבלי שיבזה את המקדש ויפגע בכבודו (תפארת ישראל).
2. **סָתַם מֵי** נהר הנקרא **גִּיחוֹן הָעֶלְיוֹן** כדי לעצור את המים שלא יגיעו לצבא של אשור שצר על ירושלים, **וְלֹא הודו לוֹ** – לא הסכימו לזה, שהיה לו לבטוח בדברי הנביא שלא יכבשו את ירושלים, ולא היה צריך להשחית את ארץ ישראל (תפארת ישראל).
3. **עִבֵּר נִיסָן בְּנִיסָן,** אחרי שנכנס חודש ניסן קבע אותו לחודש אדר שני, **וְלֹא הודו לוֹ** – לא הסכימו לזה, כיוון שאסור לעבר את השנה לאחר שכבר נכנס חודש ניסן.

פ.נ

ניסן
אדר ב׳

פרק חמישי

פרקים ה-ט עוסקים בשחיטת הפסח.

בפרק זה דנים בזמן שחיטת הפסח, במחשבות הפוסלות את הקרבן בשעת הקרבתו ובאיסור לשחוט את הפסח בעוד שיש למקריב חמץ בביתו. בהמשך מתוארת הקרבת הקרבן: קרב בשלוש כתות, סדר הולכת הדם על ידי הכוהנים בכלי כסף וזהב ואופן הפשטת הקרבן.

א **תָּמִיד נִשְׁחָט בִּשְׁמוֹנֶה וּמֶחֱצָה**
וְקָרֵב בְּתֵשַׁע וּמֶחֱצָה.
בְּעַרְבֵי פְסָחִים -
נִשְׁחָט בְּשֶׁבַע וּמֶחֱצָה וְקָרֵב בִּשְׁמוֹנֶה וּמֶחֱצָה,
בֵּין בַּחֹל, בֵּין בַּשַּׁבָּת.

חָל עֶרֶב פֶּסַח לִהְיוֹת בְּעֶרֶב שַׁבָּת -
נִשְׁחָט בְּשֵׁשׁ וּמֶחֱצָה וְקָרֵב בְּשֶׁבַע וּמֶחֱצָה,
וְהַפֶּסַח אַחֲרָיו.

רבי עובדיה מברטנורה

תָּמִיד נִשְׁחָט. תָּמִיד שֶׁל בֵּין הָעַרְבַּיִם נִשְׁחָט כָּל שְׁאָר יְמוֹת הַשָּׁנָה בִּשְׁמוֹנֶה וּמֶחֱצָה. דִּזְמַן שְׁחִיטַת הַתָּמִיד מִ"כִּי יִנָּטוּ צִלְלֵי עָרֶב" (ירמיה ו, ד), שֶׁהוּא מִשֵּׁשׁ שָׁעוֹת וּמֶחֱצָה וּלְמַעְלָה, שֶׁחַמָּה נוֹטָה לַמַּעֲרָב, שֶׁחֲצִי שֵׁשׁ וַחֲצִי שֶׁבַע הִיא עוֹמֶדֶת בְּאֶמְצַע הָרָקִיעַ, וְאֵין צֵל נוֹטֶה, אֶלָּא צֵל כָּל אָדָם תַּחְתָּיו. וּמְאַחֲרִין שְׁחִיטָתוֹ שְׁתֵּי שָׁעוֹת אַחַר זְמַנּוֹ מִפְּנֵי נְדָרִים וּנְדָבוֹת, שֶׁאִי אֶפְשָׁר לְהַקְרִיבָם אַחַר תָּמִיד שֶׁל בֵּין הָעַרְבַּיִם, כִּדְכְתִיב (ויקרא ו, ה): "וְהִקְטִיר עָלֶיהָ חֶלְבֵי הַשְּׁלָמִים", עַל עוֹלַת הַבֹּקֶר - הַשְׁלֵם כָּל הַקָּרְבָּנוֹת כֻּלָּן, שֶׁלֹּא יְהֵא דָּבָר מְאֻחָר לְתָמִיד שֶׁל בֵּין הָעַרְבַּיִם. וַאֲפִלּוּ בְּשַׁבָּת שֶׁאֵין קְרֵבִים נְדָרִים וּנְדָבוֹת, מְאַחֲרִים זְמַן שְׁחִיטַת תָּמִיד שֶׁל בֵּין הָעַרְבַּיִם מִשּׁוּם סְרָךְ נְדָרִים וּנְדָבוֹת דְּחֹל. וּבְעֶרֶב פֶּסַח שֶׁהַפֶּסַח קָרֵב אַחַר תָּמִיד שֶׁל בֵּין הָעַרְבַּיִם - מַקְדְּמִינַן לֵיהּ שָׁעָה אַחַת וְעַבְדִינַן לֵיהּ בְּשֶׁבַע וּמֶחֱצָה. **חָל לִהְיוֹת בְּעֶרֶב שַׁבָּת.** דְּאִכָּא נָמֵי צְלִיַּת הַפֶּסַח דְּלָא דַּחְיָא שַׁבָּת, וְצָרִיךְ לִצְלוֹתוֹ מִבְּעוֹד יוֹם - מַקְדְּמִינַן לֵיהּ וּמוֹתְבִינַן לֵיהּ אַדִּינֵיהּ שֶׁיְּהֵא נִשְׁחָט בְּשֵׁשׁ וּמֶחֱצָה. **וְקָרֵב בְּשֶׁבַע וּמֶחֱצָה.** גְּמַר הַקְרָבָתוֹ בְּשֶׁבַע וּמֶחֱצָה, שֶׁשּׁוֹהִין שָׁעָה אַחַת בַּעֲשִׂיָּתוֹ:

התמיד הוא קרבן שמקריבים פעמיים בכל יום, אחד בבוקר ואחד בין הערביים, זמן המנחה. משנה זו עוסקת בזמן הקרבת התמיד של בין הערביים בכל השנה, בערב פסח ובערב פסח שחל בערב שבת. זמן הקרבת התמיד תלוי בשני כללים: אין מקריבים תמיד של

בין הערביים קודם שעה שישית ומחצה, ואחרי קרבן התמיד לא מקריבים אף קרבן מלבד הפסח.

יש להעיר כי השעות המנויות במשנה הן שעות זמניות ונמדדות מהנץ החמה (ראה לעיל א, ד).

הזמן המוקדם ביותר שאפשר להקריב את התמיד של בין הערביים הוא שש שעות וחצי אחרי הנץ החמה, ואף על פי כן בכל השנה **תָּמִיד נִשְׁחָט בִּשְׁמוֹנֶה וּמֶחֱצָה וְקָרֵב בְּתֵשַׁע וּמֶחֱצָה** – מאחרים את ההקרבה כיוון שאחרי הקרבת התמיד אסור להקריב קרבנות אחרים, ואולי יבואו אנשים להקריב קרבנות פרטיים לקראת סוף היום. גם בשבת מאחרים את זמן ההקרבה, גזירה משום יום חול. ולא רצו לאחר את ההקרבה סמוך לשקיעה כיוון שבתורה נאמר (שמות כט, לט): "בין הערביים", ודרשו חכמים (גמרא נח, א) שזמן הקרבתו הוא באמצע הזמן שבין חצות היום לשקיעה, כלומר בין השעה התשיעית לעשירית.

בְּעַרְבֵי פְסָחִים, מקדימים את שחיטת התמיד והוא **נִשְׁחָט בְּשֶׁבַע וּמֶחֱצָה וְקָרֵב בִּשְׁמוֹנֶה וּמֶחֱצָה, בֵּין בַּחֹל בֵּין בַּשַּׁבָּת** – כדי שיספיקו כל ישראל להקריב את קרבנות הפסח.

חָל עֶרֶב פֶּסַח לִהְיוֹת בְּעֶרֶב שַׁבָּת – שאז צריכים להספיק להקריב וגם לצלות את הפסח קודם השבת, מקדימים את הקרבת התמיד, והוא **נִשְׁחָט בְּשֵׁשׁ וּמֶחֱצָה וְקָרֵב בְּשֶׁבַע וּמֶחֱצָה, וְהַפֶּסַח אַחֲרָיו.**

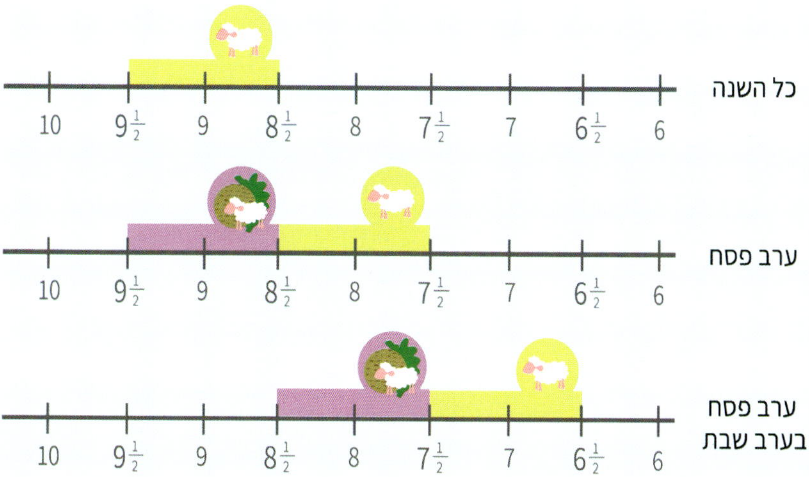

ב **הַפֶּסַח שֶׁשְּׁחָטוֹ שֶׁלֹּא לִשְׁמוֹ,**
וְקִבֵּל וְהִלֵּךְ וְזָרַק שֶׁלֹּא לִשְׁמוֹ,
אוֹ לִשְׁמוֹ וְשֶׁלֹּא לִשְׁמוֹ,
אוֹ שֶׁלֹּא לִשְׁמוֹ וְלִשְׁמוֹ - פָּסוּל.

כֵּיצַד לִשְׁמוֹ וְשֶׁלֹּא לִשְׁמוֹ?
לְשֵׁם פֶּסַח וּלְשֵׁם שְׁלָמִים,
שֶׁלֹּא לִשְׁמוֹ וְלִשְׁמוֹ?
לְשֵׁם שְׁלָמִים וּלְשֵׁם פֶּסַח.

רבי עובדיה מברטנורה

שֶׁשְּׁחָטוֹ שֶׁלֹּא לִשְׁמוֹ. כְּגוֹן: שֶׁשְּׁחָטוֹ לְשֵׁם שְׁלָמִים, אוֹ קִבֵּל הַדָּם בְּמִזְרָק, אוֹ הוֹלִיךְ הַדָּם לַמִּזְבֵּחַ, אוֹ זָרַק הַדָּם עַל גַּבֵּי הַמִּזְבֵּחַ שֶׁלֹּא לִשְׁמוֹ. שֶׁבְּאַרְבַּע עֲבוֹדוֹת הַלָּלוּ, הַמַּחְשָׁבָה פוֹסֶלֶת הַזֶּבַח. **אוֹ לִשְׁמוֹ וְשֶׁלֹּא לִשְׁמוֹ.** כְּגוֹן שֶׁשָּׁחַט לִשְׁמוֹ וְקִבֵּל הַדָּם שֶׁלֹּא לִשְׁמוֹ. **אוֹ שֶׁלֹּא לִשְׁמוֹ.** הַךְ סֵיפָא אַשְׁמְעִינַן דִּמְחַשְּׁבִין מֵעֲבוֹדָה לַעֲבוֹדָה. שֶׁאִם חָשַׁב בִּשְׁעַת עֲבוֹדָה זוֹ עַל חֲבֶרְתָּהּ לַעֲשׂוֹתָהּ בְּמַחְשָׁבָה פְּסוּלָה, כְּגוֹן דְּאָמַר: "הֲרֵינִי שׁוֹחֵט לִשְׁמוֹ עַל מְנָת לִזְרֹק דָּמוֹ שֶׁלֹּא לִשְׁמוֹ" - נִפְסָל הַזֶּבַח מִיָּד, וַאֲפִלּוּ לֹא עָשָׂה הַשְּׁנִיָּה בְּמַחְשָׁבָה פְּסוּלָה כְּמוֹ שֶׁחִשֵּׁב. וְהָכִי מַשְׁמָעוּתָא דְּמַתְנִיתִין: אוֹ שֶׁחִשֵּׁב בִּשְׁעַת שְׁחִיטָה לִזְרֹק הַדָּם שֶׁלֹּא לִשְׁמוֹ וְשָׁחַט לִשְׁמוֹ - פָּסוּל. וּפֶסַח דְּפָסוּל שֶׁלֹּא לִשְׁמוֹ נָפְקָא לָן מִקְּרָא, דִּכְתִיב (שמות יב, כז): "וַאֲמַרְתֶּם זֶבַח פֶּסַח הוּא" - עַד שֶׁיִּהְיֶה הַזֶּבַח לְשֵׁם פֶּסַח. וְ"הוּא" - מַשְׁמַע לְעַכֵּב:

את הקרבן צריך לשחוט לשמו (ראה משנה זבחים ד, ו). משנה זו עוסקת במי ששחט את הפסח שלא לשמו.

מחשבה שלא לשמה פוסלת בארבע עבודות השחיטה שהן: שחיטה, קבלת הדם, הולכתו אל המזבח, וזריקתו על המזבח. מחשבת שלא לשמה בזמן עבודות אחרות אינה פוסלת את הקרבן.

הַפֶּסַח שֶׁשְּׁחָטוֹ שֶׁלֹּא לִשְׁמוֹ, וְקִבֵּל וְהִלֵּךְ וְזָרַק שֶׁלֹּא לִשְׁמוֹ, אוֹ לִשְׁמוֹ וְשֶׁלֹּא לִשְׁמוֹ, עירב מחשבה כשרה עם מחשבה פסולה, **אוֹ שֶׁלֹּא לִשְׁמוֹ וְלִשְׁמוֹ - פָּסוּל.** וצריך להביא קרבן אחר. חכמים (בבלי זבחים ז, ב) למדו שאת קרבן הפסח

צריך להקריב לשמו מהפסוק (שמות יב, כז): "זבח פסח הוא", ולכן אם חשב מחשבה שלא לשמה הקרבן פסול.

כֵּיצַד לִשְׁמוֹ וְשֶׁלֹּא לִשְׁמוֹ? לְשֵׁם פֶּסַח וּלְשֵׁם שְׁלָמִים – ואף על פי שקדמה מחשבה כשרה למחשבה פסולה, אין אומרים שהמחשבה הראשונה הייתה עיקר, אלא המחשבה הפסולה פוסלת.

שֶׁלֹּא לִשְׁמוֹ וְלִשְׁמוֹ? לְשֵׁם שְׁלָמִים וּלְשֵׁם פֶּסַח – ואין אומרים שהמחשבה השנייה היא עיקרית וכיוון שהייתה כשרה היא מתקנת את המחשבה הפסולה, ומחשבה שלא לשמה פוסלת בין אם הייתה מחשבה כשרה לפניה או לאחריה.

ג **שְׁחָטוֹ שֶׁלֹּא לְאוֹכְלָיו וְשֶׁלֹּא לִמְנוּיָיו,**
לַעֲרֵלִים וְלִטְמֵאִים – פָּסוּל.

לְאוֹכְלָיו וְשֶׁלֹּא לְאוֹכְלָיו,
לִמְנוּיָיו וְשֶׁלֹּא לִמְנוּיָיו,
לַמּוּלִים וְלָעֲרֵלִים,
לַטְּמֵאִים וְלַטְּהוֹרִים – כָּשֵׁר.

שְׁחָטוֹ קֹדֶם חֲצוֹת – פָּסוּל,
מִשּׁוּם שֶׁנֶּאֱמַר (שמות יב, ו)**: "בֵּין הָעַרְבָּיִם".**

שְׁחָטוֹ קֹדֶם לַתָּמִיד – כָּשֵׁר,
וּבִלְבַד שֶׁיְּהֵא אֶחָד מְמָרֵס בְּדָמוֹ,
עַד שֶׁיִּזָּרֵק דַּם הַתָּמִיד,
וְאִם נִזְרַק – כָּשֵׁר.

רבי עובדיה מברטנורה

שְׁחָטוֹ שֶׁלֹּא לְאוֹכְלָיו. חוֹלֶה וְזָקֵן וְקָטָן שֶׁאֵין יְכוֹלִין לֶאֱכֹל כַּזַּיִת בָּשָׂר, וְאֵין בּוֹ מְנוּיִין אֲחֵרִים אֶלָּא הֵן – פָּסוּל, דִּ"לְפִי אָכְלוֹ" (שמות יב, ד) כְּתִיב, הָרָאוּי לֶאֱכֹל. **שֶׁלֹּא לִמְנוּיָיו.** נִמְנוּ עָלָיו חֲבוּרָה זוֹ, וּשְׁחָטוֹ לְשֵׁם חֲבוּרָה אַחֶרֶת. **לַעֲרֵלִים.** לְיִשְׂרְאֵלִים שֶׁמֵּתוּ אֲחֵיהֶם מֵחֲמַת מִילָה, וְהָנֵי, פְּסוּלִים לֶאֱכֹל פֶּסַח. דִּכְתִיב (שם, מח): "וְכָל עָרֵל לֹא יֹאכַל בּוֹ". וּטְמֵאִים נָמֵי אֲסוּרִין בְּקָדָשִׁים, וּבְכָרֵת הֵן עַל אֲכִילָתָן. **לְאוֹכְלָיו וְשֶׁלֹּא לְאוֹכְלָיו – כָּשֵׁר.** וְלָא דָּמֵי לִשְׁמוֹ וְשֶׁלֹּא לִשְׁמוֹ, דְּפָסוּל. דְּהָתָם פְּסוּלוֹ בְּגוּפוֹ, שֶׁהַמַּחְשָׁבָה שֶׁפּוֹסַלְתּוֹ הָיְתָה בְּגוּפוֹ שֶׁל קָרְבָּן, אֲבָל לְאוֹכְלָיו וְשֶׁלֹּא לְאוֹכְלָיו – אֵין הַמַּחְשָׁבָה הַפּוֹסֶלֶת בְּגוּפוֹ שֶׁל קָרְבָּן, אֶלָּא בְּדָבָר שֶׁהוּא חוּץ מִמֶּנּוּ. **מְמָרֵס בְּדָמוֹ** שֶׁלֹּא יִקְרֹשׁ, כְּדֵי שֶׁיְּהֵא רָאוּי לִזְרִיקָה. **וְאִם זָרַק** קֹדֶם לַתָּמִיד – **כָּשֵׁר.** דְּאַף עַל גַּב דְּפֶסַח מְאֻחָר לַתָּמִיד מִשּׁוּם דִּכְתִיב בֵּיהּ (שם, יח): "בָּעֶרֶב" וּ"בֵין הָעַרְבָּיִם" (שם, ו) – לָא מְפַסֵּל בְּהָכִי:

כדי להבין משנה זו יש להקדים שתי הקדמות קצרות: את הקרבן צריך לשחוט לשם הזבח ולשם הזובח (משנה זבחים ד, ו). את קרבן

הפסח יכול לאכול רק מי שנמנה עליו מתחילה, קודם השחיטה, ורק אנשים טהורים ונימולים יכולים לאוכלו.

משנה זו דנה במי שחשב מחשבה שלא לשם זובח או שעירב מחשבה כזו בעת השחיטה.

שְׁחָטוֹ שֶׁלֹּא לְאוֹכְלָיו – זקנים, חולים או קטנים, שאינם יכולים לאכול כזית מקרבן הפסח, **וְשֶׁלֹּא לִמְנוּיָיו** – אנשים שלא נמנו מלכתחילה על החבורה של המקריב, **לַעֲרֵלִים** – שלא נימולו, **וְלִטְמֵאִים** – וכל אלו אינם בכלל בעלי הקרבן ונמצא שלא הקריב את הקרבן לשם הזובח, ולכן הקרבן **פָּסוּל.**

אבל אם חשב שתי מחשבות, מחשבה לשם זובח עם מחשבה לשם מי שאינו ראוי לזבוח, כגון: **לְאוֹכְלָיו וְשֶׁלֹּא לְאוֹכְלָיו, לִמְנוּיָיו וְשֶׁלֹּא לִמְנוּיָיו, לַמּוּלִים וְלַעֲרֵלִים, לַטְּמֵאִים וְלַטְּהוֹרִים** – **כָּשֵׁר**, כיוון שמחשבת מי שאינו זובח אינה פוסלת את הקרבן, אלא רק לא מכשירה אותו, בניגוד למחשבת שלא לשמה (ראה במשנה הקודמת), שהיא פוסלת את הקרבן, וזה משום שמחשבת שלא לשמה היא מחשבה בגוף הקרבן, אך מחשבת שלא לאוכליו, אינה מחשבה בגוף הקרבן, ואם חשב גם על אחרים שיכולים לאוכלו - תתקיים המחשבה והאכילה בהם.

את הפסח יש לשחוט אחרי חצות היום, בבין הערביים, ואחרי הקרבת קרבן התמיד. משנה זו דנה במי ששחט את קרבן הפסח קודם חצות או קודם הקרבת התמיד.

שְׁחָטוֹ קֹדֶם חֲצוֹת – פָּסוּל, מִשּׁוּם שֶׁנֶּאֱמַר בציווי על הקרבת הפסח: **"בֵּין הָעַרְבָּיִם"** – וזמן זה הוא בין חצות היום לשקיעה, וקרבן שקרב קודם זמנו נקרא 'מחוסר זמן' והוא פסול.

שְׁחָטוֹ קֹדֶם לַתָּמִיד – כָּשֵׁר, וּבִלְבַד שֶׁיְּהֵא אֶחָד מְמָרֵס בְּדָמוֹ – מערבב, מנער ובוחש את הדם כדי שלא יקרוש, ויהיה אפשר לזרקו, **עַד שֶׁיִּזָּרֵק דַּם הַתָּמִיד**, ואז יזרוק את דם הפסח.

וְאִם נִזְרַק דם הפסח קודם דם התמיד - **כָּשֵׁר**, שאף שיש מצווה לכתחילה להקדים את התמיד לפסח, מכל מקום הפסח לא נפסל בכך.

ד **הַשּׁוֹחֵט אֶת הַפֶּסַח עַל הֶחָמֵץ – עוֹבֵר בְּלֹא תַעֲשֶׂה.**
רַבִּי יְהוּדָה אוֹמֵר: אַף הַתָּמִיד.

רַבִּי שִׁמְעוֹן אוֹמֵר:
הַפֶּסַח בְּאַרְבָּעָה עָשָׂר,
לִשְׁמוֹ – חַיָּב,
וְשֶׁלֹּא לִשְׁמוֹ – פָּטוּר.
וּשְׁאָר כָּל הַזְּבָחִים,
בֵּין לִשְׁמָן וּבֵין שֶׁלֹּא לִשְׁמָן – פָּטוּר.

וּבַמּוֹעֵד,
לִשְׁמוֹ – פָּטוּר,
שֶׁלֹּא לִשְׁמוֹ – חַיָּב.
וּשְׁאָר כָּל הַזְּבָחִים,
בֵּין לִשְׁמָן, בֵּין שֶׁלֹּא לִשְׁמָן – חַיָּב.
חוּץ מִן הַחַטָּאת שֶׁשְּׁחָטָהּ שֶׁלֹּא לִשְׁמָהּ.

רבי עובדיה מברטנורה

הַשּׁוֹחֵט אֶת הַפֶּסַח עַל הֶחָמֵץ. כְּלוֹמַר וּבִשְׁעַת שְׁחִיטָה הָיָה חָמֵץ בִּרְשׁוּת הַשּׁוֹחֵט אוֹ אֶחָד מִבְּנֵי חֲבוּרָה, אֲפִלּוּ לֹא הָיָה הֶחָמֵץ בָּעֲזָרָה. **עוֹבֵר בְּלֹא תַעֲשֶׂה** דְּ"לֹא תִשְׁחַט עַל חָמֵץ דַּם זִבְחִי" (שמות לד, כה), וְאֵין הַזֶּבַח נִפְסָל: **אַף הַתָּמִיד** שֶׁל בֵּין הָעַרְבַּיִם דְּעַרְבֵי פְסָחִים שֶׁשְּׁחָטוֹ עַל חָמֵץ, שֶׁהָיָה חָמֵץ בִּרְשׁוּת הַשּׁוֹחֵט אוֹ הַמַּקְרִיב – עוֹבֵר בְּלָאו, דְּדָרֵישׁ "זִבְחִי" – הַמְיֻחָד לִי, וְהוּא הַתָּמִיד. וְאֵין הֲלָכָה כְּרַבִּי יְהוּדָה: **רַבִּי שִׁמְעוֹן אוֹמֵר: הַפֶּסַח בְּאַרְבָּעָה עָשָׂר** שֶׁשְּׁחָטוֹ עַל חָמֵץ, **לִשְׁמוֹ – חַיָּב** מִשּׁוּם "לֹא תִשְׁחַט עַל חָמֵץ", דְּפֶסַח כָּשֵׁר הוּא, וּשְׁחִיטָה רְאוּיָה הִיא – וּשְׁמָהּ שְׁחִיטָה. **שֶׁלֹּא לִשְׁמוֹ – פָּטוּר.** דְּפָסוּל הוּא, וּשְׁחִיטָה שֶׁאֵינָהּ רְאוּיָה הִיא, וְלָאו שְׁמָהּ שְׁחִיטָה. **וּשְׁאָר כָּל הַזְּבָחִים** שֶׁנִּשְׁחֲטוּ בְּאַרְבָּעָה עָשָׂר אַחַר חֲצוֹת עַל הֶחָמֵץ, **בֵּין לִשְׁמָן בֵּין שֶׁלֹּא לִשְׁמָן – פָּטוּר**, וְאַף עַל פִּי שֶׁכְּשֵׁרִים הֵן, כִּדְתְנַן (זבחים א, א): "כָּל הַזְּבָחִים שֶׁנִּזְבְּחוּ שֶׁלֹּא לִשְׁמָן כְּשֵׁרִים וְכוּ'", אַף עַל פִּי כֵן – **פָּטוּר**, דִּכְתִיב: "זִבְחִי" "זִבְחִי" שְׁנֵי פְעָמִים, "לֹא תִשְׁחַט עַל חָמֵץ

דַּם זִבְחִי" (שמות לד, כה) וְ"לֹא תִזְבַּח עַל חָמֵץ דַּם זִבְחִי" (שם כג, יח), וּלְמַאי הִלְכְתָא פַּלְגִינְהוּ רַחֲמָנָא וְלֹא כָּתַב "זִבְחִי" בְּחַד קְרָא וְהַכֹּל בְּמַשְׁמַע, בֵּין פֶּסַח בֵּין שְׁאָר זְבָחִים? לוֹמַר לְךָ: בִּזְמַן דְּאִכָּא זֶבַח, דְּהַיְנוּ בְּאַרְבָּעָה עָשָׂר דְּאִכָּא פֶּסַח - לָא מְחַיֵּב אַשְּׁאָר זְבָחִים, וּבִזְמַן דְּלֵיכָּא זֶבַח, כְּגוֹן בְּתוֹךְ הַפֶּסַח - מְחַיֵּב אַשְּׁאָר זְבָחִים, אִם שְׁחָטָן עַל חָמֵץ. **וּבַמּוֹעֵד.** בְּתוֹךְ הַפֶּסַח, אִם **לִשְׁמוֹ** שְׁחָטוֹ לַפֶּסַח עַל הֶחָמֵץ - **פָּטוּר** מִ"לֹּא תִשְׁחַט", דְּפֶסַח שֶׁלֹּא בִּזְמַנּוֹ לִשְׁמוֹ - פָּסוּל, וְהָוְיָא לָהּ שְׁחִיטָה שֶׁאֵינָהּ רְאוּיָה. **שֶׁלֹּא לִשְׁמוֹ,** אֶלָּא לְשֵׁם שְׁלָמִים - **חַיָּב.** דִּלְהָכִי קָאֵי, וְהָוְיָא לָהּ שְׁחִיטָה רְאוּיָה, וְחַיָּב מִשּׁוּם "לֹא תִשְׁחַט" בַּהֲדֵי 'לָאו' דְּ"לֹא יֵרָאֶה" וְ"לֹא יִמָּצֵא". **וּשְׁאָר כָּל הַזְּבָחִים** שֶׁנִּזְבְּחוּ בְּתוֹךְ הַמּוֹעֵד עַל חָמֵץ, **בֵּין לִשְׁמָן בֵּין שֶׁלֹּא לִשְׁמָן - חַיָּב.** דִּקְרָא אַשְּׁאָר זְבָחִים נָמֵי אַזְהַר. **חוּץ מִן הַחַטָּאת שֶׁשְּׁחָטָהּ שֶׁלֹּא לִשְׁמָהּ,** דִּפְסוּלָה הִיא, מִשּׁוּם דִּכְתִיב בִּשְׁחִיטָתָהּ (ויקרא ה, יב): "חַטָּאת הִיא", "הִיא" - וְלֹא הַנִּשְׁחֲטָה שֶׁלֹּא לִשְׁמָהּ:

נאמר בתורה (שמות לד, כה): "לא תשחט על חמץ דם זבחי", כלומר שאין לשחוט את הפסח כשיש למקריב חמץ בבית. משנה זו דנה בפרטי איסור זה, אם שחט את הפסח או קרבן אחר בעוד שיש למקריב חמץ, בערב פסח ובשאר ימי הפסח.

הַשּׁוֹחֵט אֶת הַפֶּסַח עַל הֶחָמֵץ, שהיה לו חמץ ברשותו, וכן הזורק את הדם, המקטיר את האימורים ובני חבורת הפסח שהיה ברשות אחד מהם חמץ, אפילו אם היה בביתם ולא בעזרה, **עוֹבֵר בְּלֹא תַעֲשֶׂה** של "לא תשחט על חמץ דם זבחי", ודרשו חכמים ש"זבחי" הוא קרבן הפסח. אך הקרבן עצמו אינו נפסל.

רַבִּי יְהוּדָה אוֹמֵר: אַף את **הַתָּמִיד** של בין הערביים, אסור להקריב בעוד שיש

ברשותו חמץ. רבי יהודה סבר שמה שנאמר בפסוק "זבחי" כולל את קרבן התמיד.

הלאו של "לא תשחט על חמץ דם זבחי" נאמר רק על קרבן כשר, אך אם הקרבן פסול - לא עבר על איסור זה.

רַבִּי שִׁמְעוֹן אוֹמֵר: הַפֶּסַח בְּאַרְבָּעָה עָשָׂר, אם שחטו **לִשְׁמוֹ**, הוא כשר ולכן אם היה לו חמץ - **חַיָּב. וְשֶׁלֹּא לִשְׁמוֹ**, הוא פסול, ולכן אם היה לו חמץ - **פָּטוּר, וּשְׁאָר כָּל הַזְּבָחִים, בֵּין לִשְׁמָן וּבֵין שֶׁלֹּא לִשְׁמָן - פָּטוּר.**

וּבַמּוֹעֵד - בשאר ימי הפסח, אם הפריש קרבן לשם פסח ולא שחטו בזמנו אלא במועד, אם שחט אותו **לִשְׁמוֹ**, לשם קרבן פסח, הקרבן פסול ולכן אם שחט על החמץ, **פָּטוּר**. ואם שחט את הפסח במועד **שֶׁלֹּא לִשְׁמוֹ**, הרי הוא כשלמים וכשר להקרבה, ולכן אם שחטו על החמץ - **חַיָּב**.

וּשְׁאָר כָּל הַזְּבָחִים, בֵּין לִשְׁמָן, בֵּין שֶׁלֹּא לִשְׁמָן, חַיָּב - שכן כל הזבחים שנשחטו שלא לשמן כשרים למזבח, אלא שהבעלים לא יצאו ידי חובת הקרבן וצריכים להביא קרבן נוסף (משנה זבחים א, א).

חוּץ מִן הַחַטָּאת שֶׁשְּׁחָטָהּ שֶׁלֹּא לִשְׁמָהּ - שכן חטאת שנשחטה שלא לשמה פסולה (משנה זבחים א, א).

ה **הַפֶּסַח נִשְׁחָט בְּשָׁלֹשׁ כִּתּוֹת, שֶׁנֶּאֱמַר** (שמות יב, ו):
"וְשָׁחֲטוּ אֹתוֹ כֹּל קְהַל עֲדַת יִשְׂרָאֵל" –
קָהָל וְעֵדָה וְיִשְׂרָאֵל.

נִכְנְסָה כַּת הָרִאשׁוֹנָה,
נִתְמַלֵּאת הָעֲזָרָה,
נָעֲלוּ דַּלְתוֹת הָעֲזָרָה,
תָּקְעוּ הֵרִיעוּ וְתָקְעוּ.

הַכֹּהֲנִים עוֹמְדִים שׁוּרוֹת שׁוּרוֹת,
וּבִידֵיהֶם בָּזִכֵּי כֶסֶף וּבָזִכֵּי זָהָב:
שׁוּרָה שֶׁכֻּלָּהּ כֶּסֶף – כֶּסֶף,
וְשׁוּרָה שֶׁכֻּלָּהּ זָהָב – זָהָב,
לֹא הָיוּ מְעֹרָבִין.

וְלֹא הָיוּ לַבָּזִכִּין שׁוּלַיִם,
שֶׁמָּא יַנִּיחוּם וְיִקְרַשׁ הַדָּם.

רבי עובדיה מברטנורה

הַפֶּסַח נִשְׁחָט בְּשָׁלֹשׁ כִּתּוֹת. בֵּין שֶׁהַצִּבּוּר מְרֻבִּים בֵּין שֶׁהַצִּבּוּר מוּעָטִים, וִיכוֹלִים כֻּלָּן לִשְׁחֹט בְּבַת אַחַת – מִצְוָה לְחַלֵּק לְשָׁלֹשׁ כִּתּוֹת זוֹ אַחַר זוֹ. **שֶׁנֶּאֱמַר: "וְשָׁחֲטוּ אֹתוֹ כֹּל קְהַל עֲדַת יִשְׂרָאֵל", קָהָל, עֵדָה, וְיִשְׂרָאֵל** – הֲרֵי שָׁלֹשׁ כִּתּוֹת. **בָּזִכֵּי.** כַּפּוֹת גְּדוֹלוֹת לְקַבֵּל בָּהֶם הַדָּם. **שׁוּרָה שֶׁכֻּלָּהּ כֶּסֶף, כֶּסֶף.** דְּהָכִי שַׁפִּיר טְפֵי. **וְלֹא הָיוּ לַבָּזִכִּים שׁוּלַיִם.** רְחָבִים הָיוּ מִלְמַעְלָה וְתַחְתֵּיהֶם חַדִּים, כְּדֵי שֶׁלֹּא יוּכְלוּ לֵישֵׁב עַל הַקַּרְקַע. **שֶׁמָּא יַנִּיחוּם** הַכֹּהֲנִים לֵישֵׁב עַל הַקַּרְקַע עַד שֶׁיְּקַבֵּל דָּם אַחֵר מֵחֲמַת שֶׁהֵם מְרֻבִּים, וְיִשְׁכָּחוּם, וְיִקְרֹשׁ הַדָּם וְלֹא יִהְיֶה רָאוּי לִזְרֹק:

משנה זו מתארת את מעמד שחיטת הפסח במקדש.

הַפֶּסַח נִשְׁחָט בְּשָׁלֹשׁ כִּתּוֹת, ואפילו אם יש מעט חבורות, מצווה להיחלק לשלוש כתות, **שֶׁנֶּאֱמַר: "וְשָׁחֲטוּ אֹתוֹ כֹּל קְהַל עֲדַת יִשְׂרָאֵל" - קָהָל וְעֵדָה וְיִשְׂרָאֵל,** ובכל כת יהיו לפחות עשרה אנשים.

נִכְנְסָה כַּת הָרִאשׁוֹנָה, נִתְמַלֵּאת הָעֲזָרָה, נָעֲלוּ אֶת דַּלְתוֹת הָעֲזָרָה - כדי שידעו כולם שאין להיכנס. ויש אומרים שמיד אחר כך היו פותחים את הדלתות, כיוון שקרבן ששחטו אותו בעוד דלתות העזרה נעולות פסול (כמבואר בעירובין ב, א, ראה תפארת ישראל).

תָּקְעוּ בחצוצרות הכסף שבמקדש **הֵרִיעוּ וְתָקְעוּ** - לציון המעמד החשוב. התקיעה הייתה בשעת השחיטה, ובקרבנות אחרים בשעת ניסוך היין (ירושלמי ה, ה).

הַכֹּהֲנִים עוֹמְדִים שׁוּרוֹת שׁוּרוֹת - העמידה המסודרת הייתה לנוי. **וּבִידֵיהֶם בָּזִכֵּי כֶסֶף** - כפות כסף גדולות לקבל את הדם, **וּבָזִכֵּי זָהָב. שׁוּרָה שֶׁכֻּלָּהּ כֶּסֶף - כֶּסֶף, וְשׁוּרָה שֶׁכֻּלָּהּ זָהָב - זָהָב, לֹא הָיוּ מְעֹרָבִין** - כלומר, לא הייתה שורה שהיו בה גם כלי זהב וגם כלי כסף. והכול היה נעשה לנוי.

וְלֹא הָיוּ לַבָּזִכִּין, הכלים שבהם היו מקבלים את הדם **שׁוּלַיִם** ישרים, אלא היו מחודדים, **שֶׁמָּא יַנִּיחוּם** על הקרקע לזמן ארוך **וְיִקְרַשׁ הַדָּם** - יתקשה, ולא יוכלו לזורקו על המזבח.

ו **שָׁחַט יִשְׂרָאֵל וְקִבֵּל הַכֹּהֵן,**
נוֹתְנוֹ לַחֲבֵרוֹ וַחֲבֵרוֹ לַחֲבֵרוֹ,
וּמְקַבֵּל אֶת הַמָּלֵא וּמַחֲזִיר אֶת הָרֵיקָן.

כֹּהֵן הַקָּרוֹב אֵצֶל הַמִּזְבֵּחַ,
זוֹרְקוֹ זְרִיקָה אַחַת כְּנֶגֶד הַיְסוֹד.

רבי עובדיה מברטנורה

שָׁחַט יִשְׂרָאֵל. אִם יִרְצֶה, שֶׁהַשְּׁחִיטָה כְּשֵׁרָה בְּזָר בְּכָל הַקָּרְבָּנוֹת. **וְקִבֵּל כֹּהֵן** הַדָּם בַּבָּזֵךְ, שֶׁמִּקַּבָּלָה וָאֵילָךְ – מִצְוַת כְּהֻנָּה. **נְתָנוֹ לַחֲבֵרוֹ.** שֶׁהֲרֵי כְּשׁוּרָה הֵן עוֹמְדִים. **וַחֲבֵרוֹ לַחֲבֵרוֹ.** הָא קָא מַשְׁמַע לָן דִּ"בְרָב עָם הַדְרַת מֶלֶךְ" (משלי יד, כח). **וְקִבֵּל הַמָּלֵא** מִיַּד הַנּוֹתֵן תְּחִלָּה, וְאַחַר כָּךְ מַחְזִיר אֶת הָרֵיקָן. אֲבָל אִפְּכָא: מַחְזִיר אֶת הָרֵיקָן בְּרֵישָׁא – לֹא, דְּמִכִּי מוֹשִׁיט לֵיהּ הַאי – מִיָּד בָּעֵי לְקַבּוֹלֵי, דְּאֵין מַעֲבִירִין עַל הַמִּצְוֹת. **זְרִיקָה אַחַת** בַּבָּזֵךְ עַצְמוֹ, וְלֹא מַתָּנָה בְּאֶצְבַּע, שֶׁאֵין לְךָ קָרְבָּן שֶׁטָּעוּן אֶצְבַּע אֶלָּא חַטָּאת לְבַדָּהּ, דִּכְתִיב (ויקרא ד, כה): "בְּאֶצְבָּעוֹ". **כְּנֶגֶד הַיְסוֹד.** בָּרוּחוֹת שֶׁבַּמִּזְבֵּחַ שֶׁהַיְסוֹד תַּחְתֵּיהֶן, וְזוֹרֵק לִזְקִיפָתוֹ שֶׁל מִזְבֵּחַ וְהוּא נוֹפֵל לַיְסוֹד. וּלְפִי שֶׁאֵין הַיְסוֹד מַקִּיף כָּל הַמִּזְבֵּחַ אֶלָּא אֶת הַצָּפוֹן וְאֶת הַמַּעֲרָב, וְאוֹכֵל בַּדָּרוֹם אַמָּה אַחַת, וּבַמִּזְרָח אַמָּה אַחַת, כְּמוֹ שֶׁמְּפֹרָשׁ בְּמַסֶּכֶת מִדּוֹת (ג, א), לְכָךְ הֻצְרַךְ לוֹמַר נֶגֶד הַיְסוֹד:

משנה זו מתארת את סדר הקרבת קרבן הפסח במקדש.

שָׁחַט יִשְׂרָאֵל – שכן שחיטה כשרה בזר, **וְקִבֵּל הַכֹּהֵן** שעומד בשורות המתוארות במשנה הקודמת את הדם בכלי. הכוהן שקיבל את הדם **נוֹתְנוֹ לַחֲבֵרוֹ** הכוהן שעומד לידו בשורה, **וַחֲבֵרוֹ לַחֲבֵרוֹ** – כדי שרבים ישתתפו במצווה, משום "ברוב עם הדרת מלך", וכך הדם שהתקבל מהקרבן עובר בשורה מכהן לכהן עד שמגיע למזבח. **וּמְקַבֵּל** הכוהן **אֶת** הכלי **הַמָּלֵא** ביד אחת, **וּמַחֲזִיר** אחרי כן **אֶת** הכלי **הָרֵיקָן** ביד השנייה, וכך הכלים עוברים במהירות בין הכוהנים, מה שמלמד על זריזותם של הכוהנים בקיום המצוות, שמזדרזים להשתתף בהולכת הדם למזבח.

לאחר שהכוהנים העבירו את הדם זה לזה, **כֹּהֵן הַקָּרוֹב אֵצֶל הַמִּזְבֵּחַ, זוֹרְקוֹ זְרִיקָה אַחַת כְּנֶגֶד הַיְסוֹד** – שהיה נמצא בחלק הצפוני והמערבי של המזבח. בגמרא (סד, ב) הובאה דעת רבי ישמעאל שאת דם הפסח היו שופכים על גבי המזבח ולא זורקים אותו.

ז יָצְתָה כַּת רִאשׁוֹנָה וְנִכְנְסָה כַּת שְׁנִיָּה.
יָצְתָה שְׁנִיָּה, נִכְנְסָה שְׁלִישִׁית.
כְּמַעֲשֵׂה הָרִאשׁוֹנָה –
כָּךְ מַעֲשֵׂה הַשְּׁנִיָּה וְהַשְּׁלִישִׁית.

קָרְאוּ אֶת הַהַלֵּל.
אִם גָּמְרוּ – שָׁנוּ,
וְאִם שָׁנוּ – שִׁלֵּשׁוּ,
אַף עַל פִּי שֶׁלֹּא שִׁלְּשׁוּ מִימֵיהֶם.
רַבִּי יְהוּדָה אוֹמֵר:
מִימֵיהֶם שֶׁל כַּת שְׁלִישִׁית,
לֹא הִגִּיעוּ לְ"אָהַבְתִּי כִּי יִשְׁמַע ה'" (תהלים קטז, א),
מִפְּנֵי שֶׁעַמָּהּ מֻעָטִין.

רבי עובדיה מברטנורה

קָרְאוּ אֶת הַהַלֵּל. כָּל הַשָּׁלֹשׁ כִּתּוֹת. **אִם גָּמְרוּ – שָׁנוּ.** כְּשֶׁהָיוּ מַתְחִילִים לִשְׁחֹט – הָיוּ מַתְחִילִים לִקְרוֹת. וְאִם רַבּוּ הַפְּסָחִים וּמָשַׁךְ זְמַן שְׁחִיטָתָן עַד שֶׁגָּמְרוּ וַעֲדַיִן רַבִּים לִשְׁחֹט – חוֹזְרִים וְקוֹרִין שְׁנִיָּה. וְאִם קָרְאוּ שְׁנִיָּה וַעֲדַיִן לֹא גָּמְרוּ שְׁחִיטַת הַפְּסָחִים שֶׁל אוֹתוֹ הַכַּת – חוֹזְרִין וְקוֹרִין שְׁלִישִׁית. וְכֵן כַּת שְׁנִיָּה וּשְׁלִישִׁית. **אַף עַל פִּי שֶׁמֵּעוֹלָם לֹא שִׁלְּשׁוּ.** שֶׁהַכֹּהֲנִים הָיוּ רַבִּים וּזְרִיזִין. **לֹא הִגִּיעוּ לְ"אָהַבְתִּי"** אֲפִלּוּ פַּעַם רִאשׁוֹנָה:

משנה זו מתארת את סדר קריאת ההלל שקראו הכתות שהקריבו את הפסח בעזרה.

יָצְתָה כַּת רִאשׁוֹנָה וְנִכְנְסָה כַּת שְׁנִיָּה להקריב את קרבנם. **יָצְתָה שְׁנִיָּה, נִכְנְסָה שְׁלִישִׁית** – ומשום שלא היו מהזריזים היו קוראים להם 'כת עצלים' (תוספתא ד, יא)

כְּמַעֲשֵׂה הָרִאשׁוֹנָה - כָּךְ מַעֲשֵׂה הַשְּׁנִיָּה וְהַשְּׁלִישִׁית. הלוויים **קָרְאוּ אֶת הַהַלֵּל,** וכל העם עונה אחריהם. **אִם גָּמְרוּ** לקרוא את ההלל פעם אחת, **שָׁנוּ** - קראו אותו שוב. **וְאִם שָׁנוּ - שִׁלֵּשׁוּ** פעם שלישית, **אַף עַל פִּי שֶׁלֹּא שִׁלְּשׁוּ מִימֵיהֶם -** כיוון שהיו כוהנים רבים והם עבדו בזריזות וסיימו במהירות את הקרבת הפסח.

רַבִּי יְהוּדָה אוֹמֵר: מִימֵיהֶם שֶׁל כַּת שְׁלִישִׁית לֹא הִגִּיעוּ בקריאת ההלל **לְ"אָהַבְתִּי כִּי יִשְׁמַע ה'", מִפְּנֵי שֶׁעַמָּהּ מֻעָטִין -** שרוב המקריבים היו מזדרזים להקריב בכת הראשונה והשנייה, משום ש'זריזים מקדימים למצוות'.

ח כְּמַעֲשֵׂהוּ בְּחֹל – כָּךְ מַעֲשֵׂהוּ בְּשַׁבָּת,
אֶלָּא שֶׁהַכֹּהֲנִים מְדִיחִים אֶת הָעֲזָרָה,
שֶׁלֹּא כִּרְצוֹן חֲכָמִים.

רַבִּי יְהוּדָה אוֹמֵר:
כּוֹס הָיָה מְמַלֵּא מִדַּם הַתַּעֲרוֹבוֹת,
זְרָקוֹ זְרִיקָה אַחַת עַל גַּבֵּי הַמִּזְבֵּחַ,
וְלֹא הוֹדוּ לוֹ חֲכָמִים.

רבי עובדיה מברטנורה

שֶׁהַכֹּהֲנִים הָיוּ **מְדִיחִין אֶת הָעֲזָרָה.** מִפְּנֵי שֶׁהַדָּמִים מְרֻבִּים, הָיוּ מְדִיחִין אוֹתָהּ **בְּשַׁבָּת.** שֶׁאַמַּת הַמַּיִם הָיְתָה מְהַלֶּכֶת בָּעֲזָרָה, וּכְשֶׁהֵן רוֹצִים לְהָדִיחַ – פּוֹקְקִים אֶת נֶקֶב יְצִיאָתָהּ, וְהַמַּיִם פּוֹשְׁטִים עַל כָּל גְּדוֹתֶיהָ, וּמְדִיחִין כָּל הָעֲזָרָה. שֶׁהָעֲזָרָה רִצְפָּה שֶׁל שַׁיִשׁ הָיְתָה כֻּלָּהּ, וְאַחַר כָּךְ פּוֹתְחִין הַנֶּקֶב, וְהַמַּיִם יוֹצְאִים. **מִדַּם הַתַּעֲרוֹבוֹת** הַמֻּטָּל עַל הָרִצְפָּה. וְאֵין הֲלָכָה כְּרַבִּי יְהוּדָה:

משנה זו מתארת את ההבדל בין הקרבת הקרבן בימי חול להקרבה בשבת, וכן כיצד נהגו בדם הפסח שנשפך קודם שזרקו אותו.

כְּמַעֲשֵׂהוּ, של קרבן הפסח **בַּחֹל - כָּךְ מַעֲשֵׂהוּ בַּשַּׁבָּת, אֶלָּא שֶׁהַכֹּהֲנִים מְדִיחִים אֶת הָעֲזָרָה -** שוטפים אותה במים לנקות את שאריות דם קרבנות הפסח "עד שהייתה נקייה כחלב" (תוספתא ד, יב), ועשו כן כדי שהעזרה תהיה נקייה ומכובדת, **שֶׁלֹּא כִּרְצוֹן חֲכָמִים -** שלא רצו שידיחו את העזרה גם בשבת, כיוון שבהדחת העזרה יש חשש שמא יישר את הריצוף ויעבור על מלאכת בונה, וכיוון שהשטיפה נעשתה לנוי ולא לצורך ויכלו להמתין ולשטוף אחרי השבת - אין להתיר בשבת.

את הדם היוצא מן השחיטה מקבלים בכלי, ואחר כך צריכים לזורקו על המזבח (לעיל משנה ו). אם אחרי שכוהן קיבל את הדם בכלי הדם נשפך על רצפת העזרה - מותר לאוספו ולזרוק אותו על המזבח. אך אם נשפך קודם שקיבל אותו בכלי - הדם פסול.

רַבִּי יְהוּדָה אוֹמֵר: כּוֹס הָיָה מְמַלֵּא מִדַּם הַתַּעֲרֹבוֹת - הכוהנים היו אוספים דם מרצפת העזרה, **וְזָרְקוֹ זְרִיקָה אַחַת עַל גַּבֵּי הַמִּזְבֵּחַ -** וזורקים אותו למזבח, ובכך היו בטוחים שנזרק הדם של כל קרבנות הפסח, שכן גם אם נשפך דם על הרצפה אחרי שקיבלו אותו בכלי הוא כשר לזריקה. בתערובת זו יש מעט דם מכל קרבן, ודי בזה כדי להכשיר את הקרבן, שכן אין שיעור לדם שצריך לזרוק על המזבח.

וְלֹא הוֹדוּ לוֹ חֲכָמִים - שסברו שבתערובת זו יש דם כשר ודם פסול, הדם הכשר הוא 'דם הנפש', הדם הראשון שיוצא אחרי השחיטה, והדם הפסול הוא 'דם התמצית', הדם היוצא לאחר מכן. וחכמים סברו שדם התמצית הוא הרוב ומבטל את דם הנפש. לעומתם, רבי יהודה סבר ש'אין דם מבטל דם', ולכן הזריקה כשרה.

ט כֵּיצַד תּוֹלִין וּמַפְשִׁיטִין?
אֻנְקְלָיוֹת שֶׁל בַּרְזֶל הָיוּ קְבוּעִין בַּכְּתָלִים וּבָעַמּוּדִים,
שֶׁבָּהֶן תּוֹלִין וּמַפְשִׁיטִין.

וְכָל מִי שֶׁאֵין לוֹ מָקוֹם לִתְלוֹת וּלְהַפְשִׁיט,
מַקְלוֹת דַּקִּים חֲלָקִים הָיוּ שָׁם,
וּמַנִּיחַ עַל כְּתֵפוֹ וְעַל כֶּתֶף חֲבֵרוֹ וְתוֹלֶה וּמַפְשִׁיט.

רַבִּי אֱלִיעֶזֶר אוֹמֵר:
אַרְבָּעָה עָשָׂר שֶׁחָל לִהְיוֹת בַּשַּׁבָּת –
מַנִּיחַ יָדוֹ עַל כֶּתֶף חֲבֵרוֹ וְיַד חֲבֵרוֹ עַל כְּתֵפוֹ,
וְתוֹלֶה וּמַפְשִׁיט.

רבי עובדיה מברטנורה

אֻנְקְלָיוֹת. מַסְמְרִים שֶׁרָאשֵׁיהֶן כְּפוּפִים לְמַעְלָה. **וּבָעַמּוּדִים** שֶׁהָיוּ קְבוּעִין בְּבֵית הַמִּטְבָּחַיִם בָּעֲזָרָה עַמּוּדִים קְטַנִּים, נִקְרָאִים נַנָּסִים (מדות ג, ה). **חֲלָקִים.** מְפֻצָּלוֹת קְלִפָּתָן. **שֶׁחָל לִהְיוֹת בְּשַׁבָּת.** וְאֵין יָכוֹל לְטַלְטֵל הַמַּקְלוֹת. **יָדוֹ עַל כֶּתֶף חֲבֵרוֹ.** וְתוֹלֶה אוֹתוֹ בְּגִידֵי אַרְכְּבוֹתָיו בִּזְרוֹעוֹ. וְאֵין הֲלָכָה כְּרַבִּי אֱלִיעֶזֶר, שֶׁמֻּתָּר לְטַלְטֵל אוֹתָן הַמַּקְלוֹת, דְּאֵין שְׁבוּת בַּמִּקְדָּשׁ:

משנה זו מתארת כיצד היו מפשיטים את העור של קרבן הפסח אחרי ההקרבה, בחול ובשבת.

כֵּיצַד תּוֹלִין וּמַפְשִׁיטִין את העור של קרבן הפסח אחרי ההקרבה?

אֻנְקְלָיוֹת – ווים, **שֶׁל בַּרְזֶל הָיוּ קְבוּעִין בַּכְּתָלִים וּבָעַמּוּדִים, שֶׁבָּהֶן תּוֹלִין** את הבשר **וּמַפְשִׁיטִין**

את העור. את הבשר ואת העור נותנים לבעלים, ואת האימורים מקטירים על המזבח, כמבואר במשנה הבאה.

וְכָל מִי שֶׁאֵין לוֹ מָקוֹם בכותל **לִתְלוֹת** את הקרבן שלו, **וּלְהַפְשִׁיט, מַקְלוֹת דַּקִּים חֲלָקִים הָיוּ שָׁם, וּמַנִּיחַ עַל כְּתֵפוֹ וְעַל כֶּתֶף חֲבֵרוֹ** את המקל, **וְתוֹלֶה** על המקל את הבשר **וּמַפְשִׁיט**.

רַבִּי אֱלִיעֶזֶר אוֹמֵר: אַרְבָּעָה עָשָׂר שֶׁחָל לִהְיוֹת בַּשַּׁבָּת - מַנִּיחַ יָדוֹ עַל כֶּתֶף חֲבֵרוֹ וְיַד חֲבֵרוֹ עַל כְּתֵפוֹ, וְתוֹלֶה וּמַפְשִׁיט. רבי אליעזר סבר שאין לטלטל את המקלות משום מוקצה, כיוון שיש פתרון אחר לתליית הבשר, אין להתיר איסורי דרבנן גם במקדש. אבל חכמים סברו שאפשר להתיר איסורי דרבנן במקדש גם אם יש פתרון אחר, מפני שזהו פתרון קשה ודחוק.

י **קְרָעוֹ וְהוֹצִיא אֵמוּרָיו,**
נְתָנוֹ בַּמָּגִיס, וְהִקְטִירָן עַל גַּבֵּי הַמִּזְבֵּחַ.

יָצְתָה כַּת רִאשׁוֹנָה וְיָשְׁבָה לָהּ בְּהַר הַבַּיִת,
שְׁנִיָּה בַּחֵיל,
וְהַשְּׁלִישִׁית בִּמְקוֹמָהּ עוֹמֶדֶת.
חָשֵׁכָה –
יָצְאוּ וְצָלוּ אֶת פִּסְחֵיהֶן.

רבי עובדיה מברטנורה

אֵמוּרָיו. הַחֲלָבִים הַקְּרֵבִים עַל גַּבֵּי הַמִּזְבֵּחַ. **בַּמָּגִיס.** בַּקְּעָרָה. תַּרְגּוּם "קְעָרוֹתָיו" (שמות כה, כט) מְגִיסוֹהִי. **יָשְׁבָה לָהּ בְּהַר הַבַּיִת.** בְּשַׁבָּת קָאָמַר, שֶׁאֵין יְכוֹלִין לְהוֹלִיךְ פִּסְחֵיהֶן. **בַּחֵיל.** בֵּין הַסּוֹרֵג לְחוֹמַת הָעֲזָרָה שֶׁל נָשִׁים, בִּתְחִלַּת עֲלִיַּת הַבַּיִת. **חָשֵׁכָה – יָצְאוּ וְצָלוּ אֶת פִּסְחֵיהֶן.** שֶׁאֵין צְלִיַּת הַפֶּסַח דּוֹחָה אֶת הַשַּׁבָּת:

אחרי שהפשיטו את העור היו מקטירים על המזבח את האיברים הפנימיים של הקרבן, וצולים את בשרו. המשנה מתארת את סדר הקטרת האיברים וכיצד היו נוהגים ביציאתם מהעזרה כאשר ערב פסח חל בשבת.

בעל הקרבן, המקריב, **קְרָעוֹ וְהוֹצִיא אֵמוּרָיו** – אלו החלקים הפנימיים, כגון החֵלֶב והכליות, ומקריבים אותם על גבי המזבח. **נְתָנוֹ בְּמָגִיס** – כלי שמוליכים בו את החלב ושאר האימורים, **וְהִקְטִירָן** הכוהן **עַל גַּבֵּי הַמִּזְבֵּחַ.**

אחרי ההקרבה המקריבים היו הולכים לבתיהם וצולים את הפסח. אך אם ערב פסח חל בשבת, המקריבים לא יכלו לטלטל את בשר הפסח מחוץ להר הבית. המשנה מתארת כיצד היו נוהגים.

יָצְתָה כַּת רִאשׁוֹנָה וְיָשְׁבָה לָהּ בְּהַר הַבַּיִת – ולא יצאו ממנו משום שלא עירבו את הר הבית עם שאר חלקי העיר, ואסור להעביר מרשות לרשות. ויצאו להר הבית ולא נשארו במקומם כדי שיישאר מקום לכתות האחרות, **שְׁנִיָּה בַּחֵיל** – שהוא מרוחק יותר מהעזרה, כדי שיישאר מקום לבני הכת השלישית. **וְהַשְּׁלִישִׁית בִּמְקוֹמָהּ עוֹמֶדֶת** – נשארים לעמוד במקומם בעזרה, מכיוון שאין לשבת בעזרה, והתירו רק למלכי בית דוד, אבל התירו להם להישען על הקירות (ירושלמי ה, י). ובתוספתא (ד, יב) אמרו שהכת השלישית הלכה לעזרת הנשים וישבה שם.

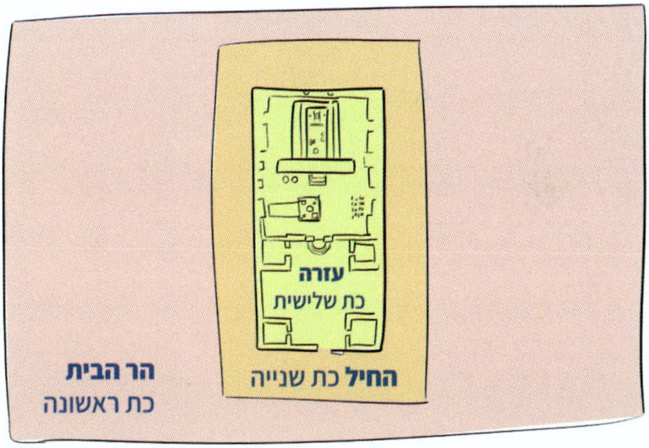

חָשֵׁכָה – יצאה השבת, **יָצְאוּ וְצָלוּ אֶת פִּסְחֵיהֶן**, ולא יכלו לצלות את הפסח בשבת כיוון שרק ההקרבה דוחה את השבת, אך לא הצלייה, כמבואר בתחילת הפרק הבא.

פרק שישי

פרק זה דן בהקרבת הפסח בשבת, אלו מלאכות מותרות ואלו אסורות, בדין קרבן החגיגה שבא עם הפסח, ובמי ששחט את הפסח שלא לשמו או בפסול אחר, מתי חייב חטאת ומתי פטור.

א **אֵלּוּ דְבָרִים בַּפֶּסַח דּוֹחִין אֶת הַשַּׁבָּת:**
שְׁחִיטָתוֹ וּזְרִיקַת דָּמוֹ
וּמִחוּי קְרָבָיו וְהֶקְטֵר חֲלָבָיו.
אֲבָל צְלִיָּתוֹ וַהֲדָחַת קְרָבָיו –
אֵינָן דּוֹחִין אֶת הַשַּׁבָּת.

הַרְכָּבָתוֹ וַהֲבָאָתוֹ מִחוּץ לַתְּחוּם וַחֲתִיכַת יַבַּלְתּוֹ –
אֵין דּוֹחִין אֶת הַשַּׁבָּת,
רַבִּי אֱלִיעֶזֶר אוֹמֵר: דּוֹחִין.

רבי עובדיה מברטנורה

וְאֵלּוּ דְבָרִים בַּפֶּסַח דּוֹחִין אֶת הַשַּׁבָּת. פֶּסַח דּוֹחֶה אֶת הַשַּׁבָּת, דְּנֶאֱמַר "מוֹעֲדוֹ" בַּפֶּסַח (במדבר ט, ב): "וְיַעֲשׂוּ בְנֵי יִשְׂרָאֵל אֶת הַפָּסַח בְּמוֹעֲדוֹ", וְנֶאֱמַר "מוֹעֲדוֹ" בַּתָּמִיד (שם כח, ב): "תִּשְׁמְרוּ לְהַקְרִיב לִי בְּמוֹעֲדוֹ", מָה "מוֹעֲדוֹ" הָאָמוּר בַּתָּמִיד דּוֹחֶה אֶת הַשַּׁבָּת, שֶׁנֶּאֱמַר (שם, י): "עַל עֹלַת הַתָּמִיד" – אַף "מוֹעֲדוֹ" הָאָמוּר בַּפֶּסַח דּוֹחֶה אֶת הַשַּׁבָּת. **שְׁחִיטָתוֹ וּזְרִיקַת דָּמוֹ** אִי אֶפְשָׁר לַעֲשׂוֹתָן בַּלַּיְלָה דִּכְתִיב (ויקרא ז, לח): "בְּיוֹם צַוֹּתוֹ... לְהַקְרִיב" – בַּיּוֹם, וְלֹא בַּלַּיְלָה. **מִחוּי.** קִנּוּחַ, כְּמוֹ: "אָכְלָה וּמָחֲתָה פִיהָ" (משלי ל, כ). מִחוּי קְרָבָיו דּוֹחֶה אֶת הַשַּׁבָּת, שֶׁלֹּא יַסְרִיחוּ: **צְלִיָּתוֹ וַהֲדָחַת קְרָבָיו – אֵין דּוֹחִין,** דְּאֶפְשָׁר מִשֶּׁתֶּחְשַׁךְ. **הַרְכָּבָתוֹ** עַל כְּתֵפוֹ לַהֲבִיאוֹ דֶּרֶךְ רְשׁוּת הָרַבִּים לָעֲזָרָה. אַף עַל פִּי שֶׁאֵין בּוֹ אֶלָּא אִסּוּר שְׁבוּת, שֶׁהַחַי נוֹשֵׂא אֶת עַצְמוֹ – אֵין דּוֹחֶה, דְּהָוֵי לֵיהּ לְמֶעְבְּדֵהּ מֵאֶתְמוֹל. וְכֵן **הֲבָאָתוֹ מִחוּץ לַתְּחוּם וַחֲתִיכַת יַבַּלְתּוֹ** שֶׁל קָרְבַּן פֶּסַח לְהָסִיר מוּמוֹ, אַף עַל פִּי שֶׁאֵין בּוֹ אֶלָּא אִסּוּר שְׁבוּת, שֶׁחוֹתְכָהּ בְּשִׁנָּיו אוֹ בְּיָדוֹ – אֵינָן דּוֹחִים. וְהָא דִּתְנַן בִּשְׁלְהֵי עֵרוּבִין (י, יג): "חוֹתְכִין יַבֶּלֶת בַּמִּקְדָּשׁ" – הַהִיא בִּיבֵשָׁה, דְּמִפְרַךְ פָּרְכָה, וּמַתְנִיתִין דְּהָכָא בְּלַחָה. וְאַף עַל פִּי דִּכְשֶׁחוֹתְכָהּ בְּשִׁנָּיו אוֹ בְּיָדוֹ כִּלְאַחַר יָד הוּא. אֲפִלּוּ הָכִי אָסוּר בְּלַחָה, דַּהֲוָה לֵיהּ לְמֶעְבְּדֵהּ מֵאֶתְמוֹל. **רַבִּי אֱלִיעֶזֶר אוֹמֵר: דּוֹחִין.** דְּסָבַר מַכְשִׁירֵי מִצְוָה דּוֹחִים אֶת הַשַּׁבָּת, בְּמַסֶּכֶת שַׁבָּת (יט, א):

משנה זו מבארת אלו מלאכות מותרות לעשות בקרבן הפסח כאשר ערב פסח חל בשבת.

אֵלּוּ דְבָרִים בַּפֶּסַח דּוֹחִין אֶת הַשַּׁבָּת: שְׁחִיטָתוֹ וּזְרִיקַת דָּמוֹ על המזבח **וּמִחוּי קְרָבָיו –** ניקוי הלכלוך מהאיברים הפנימיים, שזו מלאכה הדומה למלאכת

דש (תפארת ישראל), אך אם לא יעשו כן מיד הקרביים יסריחו, **וְהֶקְטֵר חֲלָבָיו** – על המזבח. אלו מלאכות שאם לא ייעשו אי אפשר יהיה להקריב את הקרבן, ואי אפשר לעשותן קודם השבת וגם לא אחריה. וחכמים דרשו מהפסוק (במדבר ט, ב) "במועדו" שהתירו את ההקרבה בשבת. **אֲבָל צְלִיָּתוֹ וַהֲדָחַת** שטיפת **קְרָבָיו, אֵינָן דּוֹחִין אֶת הַשַּׁבָּת** – כיוון שיכולים לעשות מלאכות אלו אחר השבת, ומותר לעשותן ביום טוב, הצלייה מותרת משום 'אוכל נפש' (ראה מגילה א, ה) ושטיפת הקרביים, משום שזו דישה המותרת.

הַרְכָּבָתוֹ של הקרבן על הכתפיים **וַהֲבָאָתוֹ מִחוּץ לַתְּחוּם** אל העזרה **וַחֲתִיכַת יַבַּלְתּוֹ** – לפעמים יש לבהמה גידול עור קטן, והוא מום הפוסל את הקרבן, ואם יחתוך אותו, הבהמה כשרה להקרבה, אך אסור לעשות כן משום מלאכת גוזז - דברים אלו **אֵין דּוֹחִין אֶת הַשַּׁבָּת**.

רַבִּי אֱלִיעֶזֶר אוֹמֵר: דּוֹחִין את השבת - משום שהותרה כל מלאכה הקשורה להקרבה, גם אם היא מלאכה מן התורה.

ב אָמַר רַבִּי אֱלִיעֶזֶר:
וַהֲלֹא דִין הוּא:
מָה אִם שְׁחִיטָה שֶׁהִיא מִשּׁוּם מְלָאכָה - דוֹחָה אֶת הַשַּׁבָּת,
אֵלּוּ שֶׁהֵן מִשּׁוּם שְׁבוּת - לֹא יִדְחוּ אֶת הַשַּׁבָּת?

אָמַר לוֹ רַבִּי יְהוֹשֻׁעַ:
יוֹם טוֹב יוֹכִיחַ,
שֶׁהִתִּירוּ בוֹ מִשּׁוּם מְלָאכָה וְאָסוּר בּוֹ מִשּׁוּם שְׁבוּת.

אָמַר לוֹ רַבִּי אֱלִיעֶזֶר:
מַה זֶּה, יְהוֹשֻׁעַ? מָה רְאָיָה רְשׁוּת לְמִצְוָה?

הֵשִׁיב רַבִּי עֲקִיבָא וְאָמַר:
הַזָּאָה תוֹכִיחַ,
שֶׁהִיא מִצְוָה וְהִיא מִשּׁוּם שְׁבוּת, וְאֵינָהּ דּוֹחָה אֶת הַשַּׁבָּת.
אַף אַתָּה אַל תִּתְמַהּ עַל אֵלּוּ,
שֶׁאַף עַל פִּי שֶׁהֵן מִצְוָה וְהֵן מִשּׁוּם שְׁבוּת -
לֹא יִדְחוּ אֶת הַשַּׁבָּת.

אָמַר לוֹ רַבִּי אֱלִיעֶזֶר: וְעָלֶיהָ אֲנִי דָן!

וּמָה אִם שְׁחִיטָה שֶׁהִיא מִשּׁוּם מְלָאכָה - דוֹחָה אֶת הַשַּׁבָּת,
הַזָּאָה, שֶׁהִיא מִשּׁוּם שְׁבוּת - אֵינוֹ דִין שֶׁדּוֹחָה אֶת הַשַּׁבָּת?

אָמַר לוֹ רַבִּי עֲקִיבָא: אוֹ חִלּוּף!
מָה אִם הַזָּאָה שֶׁהִיא מִשּׁוּם שְׁבוּת - אֵינָהּ דּוֹחָה אֶת הַשַּׁבָּת,
שְׁחִיטָה, שֶׁהִיא מִשּׁוּם מְלָאכָה -
אֵינוֹ דִין שֶׁלֹּא תִדְחֶה אֶת הַשַּׁבָּת?

אָמַר לוֹ רַבִּי אֱלִיעֶזֶר:
עֲקִיבָא!
עָקַרְתָּ מַה שֶּׁכָּתוּב בַּתּוֹרָה (במדבר ט, ג): **"בֵּין הָעַרְבַּיִם... בְּמוֹעֲדוֹ",**
בֵּין בַּחֹל, בֵּין בַּשַּׁבָּת.

אָמַר לוֹ: רַבִּי,
הָבֵא לִי מוֹעֵד לָאֵלּוּ כַּמּוֹעֵד לַשְּׁחִיטָה.

כְּלָל אָמַר רַבִּי עֲקִיבָא:
כָּל מְלָאכָה שֶׁאֶפְשָׁר לַעֲשׂוֹתָהּ מֵעֶרֶב שַׁבָּת –
אֵינָהּ דּוֹחָה אֶת הַשַּׁבָּת.
שְׁחִיטָה, שֶׁאִי אֶפְשָׁר לַעֲשׂוֹתָהּ מֵעֶרֶב שַׁבָּת –
דּוֹחָה אֶת הַשַּׁבָּת.

רבי עובדיה מברטנורה

שְׁחִיטָה שֶׁהִיא אֲסוּרָה בְּחֻלִּין בְּשַׁבָּת, מִשּׁוּם אִסּוּר מְלָאכָה גְּמוּרָה, אַף עַל פִּי כֵן דּוֹחָה אֶת הַשַּׁבָּת בַּפֶּסַח. **אֵלּוּ שֶׁהֵם מִשּׁוּם שְׁבוּת – לֹא יִדְחוּ?** בִּתְמִיָּה. **יוֹם טוֹב יוֹכִיחַ.** שֶׁהִתִּירוּ בּוֹ שְׁחִיטָה וּבִשּׁוּל, שֶׁהוּא אַב מְלָאכָה וּמֻתָּרִין לְהֶדְיוֹט, וְאָסְרוּ בּוֹ לְהָבִיא דָּבָר מִחוּץ לַתְּחוּם וְלֶאֱכֹלוֹ, הוֹאִיל וְהָיָה אֶפְשָׁר לוֹ מֵאֶתְמוֹל, וְאַף עַל גַּב דִּתְחוּמִים מִדְּרַבָּנָן. **מָה רְאָיָה רְשׁוּת לְמִצְוָה?** אֲכִילַת הֶדְיוֹט – רְשׁוּת הוּא, וְצֹרֶךְ גָּבֹהַּ – מִצְוָה הִיא, וְאִם הֶעֱמִידוּ חֲכָמִים אִסּוּר שְׁבוּת שֶׁלָּהֶן בִּמְקוֹם רְשׁוּת – יַעֲמִידוּהוּ אַף בִּמְקוֹם מִצְוָה?! וְרַבִּי יְהוֹשֻׁעַ סָבַר כָּל שִׂמְחַת יוֹם טוֹב מִצְוָה הִיא, וַאֲפִלּוּ הָכִי אֵינָהּ דּוֹחָה שְׁבוּת:

הַזָּאָה תּוֹכִיחַ, שֶׁהִיא מִצְוָה. בִּטְמֵא מֵת שֶׁחָל שְׁבִיעִי שֶׁלּוֹ לִהְיוֹת בְּשַׁבָּת עֶרֶב הַפֶּסַח, שֶׁאִם לֹא יֻזֶּה – לֹא יַעֲשֶׂה פִּסְחוֹ, וַאֲפִלּוּ הָכִי אֵינוֹ דּוֹחֶה, דְּהָכִי קִים לֵיהּ לְרַבִּי עֲקִיבָא, דְּלָא דָּחֲיָא. וְהַזָּאָה שְׁבוּת הִיא, דְּמֶחֱזֵי כְּמַאן דִּמְתַקֵּן גַּבְרָא:

וְעָלֶיהָ אֲנִי דָן. וְגַם עַל הַהַזָּאָה אֲנִי חוֹלֵק וְאוֹמֵר שֶׁתִּדְחֶה וְלֹא יְעַכְּבֵהוּ מִפֶּסַח, מִקַּל וָחֹמֶר זֶה בְּעַצְמוֹ:

אָמַר לוֹ רַבִּי עֲקִיבָא: אוֹ חִלּוּף. אוֹ אֲנִי אַחֲלִיף אֶת הַדִּין. דִּפְשִׁיטָא לֵיהּ דְּהַזָּאָה מְעַכְּבָא וְיָלְפִינַן בְּקַל וָחֹמֶר מִנַּהּ לִשְׁחִיטָה שֶׁתְּעַכֵּב. **בְּמוֹעֲדוֹ.** "וְיַעֲשׂוּ בְנֵי יִשְׂרָאֵל אֶת הַפָּסַח בְּמוֹעֲדוֹ" (במדבר ט, ב). **הָבֵא לִי מוֹעֵד לְאֵלּוּ.**

שֶׁיְּהֵא לָהֶם זְמַן קָבוּעַ, כְּמוֹ שֶׁקָּבַע לַשְּׁחִיטָה, הִלְכָּךְ כֵּיוָן שֶׁלֹּא קָבַע לָהֶם זְמַן וּמָצֵי לְמֶעְבַּד מֵאֶתְמוֹל – לָא דָּחֲיָא, וְהַזָּאָה נָמֵי לָאו מִגּוּפֵיהּ דְּפֶסַח הִיא וְלֹא כְּתִיב בֵּיהּ 'בְּמוֹעֲדוֹ'. וַהֲלָכָה כְּרַבִּי עֲקִיבָא:

בהמשך למשנה הקודמת, משנה זו מתארת משא ומתן בין רבי אליעזר, רבי יהושע ורבי עקיבא לגבי מלאכות או איסורי דרבנן שנצרכים לעשיית המלאכה המותרת בשבת.

אָמַר רַבִּי אֱלִיעֶזֶר: וַהֲלֹא דִּין הוּא: מָה אִם שְׁחִיטָה שֶׁהִיא מִשּׁוּם מְלָאכָה ואסור לשחוט בהמת חולין בשבת, **דּוֹחָה אֶת הַשַּׁבָּת** בשחיטת הפסח, **אֵלּוּ** – הרכבתו של קרבן הפסח, הבאתו מחוץ לתחום וחתיכת יבלתו, **שֶׁהֵן מִשּׁוּם שְׁבוּת** – כלומר איסור דרבנן, **לֹא יִדְחוּ אֶת הַשַּׁבָּת?**

אָמַר לוֹ רַבִּי יְהוֹשֻׁעַ: יוֹם טוֹב יוֹכִיחַ, שֶׁהִתִּירוּ בוֹ מִשּׁוּם מְלָאכָה – שחיטה ובישול לצורך אוכל נפש, **וְאָסוּר בּוֹ מִשּׁוּם שְׁבוּת** – להביא את הבהמה מחוץ לתחום.

אָמַר לוֹ רַבִּי אֱלִיעֶזֶר: מַה זֶּה, יְהוֹשֻׁעַ? מָה רְאָיָה רְשׁוּת לְמִצְוָה? אין ללמוד מדבר של רשות שאין בו מצווה, שבו אסרו איסורי דרבנן, לדבר של מצווה, שבו התירו שבות ואיסורי דרבנן. והרי אכילה ביום טוב היא רשות, ואילו הקרבת קרבן היא מצווה.

ורבי יהושע סבר שגם אכילה ביום טוב היא מצווה (גמרא סח, ב).

רבי עקיבא מנסה להוכיח לרבי אליעזר שמלאכות שאינן שחיטה אסורות בשבת מדין הזאה על טמא מת.

הֵשִׁיב רַבִּי עֲקִיבָא וְאָמַר: הַזָּאָה של מי חטאת על טמא מת, ביום השלישי וביום השביעי לטהרתו **תּוֹכִיחַ, שֶׁהִיא מִצְוָה** כדי שיהיה טהור **וְהִיא מִשּׁוּם שְׁבוּת** ואסרו אותה בשבת, שמא יעביר את הטיפות ארבע אמות ברשות הרבים, **וְאֵינָהּ דּוֹחָה אֶת הַשַּׁבָּת** גם לצורך הקרבה, שאם חל יום שביעי לטהרתו בערב פסח שחל בשבת, אין מזים עליו ומתוך כך אינו יכול להקריב קרבן פסח. **אַף אַתָּה אַל תִּתְמַהּ עַל אֵלּוּ, שֶׁאַף עַל פִּי שֶׁהֵן מִצְוָה וְהֵן מִשּׁוּם שְׁבוּת – לֹא יִדְחוּ אֶת הַשַּׁבָּת.**

אָמַר לוֹ רַבִּי אֱלִיעֶזֶר: וְעָלֶיהָ – על ההזאה, **אֲנִי דָן** – וסבור שגם אותה יש להתיר בשבת כדי שיעשה את קרבן הפסח במועדו. **וּמָה אִם שְׁחִיטָה שֶׁהִיא מִשּׁוּם**

מְלָאכָה – דּוֹחָה אֶת הַשַּׁבָּת, הַזָּאָה, שֶׁהִיא מִשּׁוּם שְׁבוּת – אֵינוֹ דִין שֶׁדּוֹחָה אֶת הַשַּׁבָּת? ולדעתו מזים עליו בשבת כדי שיקריב קרבן פסח במועדו.

אָמַר לוֹ רַבִּי עֲקִיבָא: אוֹ חִלּוּף! נחליף את הקל וחומר ונוכיח שגם שחיטה אסורה: **מָה אִם הַזָּאָה שֶׁהִיא מִשּׁוּם שְׁבוּת – אֵינָהּ דּוֹחָה אֶת הַשַּׁבָּת, שְׁחִיטָה, שֶׁהִיא מִשּׁוּם מְלָאכָה – אֵינוֹ דִין שֶׁלֹּא תִדְחֶה אֶת הַשַּׁבָּת?** אמנם רבי עקיבא סבר ששחיטת הפסח מותרת, אך רצה להוכיח לרבי אליעזר שכשם שאפשר להתיר שבות על ידי שימוש בקל וחומר, כך אפשר לאסור את השחיטה, ולכן אין לדון בקל וחומר אלא במסורת בלבד.

אָמַר לוֹ רַבִּי אֱלִיעֶזֶר: עֲקִיבָא! לדבריך ששחיטה אסורה בשבת **עָקַרְתָּ מַה שֶּׁכָּתוּב בַּתּוֹרָה** על קרבן הפסח ששוחטים אותו: **"בֵּין הָעַרְבַּיִם... בְּמֹעֲדוֹ", בֵּין בַּחֹל, בֵּין בַּשַּׁבָּת.**

אָמַר לוֹ רבי עקיבא לרבי אליעזר: **רַבִּי, הָבֵא לִי מוֹעֵד לָאֵלּוּ כַּמּוֹעֵד לַשְּׁחִיטָה** – לשחיטה יש מועד קבוע, ולכן הותרה בשבת, אבל להבאת הקרבן ולחתיכת יבלתו אין זמן קבוע, ולכן פעולות אלו לא ידחו את השבת. גם הזאה אינה דוחה את השבת, שאף שאי אפשר לעשותה קודם, מכל מקום אינה דברים שבגוף הקרבן, אלא בגוף המקריב וזה לא הותר.

כְּלָל אָמַר רַבִּי עֲקִיבָא בעניין מלאכות לצורך קרבן שקרב בשבת: **כָּל מְלָאכָה שֶׁאֶפְשָׁר לַעֲשׂוֹתָהּ מֵעֶרֶב שַׁבָּת – אֵינָהּ דּוֹחָה אֶת הַשַּׁבָּת. שְׁחִיטָה, שֶׁאִי אֶפְשָׁר לַעֲשׂוֹתָהּ מֵעֶרֶב שַׁבָּת – דּוֹחָה אֶת הַשַּׁבָּת.**

ג אֵימָתַי מֵבִיא חֲגִיגָה עִמּוֹ?

בִּזְמַן שֶׁהוּא בָא בַחֹל, בְּטָהֳרָה וּבִמְעָט.
וּבִזְמַן שֶׁהוּא בָא בַשַּׁבָּת, בִּמְרֻבֶּה וּבְטֻמְאָה –
אֵין מְבִיאִין עִמּוֹ חֲגִיגָה.

רבי עובדיה מברטנורה

אֵימָתַי מְבִיאִים עִמּוֹ חֲגִיגָה. עִם הַפֶּסַח בְּי״ד בְּנִיסָן. **בִּזְמַן שֶׁהוּא בָא בַחֹל וּבְטָהֳרָה.** דְּאַף עַל גַּב דְּפֶסַח דָּחֵי שַׁבָּת וְטֻמְאָה – חֲגִיגָה לָא דָּחְיָא שַׁבָּת. **וּבִמְעָט.** שֶׁהָיָה פֶּסַח מְעָט לַאֲכִילַת בְּנֵי חֲבוּרָה, וְאוֹכְלִין הַחֲגִיגָה תְּחִלָּה כְּדֵי שֶׁיְּהֵא הַפֶּסַח גְּמַר שְׂבִיעָתָן. **בִּמְרֻבֶּה.** שֶׁהָיְתָה הַחֲבוּרָה מוּעֶטֶת, וְדַי לָהֶן בַּפֶּסַח לְבַדּוֹ. **וּבְטֻמְאָה.** שֶׁרֹב צִבּוּר טְמֵאִין. **אֵין מְבִיאִין עִמּוֹ חֲגִיגָה.** שֶׁחֲגִיגַת יוֹם י״ד רְשׁוּת הִיא וְלֹא חוֹבָה:

מלבד קרבן הפסח היו מביאים גם קרבן חגיגה, והוא היה נקרא חגיגת ארבעה עשר. היו מביאים אותו כיוון שהפסח צריך להֵיאכל כשהאדם כבר שבע, ופעמים שהחבורות היו גדולות והיה רק מעט מבשר הפסח לכל אחד, וכדי שישבעו מסעודה זו היו אוכלים גם חגיגה. קרבן חגיגה הוא רשות ואינו חובה ומשנה זו מבארת מתי היו מביאים אותו.

אֵימָתַי מֵבִיא חֲגִיגָה עִמּוֹ, עם קרבן הפסח?

בִּזְמַן שֶׁהוּא בָא בַחֹל, ערב פסח חל ביום חול, **בְּטָהֳרָה,** הקריבו את הפסח בטהרה, **וּבִמְעָט** אם היה מעט בשר פסח לכל אחד מבני החבורה, ואוכלים מבשר החגיגה תחילה ובסיום הארוחה אוכלים כזית פסח.

וּבִזְמַן שֶׁהוּא, קרבן פסח, **בָא בַשַּׁבָּת,** הפסח דוחה את השבת אך החגיגה אינה דוחה, **בִּמְרֻבֶּה,** יש מספיק בשר פסח לכל אחד מבני החבורה כדי שישבע מסעודתו, **וּבְטֻמְאָה,** כאשר רוב הציבור טמא – מקריבים את הפסח בטומאה כמבואר לקמן בפרק הבא, **אֵין מְבִיאִין עִמּוֹ חֲגִיגָה,** שהיא רשות ואינה חובה.

ד חֲגִיגָה הָיְתָה בָּאָה מִן הַצֹּאן, מִן הַבָּקָר,
מִן הַכְּבָשִׂים, וּמִן הָעִזִּים,
מִן הַזְּכָרִים, וּמִן הַנְּקֵבוֹת,
וְנֶאֱכֶלֶת לִשְׁנֵי יָמִים וְלַיְלָה אֶחָד.

רבי עובדיה מברטנורה

מִן הַבָּקָר. מָה שֶּׁאֵין כֵּן בַּפֶּסַח, שֶׁאֵינוֹ בָּא לֹא מִן הַבָּקָר וְלֹא מִן הַנְּקֵבוֹת:

במשנה זו מבוארים דיני קרבן חגיגת ארבעה עשר.

קרבן חגיגה שונה מקרבן פסח, שכן **חֲגִיגָה הָיְתָה בָּאָה מִן הַצֹּאן, מִן הַבָּקָר, מִן הַכְּבָשִׂים, וּמִן הָעִזִּים, מִן הַזְּכָרִים, וּמִן הַנְּקֵבוֹת, וְנֶאֱכֶלֶת לִשְׁנֵי יָמִים וְלַיְלָה אֶחָד** – ככל קרבן שלמים. אבל קרבן פסח בא דווקא מן הצאן הזכרים ונאכל ללילה אחד עד חצות בלבד.

בגמרא (ע, א) הובאה דעת בן תימא, הסובר שקרבן חגיגה שווה לקרבן פסח בדיניו: מן הצאן, זכר ובן שנה, ונאכל עד חצות, צלי בלבד ורק למנויים.

ה הַפֶּסַח שֶׁשְּׁחָטוֹ שֶׁלֹּא לִשְׁמוֹ בַּשַּׁבָּת -
חַיָּב עָלָיו חַטָּאת.

וּשְׁאָר כָּל הַזְּבָחִים שֶׁשְּׁחָטָן לְשׁוּם פֶּסַח:
אִם אֵינָן רְאוּיִין - חַיָּב,
וְאִם רְאוּיִין הֵן -
רַבִּי אֱלִיעֶזֶר מְחַיֵּב חַטָּאת,
וְרַבִּי יְהוֹשֻׁעַ פּוֹטֵר.

אָמַר רַבִּי אֱלִיעֶזֶר:
מָה אִם הַפֶּסַח שֶׁהוּא מֻתָּר לִשְׁמוֹ -
כְּשֶׁשִּׁנָּה אֶת שְׁמוֹ חַיָּב,
זְבָחִים שֶׁהֵן אֲסוּרִין לִשְׁמָן -
כְּשֶׁשִּׁנָּה אֶת שְׁמָן אֵינוֹ דִין שֶׁיְּהֵא חַיָּב?

אָמַר לוֹ רַבִּי יְהוֹשֻׁעַ: לֹא,
אִם אָמַרְתָּ בַּפֶּסַח - שֶׁשִּׁנָּהוּ לְדָבָר אָסוּר,
תֹּאמַר בַּזְּבָחִים - שֶׁשִּׁנָּן לְדָבָר מֻתָּר?

אָמַר לוֹ רַבִּי אֱלִיעֶזֶר:
אֵמוּרֵי צִבּוּר יוֹכִיחוּ,
שֶׁהֵן מֻתָּרִין לִשְׁמָן, וְהַשּׁוֹחֵט לִשְׁמָן - חַיָּב.

אָמַר לוֹ רַבִּי יְהוֹשֻׁעַ: לֹא,
אִם אָמַרְתָּ בְּאֵמוּרֵי צִבּוּר - שֶׁיֵּשׁ לָהֶן קִצְבָה,
תֹּאמַר בַּפֶּסַח - שֶׁאֵין לוֹ קִצְבָה?

רַבִּי מֵאִיר אוֹמֵר:
אַף הַשּׁוֹחֵט לְשֵׁם אֵמוּרֵי צִבּוּר - פָּטוּר.

רבי עובדיה מברטנורה

הַפֶּסַח שֶׁשְּׁחָטוֹ שֶׁלֹּא לִשְׁמוֹ בְּי"ד שֶׁחָל לִהְיוֹת בְּשַׁבָּת, וְסָבוּר כְּשֵׁם שֶׁמֻּתָּר לִשְׁמוֹ - כָּךְ מֻתָּר שֶׁלֹּא לִשְׁמוֹ. **חַיָּב חַטָּאת.** שֶׁחִלֵּל שַׁבָּת בְּשׁוֹגֵג. **אִם אֵינָן רְאוּיִין** לְפֶסַח. כְּגוֹן עֵגֶל אוֹ אַיִל בֶּן שְׁתֵּי שָׁנִים אוֹ נְקֵבָה - חַיָּב עָלָיו חַטָּאת אִם נִתְעַלְּמָה מִמֶּנּוּ שַׁבָּת אוֹ סָבוּר שֶׁמֻּתָּר לִשְׁחוֹט זְבָחִים אֲחֵרִים לְשֵׁם פֶּסַח בְּשַׁבָּת, דְּהַאי - לָאו טוֹעֶה בִּדְבַר מִצְוָה, דְּהַכֹּל יוֹדְעִים שֶׁאֵין זֶה כָּשֵׁר לְפֶסַח. **וְאִם רְאוּיִין הֵן.** כְּגוֹן שֶׂה בֶּן שָׁנָה שֶׁל שְׁלָמִים שֶׁשְּׁחָטוֹ לְשֵׁם פֶּסַח, דְּמִתּוֹךְ שֶׁהוּא טָרוּד וּבָהוּל לִשְׁחוֹט פִּסְחוֹ - טָעָה בְּדָבָר זֶה, וְלֹא נִזְכַּר שֶׁהִקְדִּישׁוֹ לְזֶבַח אַחֵר. **רַבִּי אֱלִיעֶזֶר מְחַיֵּב חַטָּאת.** אַף עַל פִּי שֶׁטָּעָה בִּדְבַר מִצְוָה. **וְרַבִּי יְהוֹשֻׁעַ פּוֹטֵר.** דְּקָסָבַר: טָעָה בִּדְבַר מִצְוָה וְעָשָׂה מִצְוָה כָּל דְּהוּא - פָּטוּר מֵחִיּוּב חַטָּאת שֶׁבָּהּ. וְזֶה עָשָׂה מִצְוָה, שֶׁהִקְרִיב קָרְבָּן, דְּ"כָל הַזְּבָחִים שֶׁנִּזְבְּחוּ שֶׁלֹּא לִשְׁמָן כְּשֵׁרִים" (משנה זבחים א, א), וְאַף הַנִּשְׁחָטִים לְשֵׁם פֶּסַח מַכְשִׁיר לְהוּ רַבִּי יְהוֹשֻׁעַ בְּפֶרֶק תָּמִיד נִשְׁחָט (בבלי סב, ב). **מָה אִם פֶּסַח** שֶׁמֻּתָּר לְשָׁחֲטוֹ בְּשַׁבָּת לִשְׁמוֹ, שִׁנָּה אֶת שְׁמוֹ אוֹדֵית [הוֹדֵיתָ] מִהָא דְּחַיָּב חַטָּאת כִּדְקָתָנֵי לְעֵיל. **שֶׁשִּׁנָּהוּ לְדָבָר הָאָסוּר.** שֶׁשְּׁחָטוֹ לְשֵׁם קָרְבָּנוֹת אֲחֵרִים שֶׁאֲסוּרִים לְשָׁחֲטָן בְּשַׁבָּת. **שֶׁשִּׁנָּהוּ לְדָבָר הַמֻּתָּר.** שֶׁשּׁוֹחֲטוֹ לְשֵׁם דָּבָר הַמֻּתָּר לְשָׁחֲטוֹ בְּשַׁבָּת:

אֵמוּרֵי צִבּוּר. קָרְבָּנוֹת הָאֲמוּרִים בְּצִבּוּר בְּשַׁבָּת, כְּגוֹן תְּמִידִים וּמוּסָפִים, יוֹכִיחוּ. שֶׁמֻּתָּרִים לְשָׁחֲטָן לִשְׁמָן, וְהַשּׁוֹחֵט שְׁאָר זְבָחִים לִשְׁמָן בְּשַׁבָּת חַיָּב:

שֶׁיֵּשׁ לָהֶן קִצְבָה. שֶׁאֵינוֹ רוֹאֶה אֲחֵרִים עֲסוּקִין בִּשְׁחִיטָתוֹ, וְכֵיוָן שֶׁנִּשְׁחַט הַתָּמִיד. יוֹדֵעַ הוּא שֶׁאֵין צָרִיךְ לִשְׁחוֹט עוֹד, הִלְכָּךְ אֵין זֶה טוֹעֶה, אֶלָּא שׁוֹגֵג, דְּלֹא הָיָה לוֹ לִטְעוֹת בַּדָּבָר. **תֹּאמַר בַּפֶּסַח שֶׁאֵין לוֹ קִצְבָה.** דְּהַכֹּל צְרִיכִין לְכָךְ, וַהֲרֵי הוּא רוֹאֶה אֲחֵרִים הַרְבֵּה עֲסוּקִים בְּכָךְ וְטָרוּד הוּא לְהִתְעַסֵּק בְּמִצְוָה. וַאֲפִלּוּ שָׁחַט הוּא פֶּסַח כְּבָר וּמָצָא זֶבַח זֶה עוֹמֵד בָּעֲזָרָה וּכְסָבוּר שֶׁהוּא פֶּסַח וּשְׁחָטוֹ לְשֵׁם מִי שֶׁהוּא - טוֹעֶה בִּדְבַר מִצְוָה הוּא:

רַבִּי מֵאִיר אוֹמֵר. הַשּׁוֹחֵט בְּשַׁבָּת זְבָחִים אֲחֵרִים כָּל יְמוֹת הַשָּׁנָה לְשֵׁם אֵמוּרֵי צִבּוּר - פָּטוּר. וַהֲלָכָה כְּרַבִּי יְהוֹשֻׁעַ וְאֵין הֲלָכָה כְּרַבִּי מֵאִיר:

משנה זו דנה בערב פסח שחל בשבת ושחט קרבנות אחרים, מתי חייב חטאת ומתי פטור.

הַפֶּסַח שֶׁשְּׁחָטוֹ שֶׁלֹּא לִשְׁמוֹ בְּשַׁבָּת, חַיָּב עָלָיו חַטָּאת - כיוון שהקרבן פסול הרי שטעה בדבר שאינו של מצווה בשוגג, והמחלל את השבת בשוגג דינו להביא חטאת (משנה שבת ז, א).

וּשְׁאָר כָּל הַזְּבָחִים שֶׁשְּׁחָטָן לְשׁוּם פֶּסַח: אִם אֵינָן רְאוּיִין – כגון ששחט בקר או נקבה או כבש בן שנתיים, **חַיָּב** חטאת, שכן טעה בדבר שאינו של מצווה, שהכול יודעים שאלו אינם כשרים לפסח, והרי הוא כפושע.

וְאִם רְאוּיִין הֵן, כגון שה בן שנה של שלמים, שדומה לקרבן הפסח, ושחט אותו לשם פסח: **רַבִּי אֱלִיעֶזֶר מְחַיֵּב חַטָּאת** אף על פי שטעה בדבר של מצווה, **וְרַבִּי יְהוֹשֻׁעַ פּוֹטֵר** – משום שסבר שאם טעה בדבר של מצווה פטור מחטאת, והרי הקרבן אינו פסול.

רבי אליעזר מנסה להוכיח את דעתו שהשוחט שלמים לשם פסח (בערב פסח שחל בשבת) חייב, ורבי יהושע משיב לו.

אָמַר רַבִּי אֱלִיעֶזֶר: מָה אִם הַפֶּסַח שֶׁהוּא מֻתָּר לִשְׁמוֹ, מותר להקריבו בשבת, **כְּשֶׁשִּׁנָּה אֶת שְׁמוֹ** לקרבן אחר, הקרבן פסול ולכן **חַיָּב**, שכן טעה בדבר שאינו של מצווה - **זְבָחִים** אחרים **שֶׁהֵן אֲסוּרִין לִשְׁמָן** - אסור להקריבם בשבת, **כְּשֶׁשִּׁנָּה אֶת שְׁמָן** לקרבן אחר כגון לשם פסח, **אֵינוֹ דִין שֶׁיְּהֵא חַיָּב?**

אָמַר לוֹ רַבִּי יְהוֹשֻׁעַ: לֹא, אִם אָמַרְתָּ בְּפֶסַח, שֶׁשִּׁנָּהוּ לְדָבָר אָסוּר, שאם שחטם לשם שלמים הרי שינה לדבר שאסור להקריב בשבת ולכן חייב, **תֹּאמַר** שיהיה חייב **בַּזְּבָחִים** אם שחט שלמים לשם פסח, **שֶׁשִּׁנָּן לְדָבָר מֻתָּר?** הרי שינה לדבר שמותר להקריב בשבת, ולכן פטור.

רבי אליעזר מנסה להוכיח את דעתו שהשוחט שלמים לשם פסח (בערב פסח שחל בשבת) חייב, מדין הקרבת קרבנות של יום שבת, ורבי יהושע משיב לו.

אָמַר לוֹ רַבִּי אֱלִיעֶזֶר: אֵמוּרֵי צִבּוּר התמידין והמוספים, **יוֹכִיחוּ, שֶׁהֵן מֻתָּרִין לִשְׁמָן**, שמותר להקריב אותם בשבת לשמם, **וְהַשּׁוֹחֵט** קרבן פסח בערב פסח שחל בשבת **לִשְׁמָן**, לשם התמידים והמוספים, **חַיָּב** חטאת אף על פי ששינהו לדבר המותר - לכן גם קרבן אחר ששחט לשם פסח חייב.

אָמַר לוֹ רַבִּי יְהוֹשֻׁעַ: לֹא, אִם אָמַרְתָּ בְּאֵמוּרֵי צִבּוּר, שֶׁיֵּשׁ לָהֶן קִצְבָה - מספר קבוע של קרבנות, ואין להוסיף או לגרוע ממספר זה, ולכן אם הקריב קרבן פסח לשם קרבנות אלו חייב. **תֹּאמַר** שיהיה חייב **בַּפֶּסַח**, כשמשנה שלמים לשמו, **שֶׁאֵין לוֹ קִצְבָה?** ואי אפשר לדעת כמה קרבנות פסח יקריבו, שכן הדבר תלוי במספר המקריבים והחבורות, וכאשר הוא שוחט הוא טועה בדבר מצווה ואין דינו ככל שוגג.

רַבִּי מֵאִיר אוֹמֵר: אַף הַשּׁוֹחֵט זבחים אחרים בשבת **לְשֵׁם אֵמוּרֵי צִבּוּר**, תמידין ומוספים, **פָּטוּר** - כיוון שהקרבן כשר, והרי שינה לדבר המותר.

ו **שְׁחָטוֹ שֶׁלֹּא לְאוֹכְלָיו וְשֶׁלֹּא לִמְנוּיָיו,**
לָעֲרֵלִין וְלַטְּמֵאִין - חַיָּב.

לְאוֹכְלָיו וְשֶׁלֹּא לְאוֹכְלָיו,
לִמְנוּיָיו וְשֶׁלֹּא לִמְנוּיָיו,
לַמּוּלִין וְלָעֲרֵלִין,
לַטְּהוֹרִים וְלַטְּמֵאִים - פָּטוּר.

שְׁחָטוֹ וְנִמְצָא בַּעַל מוּם - חַיָּב.
שְׁחָטוֹ וְנִמְצָא טְרֵפָה בַּסֵּתֶר - פָּטוּר.

שְׁחָטוֹ וְנוֹדַע שֶׁמָּשְׁכוּ הַבְּעָלִים אֶת יָדָם,
אוֹ שֶׁמֵּתוּ, אוֹ שֶׁנִּטְמְאוּ - פָּטוּר,
מִפְּנֵי שֶׁשָּׁחַט בִּרְשׁוּת.

רבי עובדיה מברטנורה

לְאוֹכְלָיו וְשֶׁלֹּא לְאוֹכְלָיו - פָּטוּר וְכוּ'. דְּהָא פֶּסַח כָּשֵׁר הוּא, דְּאָמְרִינַן פֶּרֶק תָּמִיד נִשְׁחָט (לעיל ה, ג) דְּהַשּׁוֹחֵט לִפְסוּלִים וְלִכְשֵׁרִים - לֹא פָּסַל. **שְׁחָטוֹ וְנִמְצָא בַּעַל מוּם - חַיָּב.** דְּשׁוֹגֵג הוּא וְלֹא אָנוּס, שֶׁהָיָה לוֹ לְבַקְּרוֹ. **שֶׁמָּשְׁכוּ בְּעָלִים אֶת יָדָם** מִמֶּנּוּ קֹדֶם שְׁחִיטָה וְנִמְנוּ עַל אַחֵר. **אוֹ שֶׁמֵּתוּ אוֹ שֶׁנִּטְמְאוּ.** דְּעַכְשָׁו לֹא נִתְּנָה שַׁבָּת לִדָּחוֹת אֶצְלָם. **פָּטוּר.** שֶׁאָנוּס הוּא, דְּלֹא הָיָה יוֹדֵעַ שֶׁכָּךְ הוּא וְלֹא הָיָה לוֹ לִבְדֹּק עַל כָּךְ:

משנה זו עוסקת במי ששחט פסח בשבת שלא לאוכליו, שלא למנוייו או במקרים אחרים שהפסח פסול, מתי חייב ומתי פטור.

שְׁחָטוֹ שֶׁלֹּא לְאוֹכְלָיו - כגון עבור חולה שאינו יכול לאכול כזית מבשר הפסח, **וְשֶׁלֹּא לִמְנוּיָיו** - מי שאינו מנוי על חבורת פסחו, **לָעֲרֵלִין וְלַטְּמֵאִין** - שפסולים לאכול הפסח, במקרים אלו הפסח פסול (כמבואר לעיל ה, ג), ולכן השוחט אותו בשבת **חַיָּב** חטאת, ודינו כפסח ששחטו בשבת שלא לשמו.

ואם השוחט חשב שתי מחשבות, גם לראויים וגם לאלו שאינם ראויים, כגון: **לְאוֹכְלָיו וְשֶׁלֹּא לְאוֹכְלָיו, לִמְנוּיָיו וְשֶׁלֹּא לִמְנוּיָיו, לַמּוּלִין וְלָעֲרֵלִין, לַטְּהוֹרִים וְלַטְּמֵאִים** – בכל המקרים האלו הפסח כשר, ולכן אם שחט במחשבה כזו בשבת **פָּטוּר** מחטאת.

שְׁחָטוֹ וְנִמְצָא בַּעַל מוּם, שלא בדק את הבהמה היטב והמום היה חיצוני – **חַיָּב,** שהפסח פסול, והוא פשע שלא בדק היטב קודם השחיטה.

שְׁחָטוֹ וְנִמְצָא טְרֵפָה בַּסֵּתֶר, מום פנימי כגון נקב בריאה, שהפסח פסול – **פָּטוּר,** שלא היה יכול לדעת שהפסח פסול. אבל אם היה מום גלוי – חייב, שהיה יכול לבדוק אם הבהמה טרֵפה.

שְׁחָטוֹ וְנוֹדַע אחרי השחיטה **שֶׁמָּשְׁכוּ הַבְּעָלִים** המנויים על פסח זה **אֶת יָדָם** וביטלו את המינוי שלהם **אוֹ שֶׁמֵּתוּ אוֹ שֶׁנִּטְמְאוּ,** שבכל אלו הפסח פסול – **פָּטוּר, מִפְּנֵי שֶׁשָּׁחַט בִּרְשׁוּת,** ובזמן השחיטה לא היה יכול לדעת שאין לשחוט קרבן זה.

פרק שביעי

פרק זה דן בדיני הפסח: כיצד צולים אותו, דין הפסח שנטמא או שהקריבו אותו בטומאה, אם רוב הציבור היה טמא, דין הנותר מן הפסח, דיני איסור שבירת עצמות הפסח, דין איברי הפסח שיצאו מחוץ לחומת ירושלים, ודין שתי חבורות של אוכלי פסח שנמצאים בבית אחד.

א כֵּיצַד צוֹלִין אֶת הַפֶּסַח?
מְבִיאִין שְׁפוּד שֶׁל רִמּוֹן,
תּוֹחֲבוֹ מִתּוֹךְ פִּיו עַד בֵּית נְקוּבָתוֹ,
וְנוֹתֵן אֶת כְּרָעָיו וְאֶת בְּנֵי מֵעָיו לְתוֹכוֹ,
דִּבְרֵי רַבִּי יוֹסֵי הַגְּלִילִי.
רַבִּי עֲקִיבָא אוֹמֵר: כְּמִין בִּשּׁוּל הוּא זֶה!
אֶלָּא תּוֹלִין חוּצָה לוֹ.

רבי עובדיה מברטנורה

כֵּיצַד צוֹלִין? שְׁפוּד שֶׁל רִמּוֹן. וְלֹא שְׁאָר עֵצִים, דְּמַפְּקִי מַיָּא וַהֲוָה לֵיהּ "בָּשֵׁל מְבֻשָּׁל בַּמָּיִם" (שמות יב, ט), וְרִמּוֹן לָא מַפֵּיק מַיָּא. וּבִשְׁפוּד שֶׁל מַתֶּכֶת – לֹא, כִּדְלְקַמָּן (משנה ב), דְּחַם מִקְצָתוֹ – חַם כֻּלּוֹ, וְנִצְלָה מֵחֲמַת שְׁפוּד, וְרַחְמָנָא אָמַר (שמות, שם): "צְלִי אֵשׁ", וְלֹא צְלִי דָּבָר אַחֵר: **כְּמִין בִּשּׁוּל הוּא זֶה.** שֶׁמִּתְבַּשְּׁלִין בְּנֵי מֵעָיו לְתוֹכוֹ כְּבְתוֹךְ הַקְּדֵרָה. **תּוֹלִין חוּצָה לוֹ.** תּוֹחֲבָן בַּשְּׁפוּד לְמַעְלָה מִפִּיו שֶׁל טָלֶה. וַהֲלָכָה כְּרַבִּי עֲקִיבָא:

את הפסח צריך לצלות "צלי אש" (שמות יב, ח), ואין לבשל אותו (שם, ט). במשנה זו מבואר כיצד צולים את הפסח.

כֵּיצַד צוֹלִין אֶת הַפֶּסַח? מְבִיאִין שְׁפוּד שֶׁל רִמּוֹן – עץ הרימון, בניגוד לעצים אחרים, אינו מוציא נוזלים בשעה שצולים עליו בשר וזו צלייה בלי חשש שחלק מהבשר התבשל במים, **תּוֹחֲבוֹ** את השפוד **מִתּוֹךְ פִּיו** של הפסח **עַד בֵּית נְקוּבָתוֹ,** מקום יציאת הצואה, **וְנוֹתֵן אֶת כְּרָעָיו וְאֶת בְּנֵי מֵעָיו לְתוֹכוֹ, דִּבְרֵי רַבִּי יוֹסֵי הַגְּלִילִי.**

רַבִּי עֲקִיבָא אוֹמֵר: כְּמִין בִּשּׁוּל הוּא זֶה! שכן במעיים יש לחות ושאר האיברים מתבשלים בלחות זו, **אֶלָּא תּוֹלִין** את המעיים ושאר האיברים שיש בהם לחות **חוּצָה לוֹ** – על השיפוד מתחת גוף הפסח.

בתוספתא (ה, י) הובאה דעה שלא צריך לצלותו שלם אלא יכול לשים על הגחלים איברים איברים, אך לא חתיכות של בשר.

ב **אֵין צוֹלִין אֶת הַפֶּסַח לֹא עַל הַשִּׁפּוּד,**
וְלֹא עַל הָאַסְכְּלָא.
אָמַר רַבִּי צָדוֹק:
מַעֲשֶׂה בְּרַבָּן גַּמְלִיאֵל שֶׁאָמַר לְטָבִי עַבְדּוֹ:
"צֵא וּצְלֵה לָנוּ אֶת הַפֶּסַח עַל הָאַסְכְּלָא".

נָגַע בְּחַרְסוֹ שֶׁל תַּנּוּר - יִקְלֹף אֶת מְקוֹמוֹ.
נָטַף מֵרָטְבּוֹ עַל הַחֶרֶס וְחָזַר עָלָיו - יִטֹּל אֶת מְקוֹמוֹ.
נָטַף מֵרָטְבּוֹ עַל הַסֹּלֶת - יִקְמֹץ אֶת מְקוֹמוֹ.

רבי עובדיה מברטנורה

אָמַר רַבִּי צָדוֹק כּוּ'. מַתְנִיתִין חַסּוֹרֵי מִחַסְּרָא וְהָכִי קָתָנֵי: וְאִם אַסְכְּלָה מְנֻקֶּבֶת הִיא - כְּשֵׁרָה, וְאָמַר רַבִּי צָדוֹק וְכוּ', וַהֲלָכָה כְּרַבִּי צָדוֹק:

נָגַע הַפֶּסַח בְּחַרְסוֹ שֶׁל תַּנּוּר - יִקְלֹף מִן הַפֶּסַח מָקוֹם הַנּוֹגֵעַ בַּתַּנּוּר, שֶׁנִּצְלָה שָׁם מֵחֹם חֶרֶס הַתַּנּוּר, וְלֹא "צְלִי אֵשׁ" הוּא. **נָטַף מֵרָטְבּוֹ עַל הַחֶרֶס וְחָזַר אֵלָיו.** שֶׁחָזַר שֻׁמָּן שֶׁנִּתְחַמֵּם מִן הַחֶרֶס וְנִבְלַע בַּפֶּסַח - **יִטֹּל אֶת מְקוֹמוֹ.** וְלֹא סַגִּי בִּקְלִיפָה, אֶלָּא בִּנְטִילָה כְּעֹבִי אֶצְבַּע, דְּשֻׁמָּן נִבְלַע בְּתוֹכוֹ הַרְבֵּה, וְאוֹתוֹ שֻׁמָּן צָלִי מִן הַחֶרֶס הוּא:

נָטַף מֵרָטְבּוֹ עַל הַסֹּלֶת. וְהַסֹּלֶת רוֹתַחַת, דְּמִצְלִי רֹטֶב מֵחֲמַת סֹלֶת, וְהַהוּא רֹטֶב שֶׁבְּתוֹךְ הַסֹּלֶת אָסוּר לְמֵיכְלֵיהּ, דַּהֲוָה לֵיהּ צָלִי מֵחֲמַת דָּבָר אַחֵר, הִלְכָּךְ יִקְמֹץ אֶת מְקוֹמוֹ וְיִשְׂרֹף אוֹתוֹ קֹמֶץ כִּשְׁאָר קָדָשִׁים הַפְּסוּלִים:

גם משנה זו עוסקת בדיני צליית הפסח, ודנה במקרים שבהם הבשר נגע תוך כדי הצלייה בחלקים שונים של התנור או במאכלים שהיו לידו.

אֵין צוֹלִין אֶת הַפֶּסַח לֹא עַל הַשִּׁפּוּד של מתכת **וְלֹא עַל הָאַסְכְּלָא** - כעין פלטת מתכת. הטעם הוא שהבשר נצלה מחמת חום המתכת ולא מחמת חום האש, ובפסוק כתוב "צלי אש".

אָמַר רַבִּי צָדוֹק: אם האסכלה הייתה מנוקבת, כעין רשת מנגל, והבשר לא נגע כלל ברשת - מותר, וכך למדנו מרבן גמליאל: **מַעֲשֶׂה בְּרַבָּן גַּמְלִיאֵל שֶׁאָמַר לְטָבִי עַבְדּוֹ: "צֵא וּצְלֵה לָנוּ אֶת הַפֶּסַח עַל הָאַסְכְּלָא** המנוקבת!".

נָגַע בשר הפסח **בְּחַרְסוֹ שֶׁל תַּנּוּר** - הרי המקום שנגע בו החרס נצלה מחמת חום החרס ולא מחמת חום האש, ולכן **יִקְלֹף אֶת מְקוֹמוֹ.**

נָטַף מֵרָטְבּוֹ מהשומן של בשר הפסח **עַל הַחֶרֶס, וְחָזַר** השומן **עָלָיו,** על הבשר ובישל את המקום שנגע בו - **יִטֹּל אֶת מְקוֹמוֹ,** כיוון שהרוטב מפעפע וחודר לעומק הבשר אנו חוששים שהתבשל בשר בעובי כ-2 סנטימטר, וצריך ליטול שיעור זה מהמקום שנגע בו השומן.

אם ליד הבשר הייתה קערה שהייתה בה סולת רותחת (מין תבשיל) **וְנָטַף מֵרָטְבּוֹ** מהשומן של בשר הפסח **עַל הַסֹּלֶת - יִקְמֹץ אֶת מְקוֹמוֹ,** ייטול את מקום השומן, שכן השומן התבשל מחום הסולת, ואסור לאוכלו שאינו "צלי אש".

ג סָכוּ בְּשֶׁמֶן תְּרוּמָה:
אִם חֲבוּרַת כֹּהֲנִים – יֹאכֵלוּ.
אִם יִשְׂרָאֵל,
אִם חַי הוּא – יְדִיחֶנּוּ,
וְאִם צָלִי הוּא – יִקְלֹף אֶת הַחִיצוֹן.

סָכוּ בְּשֶׁמֶן שֶׁל מַעֲשֵׂר שֵׁנִי –
לֹא יַעֲשֶׂנּוּ דָמִים עַל בְּנֵי חֲבוּרָה,
שֶׁאֵין פּוֹדִין מַעֲשֵׂר שֵׁנִי בִּירוּשָׁלַיִם.

רבי עובדיה מברטנורה

סָכוּ בְּשֶׁמֶן תְּרוּמָה. שֶׁמֻּתָּר לָסוּךְ הַפֶּסַח בְּמֵי פֵרוֹת (לעיל ב, ח). **אִם חַי – יְדִיחֶנּוּ.** דְּלֹא בָּלַע. **וְאִם צָלִי הוּא** – בָּעֵי קְלִיפָה, מִשּׁוּם דְּבָלַע. **שֶׁאֵין פּוֹדִים.** מוֹכְרִים, **מַעֲשֵׂר שֵׁנִי בִּירוּשָׁלַיִם.** וַאֲפִלּוּ לְאָכְלוֹ בְּטַהֲרָה, דִּכְתִיב (דברים יד, כה): "וְנָתַתָּ בַּכָּסֶף וְצַרְתָּ הַכֶּסֶף בְּיָדְךָ וְהָלַכְתָּ אֶל הַמָּקוֹם".

משנה זו דנה במקרים שסך את קרבן הפסח בשמנים שונים שיש בהם מגבלות אכילה.

סָכוּ את בשר הפסח אחרי הצלייה **בְּשֶׁמֶן תְּרוּמָה**, ורק כוהן טהור יכול לאכול תרומה, **אִם חֲבוּרַת כֹּהֲנִים – יֹאכֵלוּ**. אם יש בחבורה **יִשְׂרָאֵל** שאסור באכילת התרומה, **אִם** הבשר **חַי הוּא**, כלומר שעדיין לא צלו אותו – **יְדִיחֶנּוּ**, ישטוף אותו במים וינגב ואז יצלה אותו, שהבשר לא בלע את השמן כל עוד לא התבשל או נצלה. **וְאִם צָלִי הוּא – יִקְלֹף** מהבשר **אֶת** הצד **הַחִיצוֹן**, שאנו אומרים שהשמן נספג רק בשכבה החיצונה ולא בכל הבשר.

סָכוֹ את בשר הפסח אחרי הצלייה **בְּשֶׁמֶן שֶׁל מַעֲשֵׂר שֵׁנִי,** שדינו להיאכל בירושלים בטהרה - **לֹא יַעֲשֶׂנּוּ** את השמן **דָּמִים עַל בְּנֵי חֲבוּרָה,** כלומר לא יחייב את בני החבורה לשלם על שווי השמן שבבשר, שאם ישלמו על חלקם בשמן נמצא שפדה את המעשר בירושלים, וההלכה היא **שֶׁאֵין פּוֹדִין מַעֲשֵׂר שֵׁנִי בִּירוּשָׁלַיִם,** טעם האיסור הוא מפני שהתורה ציוותה את בעל הפירות לעלות לירושלים ולאוכלם שם בטהרה, וזה עיקר המצווה, והתירה לו לפדות את הפירות רק אם הדרך לירושלים רחוקה ויש לו טרחה להעלות את הפירות.

ד **חֲמִשָּׁה דְּבָרִים בָּאִין בְּטֻמְאָה,**
וְאֵינָן נֶאֱכָלִין בְּטֻמְאָה:
הָעֹמֶר, וּשְׁתֵּי הַלֶּחֶם, וְלֶחֶם הַפָּנִים,
וְזִבְחֵי שַׁלְמֵי צִבּוּר, וּשְׂעִירֵי רָאשֵׁי חֳדָשִׁים.

הַפֶּסַח שֶׁבָּא בְטֻמְאָה – נֶאֱכָל בְּטֻמְאָה,
שֶׁלֹּא בָא מִתְּחִלָּתוֹ אֶלָּא לַאֲכִילָה.

רבי עובדיה מברטנורה

חֲמִשָּׁה דְּבָרִים. אֵין לְךָ בְּצִבּוּר קָרְבָּן נֶאֱכָל אֶלָּא אֵלּוּ, וְקָרְבַּן צִבּוּר דּוֹחֶה אֶת הַטֻּמְאָה, דְּיָלְפִינַן מִפֶּסַח דִּכְתִיב בֵּיהּ (במדבר ט, ב): "בְּמוֹעֲדוֹ", וְדוֹחֶה אֶת הַטֻּמְאָה כְּשֶׁרֹב הַקָּהָל טְמֵאִים. דְּהָכִי אָמְרִינַן (שם, י): "אִישׁ כִּי יִהְיֶה טָמֵא וְכוּ'" – יָחִיד נִדְחֶה וְאֵין צִבּוּר נִדְחִין, וּבְקָרְבְּנוֹת צִבּוּר כְּתִיב (שם כט, לט): "אֵלֶּה תַּעֲשׂוּ לַה' בְּמוֹעֲדֵיכֶם", כְּמוֹ שֶׁנֶּאֱמַר בַּפֶּסַח "בְּמוֹעֲדוֹ". וְאַשְׁמְעִינַן מַתְנִיתִין, דְּאַף עַל גַּב דִּקְרֵבִין בְּטֻמְאָה לְאַפּוּקֵי צִבּוּר יְדֵי חוֹבָתָן – אֵין נֶאֱכָלִים בְּטֻמְאָה. וְהָא דְּתָנֵי חֲמִשָּׁה דְּבָרִים, וְלָא תָּנֵי 'קָרְבְּנוֹת צִבּוּר וְכוּ'' – מִנְיָנָא לְמַעוּטֵי חֲגִיגַת הָרְגָלִים כֻּלָּם, דְּדָמוּ לְקָרְבַּן צִבּוּר, מִשּׁוּם דְּאָתוּ בִּכְנוּפְיָא [שבאים באסיפה], בַּאֲסִיפַת חֲבֵרִים לָרֶגֶל, וְאֵינָם דּוֹחִים אֶת הַטֻּמְאָה כְּדֶרֶךְ שֶׁאֵין דּוֹחִים אֶת הַשַּׁבָּת:

זִבְחֵי שַׁלְמֵי צִבּוּר. כִּבְשֵׂי עֲצֶרֶת, שֶׁאֵין שְׁלָמִים אֲחֵרִים לַצִּבּוּר. **וּשְׂעִירֵי רָאשֵׁי חֳדָשִׁים.** וְלָא תָּנֵי 'שְׂעִירֵי רְגָלִים', דְּכֵיוָן דְּאַשְׁמְעִינַן זִבְחֵי שַׁלְמֵי צִבּוּר, שֶׁהֵן מִינֵי דָמִים וְאֵין נֶאֱכָלִין בְּטֻמְאָה – הוּא הַדִּין לְכָל שְׁאָר מִינֵי דָמִים. וְלָא אִצְטְרִיךְ לְמִתְנֵי שְׂעִירֵי רָאשֵׁי חֳדָשִׁים אֶלָּא מִשּׁוּם דְּלָא כְּתִיב בְּהוּ 'מוֹעֵד', וְסָלְקָא דַּעְתָּךְ אָמֵינָא לֹא לִדְחוּ אֶת הַטֻּמְאָה, דְּהָא כָּל קָרְבְּנוֹת צִבּוּר מִמּוֹעֵד נָפְקָא לָן, דִּכְתִיב בְּכֻלְּהוּ (שם): "אֵלֶּה תַּעֲשׂוּ לַה' בְּמוֹעֲדֵיכֶם":

שֶׁלֹּא בָא מִתְּחִלָּתוֹ אֶלָּא לַאֲכִילָה. שֶׁכְּשֶׁנִּצְטַוָּה – עִקַּר מִצְוַת פֶּסַח לַאֲכִילָה נִצְטַוָּה. דִּכְתִיב (שמות יב, ד): "לְפִי אָכְלוֹ", וְכִי שַׁרְיֵהּ רַחֲמָנָא לְאָתוֹיֵי [כשהתירה התורה להביא] בְּטֻמְאָה מֵ"אִישׁ" נִדְחֶה וְאֵין צִבּוּר נִדְחִין, אַדַּעְתָּא לְמֵיכְלֵיהּ שַׁרְיֵהּ [על דעת לאכול התירה].

ממשנה זו והלאה דנים בפסח שבא בטומאה. המשנה פותחת ברשימה של קרבנות הבאים בטומאה אך אינם נאכלים בטומאה, ולעומתם הפסח שבמקרים שבהם מקריבים אותו בטומאה (כמבואר במשנה ו) אף נאכל בטומאה.

קרבנות ציבור שקבוע להם זמן אינם נדחים גם אם רוב הקהל טמא, אלא מקריבים אותם בטומאה: **חֲמִשָּׁה דְבָרִים**, סוגי קרבנות, **בָּאִין בְּטֻמְאָה, וְאֵינָן נֶאֱכָלִין בְּטֻמְאָה: הָעֹמֶר**, בט"ז בניסן, **וּשְׁתֵּי הַלֶּחֶם**, בחג השבועות, **וְלֶחֶם הַפָּנִים**, בכל שבת, **וְזִבְחֵי שַׁלְמֵי צִבּוּר**, קרבנות הכבשים שבאים בשבועות עם שתי הלחם, **וּשְׂעִירֵי רָאשֵׁי חֳדָשִׁים.**

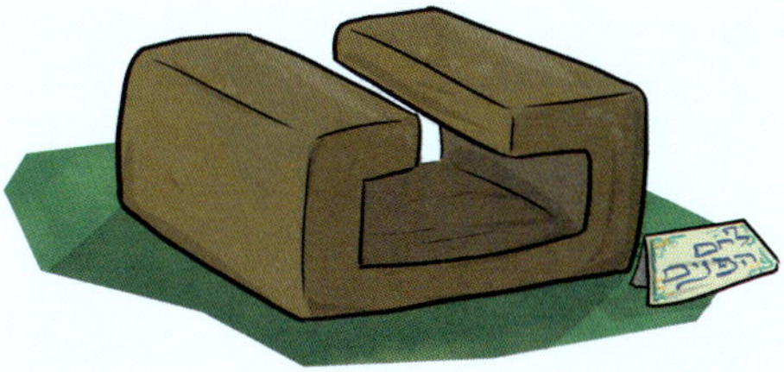

הַפֶּסַח שֶׁבָּא בְטֻמְאָה - נֶאֱכָל בְּטֻמְאָה, שֶׁלֹּא בָא מִתְּחִלָּתוֹ אֶלָּא לַאֲכִילָה, שעיקר מצוותו הוא האכילה בחבורה, אבל שאר הקרבנות עיקרם להקרבה ולא לאכילה.

ה נִטְמָא הַבָּשָׂר וְהַחֵלֶב קַיָּם –
אֵינוֹ זוֹרֵק אֶת הַדָּם.
נִטְמָא הַחֵלֶב וְהַבָּשָׂר קַיָּם –
זוֹרֵק אֶת הַדָּם.

וּבַמֻּקְדָּשִׁין אֵינוֹ כֵן,
אֶלָּא אַף עַל פִּי שֶׁנִּטְמָא הַבָּשָׂר וְהַחֵלֶב קַיָּם –
זוֹרֵק אֶת הַדָּם.

רבי עובדיה מברטנורה

נִטְמָא בָּשָׂר וְחֵלֶב קַיָּם – אֵינוֹ זוֹרֵק אֶת הַדָּם. דְּעִקַּר פֶּסַח לַאֲכִילַת אָדָם אָתֵי.

וּבַמֻּקְדָּשִׁים אֵינוֹ כֵן, שֶׁאֲפִילּוּ נִטְמָא בָּשָׂר, וְחֵלֶב קַיָּם – זוֹרֵק אֶת הַדָּם:

משנה זו דנה במקרים שבהם נטמא הבשר או החֵלב בפסח ובקרבנות אחרים.

בקרבנות יש שלושה מרכיבים: בשר לאכילה, חלב להקטרה על המזבח ודם לזריקה על המזבח.

נִטְמָא הַבָּשָׂר של הפסח **וְהַחֵלֶב קַיָּם – אֵינוֹ זוֹרֵק אֶת הַדָּם,** שכיוון שאינו יכול לאכול את הבשר – אין טעם בזריקת הדם, שכן עיקר הפסח הוא לאכילה (כמבואר במשנה הקודמת).

נִטְמָא הַחֵלֶב וְהַבָּשָׂר קַיָּם – זוֹרֵק אֶת הַדָּם, כיוון שיכול לאכול את הבשר.

וּבַמֻּקְדָּשִׁין, בקרבנות אחרים, **אֵינוֹ כֵן, אֶלָּא אַף עַל פִּי שֶׁנִּטְמָא הַבָּשָׂר וְהַחֵלֶב קַיָּם – זוֹרֵק אֶת הַדָּם,** כיוון שיש תועלת בזריקה, להתיר את הקטרת החלב על המזבח.

ו

נִטְמָא הַקָּהָל אוֹ רֻבּוֹ,
אוֹ שֶׁהָיוּ הַכֹּהֲנִים טְמֵאִים וְהַקָּהָל טְהוֹרִים –
יֵעָשֶׂה בְטֻמְאָה.

נִטְמָא מִעוּט הַקָּהָל –
הַטְּהוֹרִין עוֹשִׂין אֶת הָרִאשׁוֹן,
וְהַטְּמֵאִין עוֹשִׂין אֶת הַשֵּׁנִי.

רבי עובדיה מברטנורה

נִטְמָא הַקָּהָל בְּטֻמְאַת מֵת, שֶׁאֵין פֶּסַח נִדְחֶה מִפְּנֵי הַטֻּמְאָה אֶלָּא מִטֻּמְאַת מֵת. **[אוֹ שֶׁהָיוּ הַכֹּהֲנִים טְמֵאִים וְהַקָּהָל טְהוֹרִים –] יַעֲשׂוּ בְּטֻמְאָה.** וַאֲפִלּוּ טְמֵאִים יְחִידִים, דְּהָא פֶּסַח דִּטְהוֹרִים גּוּפַיְהוּ בְּטֻמְאָה אָתוּ מִשּׁוּם כֹּהֲנִים, שֶׁאֵין קָרְבַּן צִבּוּר הַבָּא בְּטֻמְאָה חָלוּק, מֵאַחַר שֶׁקָּרְבַּן רֻבָּם בָּא בְּטֻמְאָה – אַף הַיְּחִידִים עוֹשִׂים בְּטֻמְאָה:

במשנה זו מבואר מתי מקריבים את הפסח בטומאה בזמנו, בי"ד בניסן, ומתי הטמאים נדחים לפסח שני, בי"ד באייר.

הטומאה המדוברת במשנה זו היא טומאת מת, אבל בטומאת שרץ תמיד נדחים לפסח שני.

נִטְמָא הַקָּהָל כולו **אוֹ רֻבּוֹ,** בטומאת מת, **אוֹ שֶׁהָיוּ הַכֹּהֲנִים טְמֵאִים וְהַקָּהָל טְהוֹרִים,** ואי אפשר להקריב בלי הכוהנים - **יֵעָשֶׂה** הפסח **בְטֻמְאָה,** שכן "טומאה הותרה בציבור" (גמרא עז, א).

נִטְמָא מִעוּט הַקָּהָל – הַטְּהוֹרִין עוֹשִׂין אֶת הָרִאשׁוֹן, פסח ראשון, **וְהַטְּמֵאִין עוֹשִׂין אֶת הַשֵּׁנִי,** פסח שני.

ז הַפֶּסַח שֶׁנִּזְרַק דָּמוֹ,
וְאַחַר כָּךְ נוֹדַע שֶׁהוּא טָמֵא –
הַצִּיץ מְרַצֶּה.
נִטְמָא הַגּוּף – אֵין הַצִּיץ מְרַצֶּה,

מִפְּנֵי שֶׁאָמְרוּ:
הַנָּזִיר וְעוֹשֶׂה פֶסַח –
הַצִּיץ מְרַצֶּה עַל טֻמְאַת הַדָּם,
וְאֵין הַצִּיץ מְרַצֶּה עַל טֻמְאַת הַגּוּף.

נִטְמָא טֻמְאַת הַתְּהוֹם – הַצִּיץ מְרַצֶּה.

רבי עובדיה מברטנורה

וְאַחַר כָּךְ נוֹדַע שֶׁהוּא טָמֵא, הַפֶּסַח אוֹ הַדָּם. **הַצִּיץ מְרַצֶּה** וּפָטוּר מִפֶּסַח שֵׁנִי. **נִטְמָא** בְּעָלָיו טֻמְאַת הַגּוּף בְּמֵת. **אֵין הַצִּיץ מְרַצֶּה,** וְחַיָּב בְּפֶסַח שֵׁנִי, דְּהָא בִּשְׁעַת זְרִיקָה לָאו בַּר מֶעְבַּד פֶּסַח הוּא, דְּרַחֲמָנָא דַּחְיֵהּ. **הַנָּזִיר.** דִּכְתִיב (במדבר ו, ט-יב): "וְכִי יָמוּת מֵת עָלָיו וְגוֹ' וְהַיָּמִים הָרִאשֹׁנִים יִפְּלוּ", דְּאִם נִטְמָא בְּמֵת קֹדֶם הֲבָאַת קָרְבְּנוֹתָיו – סוֹתֵר. **הַצִּיץ מְרַצֶּה עַל טֻמְאַת הַדָּם.** וְתִגְלַחְתּוֹ כְּשֵׁרָה, וּמֻתָּר לִשְׁתּוֹת יַיִן וְלִטַּמֵּא לְמֵתִים. **וְאֵין הַצִּיץ מְרַצֶּה עַל טֻמְאַת הַגּוּף.** וְאִם טָמֵא בִּשְׁעַת הֲבָאַת קָרְבְּנוֹתָיו – סוֹתֵר הַכֹּל. **נִטְמָא** גּוּפוֹ. **בְּטֻמְאַת הַתְּהוֹם.** כָּל טֻמְאַת מֵת שֶׁלֹּא יָדַע בָּהּ אָדָם קֹדֶם לָכֵן נִקְרֵאת 'טֻמְאַת הַתְּהוֹם'. **הַצִּיץ מְרַצֶּה.** דַּהֲלָכָה לְמֹשֶׁה מִסִּינַי שֶׁהֻתַּר טֻמְאַת הַתְּהוֹם לָהֶם, כֵּיוָן שֶׁלֹּא הִכִּיר בָּהּ אָדָם בְּטֻמְאָה זוֹ מֵעוֹלָם. וְאִם נוֹדַע לוֹ בְּטֻמְאָה זוֹ אַחַר שֶׁהִקְרִיב פִּסְחוֹ – אֵין צָרִיךְ לַעֲשׂוֹת פֶּסַח שֵׁנִי. וְכֵן נָזִיר שֶׁנּוֹדַע לוֹ בְּטֻמְאַת הַתְּהוֹם לְאַחַר שֶׁהֵבִיא קָרְבְּנוֹתָיו – אֵין צָרִיךְ לְהָבִיא קָרְבַּן טֻמְאָה. וְלֹא אָמְרוּ טֻמְאַת הַתְּהוֹם אֶלָּא בְּטֻמְאַת מֵת בִּלְבַד:

אחד משמונת הבגדים של הכוהן הגדול היה הציץ, והוא היה מונח על מצחו. במקרים מסוימים הציץ היה מרצה, כלומר מכפר, על קרבנות שהוקרבו בטומאה. משנה זו דנה באלו מקרים הציץ מרצה ובאלו אינו מרצה.

הַפֶּסַח שֶׁנִּזְרַק דָּמוֹ על המזבח, **וְאַחַר כָּךְ נוֹדַע שֶׁהוּא**, הפסח או הדם, **טָמֵא - הַצִּיץ מְרַצֶּה** מכפר, ופטור מלעשות פסח שני.

נִטְמָא הַגּוּף, הבעלים של קרבן הפסח או אחד מהכוהנים המקריבים - **אֵין הַצִּיץ מְרַצֶּה** וחייב לעשות פסח שני, שכן בזמן הזריקה לא היה ראוי לפסח.

מִפְּנֵי שֶׁאָמְרוּ: הַנָּזִיר וְעוֹשֶׂה פֶסַח - הַצִּיץ מְרַצֶּה עַל טֻמְאַת הַדָּם, אם דם הקרבן נטמא, **וְאֵין הַצִּיץ מְרַצֶּה עַל טֻמְאַת הַגּוּף**, אם בעל הקרבן, הנזיר או הכוהן המקריב נטמאו.

נִטְמָא גופו של המקריב על ידי **טֻמְאַת הַתְּהוֹם**, טומאת מת שאיש לא ידע על קיומה, וכאילו הייתה בתהום, כגון שהייתה מוסתרת - **הַצִּיץ מְרַצֶּה** שכך למדו מהלכה למשה מסיני, שמי שנטמא בטומאת התהום אינו צריך להביא פסח שני, ונראה שהטעם שדינם קל הוא משום שנטמא באונס ואף לא היה יכול לדעת מהטומאה כל ימיו אלמלא התגלתה.

ח **נִטְמָא שָׁלֵם אוֹ רֻבּוֹ –**
שׂוֹרְפִין אוֹתוֹ לִפְנֵי הַבִּירָה מֵעֲצֵי הַמַּעֲרָכָה.
נִטְמָא מִעוּטוֹ, וְהַנּוֹתָר –
שׂוֹרְפִין אוֹתוֹ בְּחַצְרוֹתֵיהֶן אוֹ עַל גַּגּוֹתֵיהֶן מֵעֲצֵי עַצְמָן.

הַצַּיְקָנִין שׂוֹרְפִין אוֹתוֹ לִפְנֵי הַבִּירָה,
בִּשְׁבִיל לֵהָנוֹת מֵעֲצֵי הַמַּעֲרָכָה.

רבי עובדיה מברטנורה

לִפְנֵי הַבִּירָה. כָּל הַמִּקְדָּשׁ כֻּלּוֹ קָרוּי 'בִּירָה'. וְשׂוֹרְפִים אוֹתוֹ שָׁם כְּדֵי לְבַיְּשָׁן, שֶׁיִּזָּהֲרוּ שֶׁלֹּא יָבוֹאוּ עוֹד לִידֵי טֻמְאָה. **מֵעֲצֵי הַמַּעֲרָכָה.** שֶׁלֹּא לְבַיֵּשׁ אֶת מִי שֶׁאֵין לוֹ עֵצִים. **נִטְמָא מִעוּטוֹ.** וְכֵן נוֹתָר שֶׁל פֶּסַח טָהוֹר. **הַצַּיְקָנִין.** הָעַצְרָנִין, צָרֵי עַיִן, שׂוֹרְפִין אוֹתוֹ מִעוּט שֶׁנִּטְמָא, וְהַנּוֹתָר מִפֶּסַח טָהוֹר, לִפְנֵי הַבִּירָה:

משנה זו דנה במקרה שקרבן הפסח נטמא אחר שחיטתו, היכן בני החבורה או הכוהנים שטימאו אותו שורפים אותו.

נִטְמָא קרבן הפסח **שָׁלֵם אוֹ רֻבּוֹ** – בני החבורה או הכוהנים שטימאו אותו **שׂוֹרְפִין אוֹתוֹ לִפְנֵי הַבִּירָה,** בתחום המקדש, והטעם ששורפים אותו סמוך למקדש, בפרהסיה, לעיני כול, הוא כדי שהציבור יראה שהם נאלצים לשרוף את הקרבן ומתוך כך יתביישו וייזהרו בפעם הבאה שלא יבוא לידי טומאה. **מֵעֲצֵי הַמַּעֲרָכָה** – מהעצים שמיועדים למזבח, ולא מהעצים הפרטיים שלהם, כדי שלא לבייש את מי שאין לו עצים.

נִטְמָא מִעוּטוֹ של קרבן הפסח, **וְהַנּוֹתָר,** שעבר זמן אכילתו ולא פשעו כל כך – **שׂוֹרְפִין אוֹתוֹ בְּחַצְרוֹתֵיהֶן אוֹ עַל גַּגּוֹתֵיהֶן,** ולא בפרהסיה, במקום גלוי, **מֵעֲצֵי עַצְמָן,** ולא מעצי המערכה, שמא יישארו להם עצים וייהנו בהם וימעלו בהקדש.

הַצִּיקָנִין, צרי העין, הקמצנים, **שׂוֹרְפִין אוֹתוֹ לִפְנֵי הַבִּירָה**, גם אם נטמא רק מיעוט הקרבן או את הנותר, **בִּשְׁבִיל לֵהָנוֹת מֵעֲצֵי הַמַּעֲרָכָה** – שלא יצטרכו לשרוף מעציהם הפרטיים, אלא משל המערכה. ולא חששו למעילה כיוון שבית הדין מתנה על העצים האלו שתיבטל קדושתם אם יצטרכו לכך.

ט הַפֶּסַח שֶׁיָּצָא אוֹ שֶׁנִּטְמָא - יִשָּׂרֵף מִיָּד.

נִטְמְאוּ הַבְּעָלִים אוֹ שֶׁמֵּתוּ -
תְּעֻבַּר צוּרָתוֹ וְיִשָּׂרֵף בְּשִׁשָּׁה עָשָׂר.
רַבִּי יוֹחָנָן בֶּן בְּרוֹקָה אוֹמֵר:
אַף זֶה יִשָּׂרֵף מִיָּד, לְפִי שֶׁאֵין לוֹ אוֹכְלִין.

רבי עובדיה מברטנורה

הַפֶּסַח שֶׁיָּצָא חוּץ לַחוֹמָה. **יִשָּׂרֵף מִיָּד** בְּאַרְבָּעָה עָשָׂר, וְלֹא צָרִיךְ לְאַשְׁהוּיֵי עַד הַבֹּקֶר שֶׁל ט"ו כְּדֵי שֶׁתְּעֻבַּר צוּרָתוֹ דְּהַיְנוּ שֶׁיָּבֹא לִידֵי נוֹתָר. וּמִיהוּ בְּיוֹם טוֹב לֹא מָצֵי שָׂרֵיף לֵיהּ, דְּאֵין שׂוֹרְפִין קָדָשִׁים בְּיוֹם טוֹב. **נִטְמְאוּ בְּעָלִים אוֹ שֶׁמֵּתוּ.** אֵין פְּסוּלוֹ בְּגוּפוֹ אֶלָּא מֵחֲמַת דָּבָר אַחֵר - **תְּעֻבַּר צוּרָתוֹ.** יַמְתִּין עַד שֶׁיָּבֹא לִידֵי נוֹתָר, וְאַחַר כָּךְ יִשְׂרְפֶנּוּ:

אַף זֶה יִשָּׂרֵף מִיָּד. רַבִּי יוֹחָנָן בֶּן בְּרוֹקָא לָא פָּלֵיג אַתַּנָּא קַמָּא אֶלָּא כְּשֶׁנִּטְמְאוּ הַבְּעָלִים אוֹ מֵתוּ קֹדֶם זְרִיקַת הַדָּם, דְּלָא אִחֲזֵי בָּשָׂר בַּאֲכִילָה וַהֲוָה לֵיהּ כִּפְסוּלוֹ בְּגוּפוֹ. וְאֵין הֲלָכָה כְּרַבִּי יוֹחָנָן בֶּן בְּרוֹקָא:

משנה זו דנה במקרים שבהם שורפים את קרבן הפסח מחמת טומאה, מתי שורפים אותו מיד ומתי ממתינים עם שריפתו. הכלל הוא שאם הפסול שייך לגוף הקרבן יש לשרוף אותו מיד, ואם הפסול שייך לעניינים אחרים ממתינים שיתקלקל ואז שורפים אותו.

הַפֶּסַח שֶׁיָּצָא מחוץ לירושלים או מחוץ לבית שבו היו אמורים לאכול אותו, **אוֹ שֶׁנִּטְמָא, יִשָּׂרֵף מִיָּד** - שהדין הוא שאם הטומאה היא בגוף הקרבן אין ממתינים שהבשר יתקלקל. יש להוסיף כי שורפים אותו מיד רק בערב פסח, אך אם נטמא ביום טוב ממתינים לאחר החג, שאין שורפים קודשים ביום טוב.

נִטְמְאוּ הַבְּעָלִים אוֹ שֶׁמֵּתוּ, תְּעֻבַּר צוּרָתוֹ, ימתינו עד שייטמא, **וְיִשָּׂרֵף בְּשִׁשָּׁה עָשָׂר** ואין שורפים אותו מיד. שהדין הוא שאם הטומאה לא הייתה בקרבן אלא במקריב או בדם אין שורפים אותו עד שיתקלקל.

רַבִּי יוֹחָנָן בֶּן בְּרוֹקָה אוֹמֵר: אַף זֶה, אם נטמאו הבעלים או הדם קודם זריקת הדם, **יִשָּׂרֵף מִיָּד, לְפִי שֶׁאֵין לוֹ אוֹכְלִין,** שעדיין לא נזרק הדם ולא היה ראוי לאכילה, ומקרה זה דומה לפסול בגוף הקרבן.

י **הָעֲצָמוֹת וְהַגִּידִין וְהַנּוֹתָר – יִשָּׂרְפוּ בְּשִׁשָּׁה עָשָׂר.**
חָל שִׁשָּׁה עָשָׂר לִהְיוֹת בַּשַּׁבָּת – יִשָּׂרְפוּ בְּשִׁבְעָה עָשָׂר,
לְפִי שֶׁאֵינָן דּוֹחִין לֹא אֶת הַשַּׁבָּת וְלֹא אֶת יוֹם טוֹב.

רבי עובדיה מברטנורה

הָעֲצָמוֹת שֶׁאֵינוֹ יָכוֹל לְשָׁבְרָן מִפְּנֵי שֶׁנֶּאֶסְרָה שְׁבִירַת עֶצֶם, וְנוֹתַר בָּהֶן מֹחַ וְטָעוּן שְׂרֵפָה. **וְהַגִּידִין** שֶׁהֵן אֲסוּרִין בַּאֲכִילָה וְאֵין חַיָּבִין עֲלֵיהֶן מִן הַתּוֹרָה, כְּגוֹן שַׁמְנוֹ שֶׁל גִּיד הַנָּשֶׁה, שֶׁהוּא מֻתָּר אֶלָּא שֶׁיִּשְׂרָאֵל קְדוֹשִׁים נָהֲגוּ בּוֹ אִסּוּר. אִי נָמֵי, הַגִּיד הַחִיצוֹן הַסָּמוּךְ לַבָּשָׂר, שֶׁהוּא אָסוּר וְאֵין חַיָּבִין עָלָיו, וּמִן הַתּוֹרָה הָוֵי נוֹתָר. וּלְאָכְלוֹ אִי אֶפְשָׁר, דְּרַבָּנָן אֲסָרוּהוּ. **וְהַנּוֹתָר.** בְּשַׂר פֶּסַח שֶׁנִּתְעַצְּלוּ בַּאֲכִילָתוֹ וְנִתּוֹתַר:

בְּשִׁשָּׁה עָשָׂר. שֶׁהוּא חֻלּוֹ שֶׁל מוֹעֵד. אַף עַל פִּי שֶׁנִּפְסַל בְּבֹקֶר רִאשׁוֹן – אֵין רַשַּׁאי לְשׂוֹרְפוֹ בְּיוֹם טוֹב, דִּשְׂרֵפַת קָדָשִׁים 'עֲשֵׂה', וְיוֹם טוֹב 'עֲשֵׂה' וְ'לֹא תַעֲשֶׂה', וְאֵין 'עֲשֵׂה' דּוֹחֶה אֶת 'לֹא תַעֲשֶׂה' וַ'עֲשֵׂה':

משנה זו דנה בשריפת חלקי קרבן הפסח.

הָעֲצָמוֹת – אסור לשבור את עצמות הפסח ולכן לא אוכלים אותן, ונותר בתוכן מח הראוי לאכילה ובגללו יש לשורפן, **וְהַגִּידִין** – גידים רכים שאסורים באכילה אך ראויים לאכילה, כגון השומן שעל גיד הנשה (ראה משנה חולין פרק ז), **וְהַנּוֹתָר**, בשר שלא הספיקו לאוכלו ועבר זמנו, **יִשָּׂרְפוּ בְּשִׁשָּׁה עָשָׂר** בניסן, שאין שורפים קודשים ביום טוב.

אם פסח חל ביום שישי, **חָל שִׁשָּׁה עָשָׂר לִהְיוֹת בַּשַּׁבָּת, יִשָּׂרְפוּ בְּשִׁבְעָה עָשָׂר,** למחרת השבת, **לְפִי שֶׁאֵינָן דּוֹחִין לֹא אֶת הַשַּׁבָּת וְלֹא אֶת יוֹם טוֹב.** הלכה זו הייתה שייכת בימים שקידשו את החודש על פי הראייה, אולם בזמן הזה שהולכים אחר חשבון הלוח העברי, הקבוע מראש (שאותו תיקן הלל השני שחי בתקופת האמוראים), פסח אינו חל ביום שישי.

יא **כָּל הַנֶּאֱכָל בְּשׁוֹר הַגָּדוֹל –**
יֵאָכֵל בִּגְדִי הָרַךְ,
וְרָאשֵׁי כְנָפַיִם וְהַסְּחוּסִים.

הַשּׁוֹבֵר אֶת הָעֶצֶם בְּפֶסַח הַטָּהוֹר –
הֲרֵי זֶה לוֹקֶה אַרְבָּעִים.
אֲבָל הַמּוֹתִיר בַּטָּהוֹר וְהַשּׁוֹבֵר בַּטָּמֵא –
אֵינוֹ לוֹקֶה אֶת הָאַרְבָּעִים.

רבי עובדיה מברטנורה

כָּל הַנֶּאֱכָל בְּשׁוֹר הַגָּדוֹל. שֶׁכְּבָר הִקְשָׁה כָּל הֶעָתִיד לְהִתְקַשּׁוֹת בּוֹ. **יֵאָכֵל בִּגְדִי הָרַךְ.** רָאוּי לַאֲכִילָה בְּפֶסַח בֶּן שְׁמוֹנָה יָמִים. אֲבָל מָה שֶׁאֵין נֶאֱכָל בְּשׁוֹר הַגָּדוֹל – אֵין נִמְנִין עָלָיו בַּפֶּסַח, אַף עַל פִּי שֶׁעַכְשָׁו הוּא רַךְ, הוֹאִיל וְסוֹפוֹ לְהִתְקַשּׁוֹת. **וְרָאשֵׁי כְנָפַיִם וְהַסְּחוּסִים.** הָכִי קָאָמַר, וּמַהוּ הַנֶּאֱכָל בְּשׁוֹר הַגָּדוֹל? רָאשֵׁי כְּנָפַיִם. הַסְּחוּס (שֶׁקּוֹרִין טנרוס בְּלַעַ"ז [סחוס, החלק הפנימי של האוזן]) שֶׁבְּרֹאשׁ כַּף הַכָּתֵף וּשְׁאָר סְחוּסִים, כְּגוֹן תְּנוּךְ הָאֹזֶן וּסְחוּסֵי הֶחָזֶה וְהַצְּלָעוֹת הַקְּטַנּוֹת שֶׁבְּסוֹף הַשִּׁדְרָה, הוֹאִיל וּבְשׁוֹר הַגָּדוֹל נֶאֱכָלִים עַל יְדֵי שְׁלִיקָה – יֵאָכְלוּ בִּגְדִי הָרַךְ צָלִי. **אֲבָל הַמּוֹתִיר בַּטָּהוֹר כו'.** דִּכְתִיב (שמות יב, י): "לֹא תוֹתִירוּ מִמֶּנּוּ עַד בֹּקֶר, וְהַנֹּתָר מִמֶּנּוּ עַד בֹּקֶר בָּאֵשׁ תִּשְׂרֹפוּ", בָּא הַכָּתוּב לִתֵּן 'עֲשֵׂה' אַחַר 'לֹא תַעֲשֶׂה', לוֹמַר: אִם עָבַרְתָּ עַל 'לָאו' – קַיֵּם 'עֲשֵׂה' שֶׁבּוֹ וְאֵינְךָ לוֹקֶה. אִי נָמֵי, דַּהֲוֵי 'לָאו שֶׁאֵין בּוֹ מַעֲשֶׂה', וְכָל 'לָאו שֶׁאֵין בּוֹ מַעֲשֶׂה' – אֵין לוֹקִין עָלָיו. **וְהַשּׁוֹבֵר בַּטָּמֵא כו'.** דִּכְתִיב. (שם, מו): "וְעֶצֶם לֹא תִשְׁבְּרוּ בוֹ", בְּכָשֵׁר מֻזְהָר עַל שְׁבִירַת עֶצֶם, וְאֵינוֹ מֻזְהָר עַל שְׁבִירַת עֶצֶם בַּפָּסוּל:

משנה זו מבארת אלו חלקים בגדי נקראים בשר וראויים לאכילת המצווה ודנה בדיני שבירת העצם בקרבן הפסח.

קרבן הפסח הוא גדי בן שנתו ואיבריו עדיין לא התקשו, אולם אצל השור, הגידים כבר התקשו ואינם ראויים לאכילה, ולפי זה **כָּל הַנֶּאֱכָל בְּשׁוֹר הַגָּדוֹל**, הבוגר, כלומר הגידים הרכים - **יֵאָכֵל בִּגְדִי הָרַךְ**, דווקא אותם גידים הרכים כשרים לאכילת הפסח, אף בגדי הרך. **וְרָאשֵׁי כְנָפַיִם** – הכתפיים, **וְהַסְּחוּסִים** – תנוכי האוזניים, החזה וכדומה, אלו האיברים שנאכלים בשור הגדול אחרי בישול רב, ומותרים באכילה בגדי הרך אחרי צלייה.

השובר את עצמות הפסח לוקה מן התורה שנאמר (שמות יב, מו): "ועצם לא תשברו בו", אך רק על פסח הראוי לאכילה.

הַשּׁוֹבֵר אֶת הָעֶצֶם בַּפֶּסַח הַטָּהוֹר - הֲרֵי זֶה לוֹקֶה אַרְבָּעִים מלקות בבית דין.

אֲבָל הַמּוֹתִיר בַּטָּהוֹר וְהַשּׁוֹבֵר בַּטָּמֵא - אֵינוֹ לוֹקֶה אֶת הָאַרְבָּעִים, כיוון שאין לוקים על לאו שאין בו מעשה, והמותיר בשר עד אחר סוף זמן האכילה, לא עשה מעשה של עבירה, ובשבירת העצם לוקים רק אם שבר עצם של קרבן שראוי לאכילה, וקרבן טמא אינו ראוי לאכילה.

יב

אֵבֶר שֶׁיָּצָא מִקְצָתוֹ –
חוֹתֵךְ עַד שֶׁמַּגִּיעַ לָעֶצֶם,
וְקוֹלֵף עַד שֶׁמַּגִּיעַ לַפֶּרֶק, וְחוֹתֵךְ.

וּבַמֻּקְדָּשִׁין – קוֹצֵץ בַּקּוֹפִיץ,
שֶׁאֵין בּוֹ מִשּׁוּם שְׁבִירַת הָעֶצֶם.

מִן הָאֲגַף וְלִפְנִים – כְּלִפְנִים,
מִן הָאֲגַף וְלַחוּץ – כְּלַחוּץ.
הַחַלּוֹנוֹת וָעֳבִי הַחוֹמָה – כְּלִפְנִים.

רבי עובדיה מברטנורה

אֵבֶר מִן הַפֶּסַח **שֶׁיָּצָא מִקְצָתוֹ** חוּץ לִמְחִיצָתוֹ, וְצָרִיךְ לַחְתֹּךְ אֶת הַיּוֹצֵא דִּכְתִיב (שמות כב, ל): "וּבָשָׂר בַּשָּׂדֶה טְרֵפָה לֹא תֹאכֵלוּ", וְדָרְשִׁינַן בֵּיהּ (זבחים פב, ב): כָּל בָּשָׂר שֶׁיָּצָא בַּשָּׂדֶה, כְּלוֹמַר שֶׁיָּצָא חוּץ לִמְחִיצָתוֹ, כְּגוֹן קָדְשֵׁי קָדָשִׁים שֶׁיָּצְאוּ חוּץ לָעֲזָרָה וְקָדָשִׁים קַלִּים שֶׁיָּצְאוּ חוּץ לִירוּשָׁלַיִם, אוֹתוֹ בָּשָׂר הַיּוֹצֵא – טְרֵפָה הוּא וְלֹא תֹאכְלוּ. **חוֹתֵךְ** אֶת הַבָּשָׂר הַיּוֹצֵא סָבִיב עַד שֶׁמַּגִּיעַ לָעֶצֶם, **וְקוֹלֵף** אֶת הַבָּשָׂר שֶׁלֹּא יָצָא לַחוּץ עַד שֶׁמַּגִּיעַ לַפֶּרֶק שֶׁמִּתְחַבְּרִים שָׁם שְׁנֵי עֲצָמוֹת, וְאוֹכֵל אֶת הַבָּשָׂר שֶׁקִּלֵּף, שֶׁהֲרֵי לֹא יָצָא, וְחוֹתֵךְ אֶת הַפֶּרֶק וּמַשְׁלִיךְ כָּל הָעֶצֶם שֶׁיָּצָא מִקְצָתוֹ:

וּבַמֻּקְדָּשִׁים. בִּשְׁאָר קָדָשִׁים חוּץ מֵהַפֶּסַח. **קוֹצֵץ בַּקּוֹפִיץ** אוֹתוֹ מִקְצָת הָאֵבֶר שֶׁיָּצָא. וּבַפֶּסַח אֵינוֹ יָכוֹל לַעֲשׂוֹת כֵּן מִפְּנֵי שֶׁהוּא מֻזְהָר עַל שְׁבִירַת עֶצֶם:

מִן הָאֲגַף וְלִפְנִים – כְּלִפְנִים. אֲגַף קָרֵי כָּל מְקוֹם הֲגָפַת הַדְּלָתוֹת שֶׁהוּא חוֹפֵף וְנוֹקֵשׁ שָׁם כְּשֶׁסּוֹגְרוֹ, דְּהַיְנוּ מִשְׁפַּת הַפְּנִימִי שֶׁל עֳבִי הַפֶּתַח עַד מְקוֹם הַנְּקִישָׁה. מִן הָאֲגַף וְלִפְנִים, דְּהַיְנוּ תּוֹךְ הָעִיר מַמָּשׁ. **כְּלִפְנִים.** וְאוֹכְלִים שָׁם קָדָשִׁים קַלִּים. **מִן הָאֲגַף וְלַחוּץ.** דְּהַיְנוּ מִמְּקוֹם הַנְּקִישָׁה וְלַחוּץ – כְּלַחוּץ. **הַחַלּוֹנוֹת.** שֶׁבְּחוֹמַת יְרוּשָׁלַיִם. וָעֳבִי רֹאשׁ הַחוֹמָה בְּגַגָּהּ, כְּלִפְנִים:

משנה זו דנה בבשר הפסח שחלקו יצא מחוץ לירושלים. דין הבשר היוצא הוא לשריפה, והמשנה מבארת כיצד חותכים את הבשר הפסול מתוך הכשר בלי לעבור על איסור שבירת עצם הפסח.

אֵבֶר שֶׁיָּצָא מִקְצָתוֹ ומקצתו נשאר בפנים, שדינו הוא שהחלק שנשאר כשר והיוצא פסול - **חוֹתֵךְ** את הבשר שיצא **עַד שֶׁמַּגִּיעַ לָעֶצֶם, וְקוֹלֵף** את הבשר שלא יצא **עַד שֶׁמַּגִּיעַ לַפֶּרֶק** של העצם, מקום חיבור העצמות, **וְחוֹתֵךְ** את המפרק, וכך נזהר שלא לחתוך את העצם. את הבשר היוצא שורפים, ואת הבשר שלא יצא, וקילפו אותו - אוכלים.

וּבַמֻּקְדָּשִׁין, שאר הקרבנות שחלק מבשרם יצא מחוץ לגבולו, בקודשים קלים מחוץ לירושלים ובקודשי קודשים מחוץ לעזרה - **קוֹצֵץ בַּקּוֹפִיץ** - סכין גדולה שחותכת את העצם עם הבשר, **שֶׁאֵין בּוֹ מִשּׁוּם שְׁבִירַת הָעֶצֶם,** ורק בפסח קיים איסור זה.

המשנה מבארת מה דין בשר הנמצא בחומה עצמה.

חומת ירושלים הייתה עבה, ובאמצעה העמידו דלתות, והן קבעו את הגבול: **מִן הָאֲגַף,** המקום בחומה שבו נמצאות הדלתות כשהן סגורות, **וְלִפְנִים - כְּלִפְנִים, מִן הָאֲגַף וְלַחוּץ,** וכן מקום האגף עצמו - **כְּלַחוּץ. הַחַלּוֹנוֹת** שבחומה **וָעֳבִי הַחוֹמָה,** כל גג החומה מלמעלה - **כְּלִפְנִים.** דין זה נכון גם לגבי חומת ירושלים ולעניין קודשים קלים וגם לגבי חומת העזרה לגבי קודשי קודשים.

יג **שְׁתֵּי חֲבוּרוֹת שֶׁהָיוּ אוֹכְלוֹת בְּבַיִת אֶחָד –**
אֵלּוּ הוֹפְכִין אֶת פְּנֵיהֶם הֵילָךְ וְאוֹכְלִין,
וְאֵלּוּ הוֹפְכִין אֶת פְּנֵיהֶם הֵילָךְ וְאוֹכְלִין,
וְהַמֵּחַם בָּאֶמְצַע.

וּכְשֶׁהַשַּׁמָּשׁ עוֹמֵד לִמְזוֹג –
קוֹפֵץ אֶת פִּיו וּמַחֲזִיר אֶת פָּנָיו,
עַד שֶׁמַּגִּיעַ אֵצֶל חֲבוּרָתוֹ, וְאוֹכֵל.

וְהַכַּלָּה – הוֹפֶכֶת אֶת פָּנֶיהָ וְאוֹכֶלֶת.

רבי עובדיה מברטנורה

שְׁתֵּי חֲבוּרוֹת שֶׁהָיוּ אוֹכְלוֹת פֶּסַח אֶחָד. **אֵלּוּ הוֹפְכִים פְּנֵיהֶם הֵילָךְ... וְאֵלּוּ הוֹפְכִים פְּנֵיהֶם הֵילָךְ.** וַאֲפִלּוּ נִרְאִים כִּשְׁתֵּי חֲבוּרוֹת עַל פֶּסַח אֶחָד – לֹא אִכְפַּת לָן, דְּרַחֲמָנָא אָמַר (שמות יב, ז): "עַל הַבָּתִּים אֲשֶׁר יֹאכְלוּ אֹתוֹ", דְּמַשְׁמַע שְׁנֵי בְּנֵי אָדָם אוֹכְלִין פֶּסַח אֶחָד בִּשְׁנֵי בָּתִּים, דִּכְתִיב: "יֹאכְלוּ" – שְׁנַיִם, "אֹתוֹ" – חַד פֶּסַח, "בָּתִּים" – שְׁנַיִם. אֲבָל אָדָם אֶחָד אֵינוֹ אוֹכֵל בִּשְׁנֵי מְקוֹמוֹת, וּלְהָכִי מוֹקֵי "בְּבַיִת אֶחָד יֵאָכֵל" (שם, מו), שֶׁאֵין אֶחָד אוֹכֵל בִּשְׁנֵי בָּתִּים. וּשְׁתֵּי חֲבוּרוֹת הַהוֹפְכוֹת פְּנֵיהֶם – כִּשְׁנֵי בָּתִּים דָּמֵי: **וְהַמֵּחַם** שֶׁמְּחַמְּמִין בּוֹ אֶת הַחַמִּין שֶׁמּוֹזְגִים בּוֹ הַיַּיִן – רַשַּׁאי לִתֵּן בָּאֶמְצַע כְּדֵי שֶׁיְּהֵא נֹחַ לִשְׁתֵּיהֶן לִמְזוֹג לְכָאן וּלְכָאן, וְאַף עַל פִּי שֶׁמַּפְסִיק בֵּין הַחֲבוּרוֹת – לֹא אִכְפַּת לָן:

וּכְשֶׁהַשַּׁמָּשׁ הַמְשַׁמֵּשׁ לִשְׁתֵּיהֶן עוֹמֵד מֵחֲבוּרָה אַחַת שֶׁהִתְחִיל לֶאֱכוֹל הַפֶּסַח עִמָּהּ וּמוֹזֵג לַחֲבוּרָה הָאַחֶרֶת **קוֹפֵץ אֶת פִּיו.** סוֹגֵר וּבוֹלֵם אֶת פִּיו וּמַחֲזִיר אֶת פָּנָיו לְצַד חֲבוּרָתוֹ, שֶׁלֹּא יַחְשְׁדוּהוּ שֶׁהוּא אוֹכֵל עִם הַחֲבוּרָה הָאַחֶרֶת, דְּאֵין אָדָם אֶחָד אוֹכֵל בִּשְׁתֵּי חֲבוּרוֹת, כְּדַאֲמָרָן. **וְהַכַּלָּה.** שֶׁהִיא בּוֹשָׁה, רַשָּׁאָה לַהֲפֹךְ פָּנֶיהָ לְצַד אַחֵר וְלֶאֱכוֹל, דְּפֶסַח נֶאֱכָל בִּשְׁתֵּי חֲבוּרוֹת:

את הפסח אוכלים בחבורה, ואין אוכלים שני פסחים בחבורה אחת. המשנה מבארת כיצד ינהגו שתי חבורות שנמצאות בבית אחד כדי שלא יֵראו כחבורה אחת.

שְׁתֵּי חֲבוּרוֹת שֶׁהָיוּ אוֹכְלוֹת בְּבַיִת אֶחָד כל אחת את הקרבן שלה, כדי שלא יֵראו כחבורה אחת – **אֵלּוּ הוֹפְכִין אֶת פְּנֵיהֶם הֵילָךְ וְאוֹכְלִין, וְאֵלּוּ הוֹפְכִין אֶת**

פְּנֵיהֶם הֵילָךְ וְאוֹכְלִין, וכיוון שלא רואים אלו את אלו התירו להם להיות בבית אחד (לפירוש אחר ראה ברטנורה). **וְהַמֵּחַם בָּאֶמְצַע –** ואפילו אם העמידו מיחם ובו מים חמים, כדי למזוג את היין של ארבע הכוסות במים, אין חוששים שיתערבבו.

וּכְשֶׁהַשַּׁמָּשׁ, המשמש את שתי החבורות אך אוכל רק עם חבורה אחת, **עוֹמֵד לִמְזוֹג** מים מהמיחם עם היין – **קוֹפֵץ,** סוגר, **אֶת פִּיו** ואינו ממשיך ללעוס, **וּמַחֲזִיר אֶת פָּנָיו, עַד שֶׁמַּגִּיעַ אֵצֶל חֲבוּרָתוֹ, וְאוֹכֵל,** ממשיך לאוכל את הפסח כשהוא עומד במקום שנראה שהוא חלק מהחבורה שלו. ורק כך התירו לו, כיוון שהוא עובר מחבורה לחבורה, כדי לשרתם, חששו שאם לא יסגור את פיו יאכל משני הפסחים.

וְהַכַּלָּה, שנשואה פחות מ-30 יום, ומתביישת מהסובבים אותה – **הוֹפֶכֶת אֶת פָּנֶיהָ וְאוֹכֶלֶת,** והתירו לה אף שהיא רואה את החבורה השנייה.

פרק שמיני

כדי לאכול קרבן פסח צריך להיות חלק מחבורה. פרק זה עוסק במי ששני אנשים שחטו עליו קרבן פסח - אחר מי הוא נמשך ולאיזו חבורה הוא נמנה. בהמשך דנים על מי שבשעת הקרבת הפסח היה טמא ובשעת האכילה כבר יהיה טהור. עוד דנים בדיני חבורת הפסח ומסיימים בדיני אבֵל וגר בקרבן פסח.

א **הָאִשָּׁה בִּזְמַן שֶׁהִיא בְּבֵית בַּעְלָהּ,**
שָׁחַט עָלֶיהָ בַּעְלָהּ וְשָׁחַט עָלֶיהָ אָבִיהָ –
תֹּאכַל מִשֶּׁל בַּעְלָהּ.

הָלְכָה רֶגֶל רִאשׁוֹן לַעֲשׂוֹת בְּבֵית אָבִיהָ,
שָׁחַט עָלֶיהָ אָבִיהָ וְשָׁחַט עָלֶיהָ בַּעְלָהּ –
תֹּאכַל בִּמְקוֹם שֶׁהִיא רוֹצָה.

יָתוֹם שֶׁשָּׁחֲטוּ עָלָיו אַפִּטְרוֹפְּסִין –
יֹאכַל בִּמְקוֹם שֶׁהוּא רוֹצֶה.
עֶבֶד שֶׁל שְׁנֵי שֻׁתָּפִין –
לֹא יֹאכַל מִשֶּׁל שְׁנֵיהֶן.

מִי שֶׁחֶצְיוֹ עֶבֶד וְחֶצְיוֹ בֶּן חוֹרִין –
לֹא יֹאכַל מִשֶּׁל רַבּוֹ.

רבי עובדיה מברטנורה

הָאִשָּׁה... תֹּאכַל מִשֶּׁל בַּעְלָהּ. כָּל זְמַן שֶׁלֹּא פֵּרְשָׁה שֶׁדַּעְתָּהּ בְּשֶׁל אָבִיהָ, דְּמִסְתָּמָא דַּעְתָּהּ לִמְנוֹת עַל שֶׁל בַּעְלָהּ. **רֶגֶל הָרִאשׁוֹן** שֶׁלְּאַחַר נִשּׂוּאֶיהָ, שֶׁכָּךְ דֶּרֶךְ הַנְּשׂוּאוֹת, לָלֶכֶת לְבֵית אֲבִיהֶן. **תֹּאכַל בַּמָּקוֹם שֶׁהִיא רוֹצָה.** וּכְגוֹן שֶׁאֵינָהּ רְדוּפָה עַד הֵנָּה לֵילֵךְ לְבֵית אָבִיהָ תָּדִיר, הִלְכָּךְ מְסַפְּקָא לָן בְּהֵי נִיחָא לָהּ [אנו מסופקים היכן נוח לה]:

אַפִּטְרוֹפְּסִין. יָתוֹם שֶׁהָיוּ לוֹ שְׁנֵי אַפִּטְרוֹפְּסִין, וְהִמְנוּהוּ זֶה עַל פִּסְחוֹ וְזֶה עַל פִּסְחוֹ. [**עֶבֶד...**]

לֹא יֹאכַל מִשֶּׁל שְׁנֵיהֶם. לֹא מִפִּסְחוֹ שֶׁל זֶה וְלֹא מִפִּסְחוֹ שֶׁל זֶה. דְּמִי נָתַן רְשׁוּת לַחֵלֶק הָאֶחָד לְהִמָּנוֹת עִם זֶה? וְאֵין לוֹ תַּקָּנָה אֶלָּא אִם כֵּן רָצוּ שְׁנֵיהֶם שֶׁיִּמָּנֶה עִם הָאֶחָד. **לֹא יֹאכַל מִשֶּׁל רַבּוֹ.** אֲבָל מִשֶּׁל עַצְמוֹ – אוֹכֵל. דְּכֵיוָן דְּדִינָא הָוֵי דְּכוֹפִין אֶת רַבּוֹ וְכוֹתֵב לוֹ גֵּט שִׁחְרוּר (ראה משנה גיטין ד, ה), אַף עַל פִּי שֶׁעֲדַיִן לֹא נִשְׁתַּחְרֵר – הֲרֵי הוּא כְּבֶן חוֹרִין, הִלְכָּךְ אוֹכֵל מִשֶּׁל עַצְמוֹ:

לאישה נשואה, ליתום שיש לו שני אפוטרופוסים (מישהו שדואג לצרכיו ולפרנסתו) ולעבד של שני שותפים יש כמה אנשים שיכולים להקריב עבורם את הפסח. משנה זו דנה לאיזו חבורה יצטרפו.

הָאִשָּׁה שלא גילתה את דעתה אם היא רוצה שבעלה או אביה ישחטו עליה את הפסח: **בִּזְמַן שֶׁהִיא בְּבֵית בַּעְלָהּ, שָׁחַט עָלֶיהָ בַּעְלָהּ וְשָׁחַט עָלֶיהָ אָבִיהָ - תֹּאכַל מִשֶּׁל בַּעְלָהּ,** לפי שעיקר המגורים שלה אצל בעלה, ומן הסתם דעתה נוחה יותר להיות בחבורה של בעלה.

הָלְכָה רֶגֶל רִאשׁוֹן לַעֲשׂוֹת בְּבֵית אָבִיהָ, שכך דרכן של רוב הכלות, שבחג הראשון שאחרי החתונה הן חוזרות לבית אביהן, **שָׁחַט עָלֶיהָ אָבִיהָ וְשָׁחַט עָלֶיהָ בַּעְלָהּ - תֹּאכַל בִּמְקוֹם שֶׁהִיא רוֹצָה,** בגמרא (פז, א) ביארו שהכוונה במקום שרצתה בשעת שחיטת הפסח, כיוון שהחבורות נקבעות בשעת השחיטה.

קטן יתום שהוריו נפטרו, אינו יכול להתעסק בכל צורכי פרנסתו וניהול הנכסים שלו, ולכן בית הדין ממנה לו אפוטרופוס, אדם שידאג לצרכיו ולפרנסתו.

יָתוֹם קטן, שהיו לו שני אפוטרופוסים, אנשים שדואגים לצרכיו ולפרנסתו, **שֶׁשָּׁחֲטוּ עָלָיו אַפִּטְרוֹפְּסִין,** לכל אחד הייתה חבורה משלו, וכל אחד חשב שהיתום יהיה בחבורה שלו - **יֹאכַל בְּמָקוֹם שֶׁהוּא רוֹצֶה** - אפילו אם לא החליט קודם השחיטה, שכן קטן אוכל בחבורה גם אם לא נמנה בה קודם השחיטה.

עֶבֶד כנעני **שֶׁל שְׁנֵי שֻׁתָּפִין** - לעבד זה ישנם שני אנשים שבעלים עליו בשותפות, והם מקפידים זה על זה שלא יאכל אצל האחר, **לֹא יֹאכַל מִשֶּׁל שְׁנֵיהֶן,** משום שבכל חבורה שיאכל עימה, יש בעבד חצי שאינו שייך לחבורה זו, ואסור לחצי זה לאכול בחבורה שלא נמנה עליה. הפתרון הוא שאחד השותפים יסכים שהעבד יאכל אצל השותף השני.

מִי שֶׁחֶצְיוֹ עֶבֶד כנעני **וְחֶצְיוֹ בֶּן חוֹרִין** חופשי ומשוחרר, כגון שהיה עבד של שני שותפים ואדון אחד שִחרר אותו, ודינו (משנה גיטין ד, ה) שגם האדון השני צריך לשחרר את חלקו - **לֹא יֹאכַל מִשֶּׁל רַבּוֹ** האדון עליו, שכיוון שעומד להשתחרר - הרי הוא כמשוחרר ואין לו קשר לאדון.

ב **הָאוֹמֵר לְעַבְדּוֹ:**
"צֵא וּשְׁחֹט עָלַי אֶת הַפֶּסַח",
שָׁחַט גְּדִי – יֹאכַל,
שָׁחַט טָלֶה – יֹאכַל,
שָׁחַט גְּדִי וְטָלֶה – יֹאכַל מִן הָרִאשׁוֹן.

שָׁכַח מָה אָמַר לוֹ רַבּוֹ –
כֵּיצַד יַעֲשֶׂה?
יִשְׁחֹט טָלֶה וּגְדִי, וְיֹאמַר:
"אִם גְּדִי אָמַר לִי רַבִּי –
גְּדִי שֶׁלּוֹ וְטָלֶה שֶׁלִּי,
וְאִם טָלֶה אָמַר לִי רַבִּי –
טָלֶה שֶׁלּוֹ וּגְדִי שֶׁלִּי".

שָׁכַח רַבּוֹ מָה אָמַר לוֹ –
שְׁנֵיהֶם יֵצְאוּ לְבֵית הַשְּׂרֵפָה,
וּפְטוּרִין מִלַּעֲשׂוֹת פֶּסַח שֵׁנִי.

רבי עובדיה מברטנורה

שָׁחַט גְּדִי – יֹאכַל רַבּוֹ מִמֶּנּוּ. וְאַף עַל גַּב דִּבְכָל שְׁאָר פְּסָחִים רָגִיל תָּדִיר בְּטָלֶה, כֵּיוָן דְּלֹא פֵּרֵשׁ לוֹ – עֲלֵיהּ סָמִיךְ. **יֹאכַל מִן הָרִאשׁוֹן,** וְהַשֵּׁנִי יִשָּׂרֵף. וּבַגְּמָרָא (פח, ב) מוֹקֵי לָהּ דַּוְקָא בְּמֶלֶךְ וּמַלְכָּה, אִית דְּאָמְרִי מִשּׁוּם שְׁלוֹם מַלְכוּת, וְאִית דְּאָמְרִי מִפְּנֵי שֶׁסּוֹמְכִין עַל עַבְדֵיהֶם וְאֵין מַקְפִּידִים עַל סְעוּדָתָן אִם גְּדָיִים אִם טְלָאִים. הִלְכָּךְ יֹאכַל מִן הָרִאשׁוֹן כֵּיוָן דְּלֵכָּא קְפִידָא, דְּבָרִאשׁוֹן יָצְאוּ יְדֵי חוֹבָתָן. אֲבָל אֱינָשֵׁי דְּעָלְמָא, דְּקָפְדִי – לֹא יֹאכַל לֹא מִן הָרִאשׁוֹן וְלֹא מִן הַשֵּׁנִי, דְּקַיְמָא לָן: אֵין נִמְנִין עַל שְׁנֵי פְּסָחִים כְּאֶחָד לֶאֱכוֹל אֵיזֶה מֵהֶם שֶׁיִּרְצֶה, דְּאֵין בְּרֵרָה. וְכִי בָּעֵי לְמֵיכַל מֵהָא – דִּלְמָא בִּשְׁעַת שְׁחִיטָה לָא הֲוָה דַּעְתֵּיהּ עֲלֵיהּ [וכאשר ירצה לאכול מזה - אולי בשעת שחיטה לא הייתה דעתו עליו]:

שָׁכַח מָה שֶׁאָמַר. שֶׁפֵּרֵשׁ לוֹ גְּדִי אוֹ טָלֶה, וְזֶה שָׁכַח. **וְטָלֶה שֶׁלִּי.** בַּגְּמָרָא (שם) מוֹקֵי לָהּ כְּגוֹן שֶׁהָלַךְ הָעֶבֶד אֵצֶל רוֹעֶה הָרָגִיל אֵצֶל רַבּוֹ וְרוֹצֶה

בְּתַקָּנָתוֹ, וְאָמַר לוֹ: "אִם גְּדִי אָמַר לְךָ רַבְּךָ - גְּדִי שֶׁלּוֹ וְטָלֶה שֶׁלְּךָ עַל מְנָת שֶׁאֵין לְרַבְּךָ רְשׁוּת בּוֹ", דִּכְהַאי גַּוְנָא קָנָה הָעֶבֶד. דְּאִי לָאו הָכִי, מָה שֶׁקָּנָה עֶבֶד - קָנָה רַבּוֹ, וְנִמְצְאוּ שְׁנֵיהֶם שֶׁל רַבּוֹ. **וּפְטוּרִים מִלַּעֲשׂוֹת פֶּסַח שֵׁנִי.** דְּאַף עַל גַּב דִּשְׁנֵיהֶם יוֹצְאִים לְבֵית הַשְּׂרֵפָה וְאֵינָן נֶאֱכָלִין, מִפְּנֵי שֶׁאֵין הַמְּנוּיִין נִכָּרִים - מִיהוּ שְׁחִיטָה וּזְרִיקָה מְעַלְיְתָא הִיא, חֲדָא אַהַאי וַחֲדָא אַהַאי, דְּקַמֵּי שְׁמַיָּא גַּלְיָא [שחיטה וזריקה כשרות הן, אחת על זה ואחת על זה, שכלפי שמים זה גלוי וידוע]:

משנה זו עוסקת במקרה שאדון שלח את עבדו כדי שישחט לו את הפסח, מה הדין אם שינה מהוראת האדון.

הָאוֹמֵר לְעַבְדּוֹ: "צֵא וּשְׁחֹט עָלַי אֶת הַפֶּסַח", ולא פירש לו אם רוצה גדי או טלה, **שָׁחַט גְּדִי - יֹאכַל** האדון, וכן אם **שָׁחַט טָלֶה - יֹאכַל.**

אם העבד **שָׁחַט** שניים: **גְּדִי וְטָלֶה - יֹאכַל מִן הָרִאשׁוֹן,** ישרפו, כיוון שהאדון אינו מקפיד אם יהיה גדי או טלה. בגמרא (פח, ב) ביארו שהאדונים במקרה זה הם מלך ומלכה, הרגילים לאכול גם גדי וגם טלה, אבל אדם רגיל לא יאכל לא מן הראשון ולא מן השני, שמא רגיל רק לגדי או טלה ויש להסתפק איזה רצה.

שָׁכַח מָה אָמַר לוֹ רַבּוֹ האדון עליו, גדי או טלה, **כֵּיצַד יַעֲשֶׂה?**

יִשְׁחֹט טָלֶה וּגְדִי, וְיֹאמַר: "אִם גְּדִי אָמַר לִי רַבִּי - גְּדִי יהיה קרבן **שֶׁלּוֹ וְטָלֶה** קרבן **שֶׁלִּי, וְאִם טָלֶה אָמַר לִי רַבִּי - טָלֶה שֶׁלּוֹ וּגְדִי שֶׁלִּי",** וכשיביא את הפסחים יגיד לו רבו מה ביקש לשחוט, והעבד יאכל מהפסח השני.

שָׁכַח רַבּוֹ מָה אָמַר לוֹ לעבד - **שְׁנֵיהֶם יֵצְאוּ לְבֵית הַשְּׂרֵפָה,** ישרפו, כיוון שאי אפשר לאוכלם, שכן אף אחד לא יודע איזה קרבן שלו, ואם יאכלו יש חשש שכל אחד יאכל מקרבן שלא התמנה עליו, **וּפְטוּרִין מִלַּעֲשׂוֹת פֶּסַח שֵׁנִי,** אף שלמעשה לא אכלו מפסח ראשון, פטורים משני כיוון שהשחיטה וזריקת הדם היו כדין, ויצאו ידי חובתם.

ג **הָאוֹמֵר לְבָנָיו:**
"הֲרֵינִי שׁוֹחֵט אֶת הַפֶּסַח
עַל מִי שֶׁיַּעֲלֶה מִכֶּם רִאשׁוֹן לִירוּשָׁלַיִם",
כֵּיוָן שֶׁהִכְנִיס הָרִאשׁוֹן רֹאשׁוֹ וְרֻבּוֹ -
זָכָה בְחֶלְקוֹ וּמְזַכֶּה אֶת אֶחָיו עִמּוֹ.

לְעוֹלָם נִמְנִין עָלָיו,
עַד שֶׁיְּהֵא בוֹ כַּזַּיִת לְכָל אֶחָד וְאֶחָד.
נִמְנִין וּמוֹשְׁכִין אֶת יְדֵיהֶן מִמֶּנּוּ -
עַד שֶׁיִּשְׁחֹט.
רַבִּי שִׁמְעוֹן אוֹמֵר:
עַד שֶׁיִּזְרֹק עָלָיו אֶת הַדָּם.

רבי עובדיה מברטנורה

עַל מִי שֶׁיַּעֲלֶה רִאשׁוֹן לִירוּשָׁלַיִם. כְּדֵי לְזָרְזָן קָאָמַר, שֶׁיִּזְדָּרֵז כָּל אֶחָד לִהְיוֹת רִאשׁוֹן. וּמִיהוּ כָּל בָּנָיו הַמְּנָה עַל הַפֶּסַח, אֶלָּא שֶׁאוֹתוֹ שֶׁיַּעֲלֶה רִאשׁוֹן יִזְכֶּה רִאשׁוֹן, וְכָל אֶחָיו יִזְכּוּ אַחֲרָיו עַל יָדוֹ. **עַד שֶׁיִּזָּרֵק הַדָּם** לְעוֹלָם יָכוֹל לִמְשֹׁךְ, אֲפִלּוּ אַחַר שְׁחִיטָה, עַד שֶׁיִּזָּרֵק הַדָּם. וּמוֹדֶה רַבִּי שִׁמְעוֹן דְּאֵין נִמְנִין אֶלָּא עַד שֶׁיִּשָּׁחֵט. וְאֵין הֲלָכָה כְּרַבִּי שִׁמְעוֹן:

משנה זו עוסקת במינוי לקרבן פסח - עד מתי אפשר להתמנות לקרבן.

הָאוֹמֵר לְבָנָיו: "הֲרֵינִי שׁוֹחֵט אֶת הַפֶּסַח עַל מִי שֶׁיַּעֲלֶה מִכֶּם רִאשׁוֹן לִירוּשָׁלַיִם", כֵּיוָן שֶׁהִכְנִיס הָרִאשׁוֹן רֹאשׁוֹ וְרֻבּוֹ - זָכָה בְחֶלְקוֹ וּמְזַכֶּה אֶת אֶחָיו עִמּוֹ, בגמרא (פט, א) מבואר שאמר כך כדי לזרזם, שיעלו במהירות לירושלים, ולכן כל האחים זכו בחלקם בקרבן, ומי שהגיע ראשון יהיה ראש החבורה.

לְעוֹלָם נִמְנִין עָלָיו, על קרבן הפסח, **עַד שֶׁיְּהֵא בוֹ כַּזַּיִת לְכָל אֶחָד וְאֶחָד,** לכל אחד מבני החבורה, אבל אין למנות עוד אנשים כי אז יהיו כאלה שלא יישאר להם כזית מהקרבן.

נִמְנִין להתחבר לחבורת הפסח **וּמוֹשְׁכִין אֶת יְדֵיהֶן מִמֶּנּוּ** להסתלק מחבורה זו ולעבור לחבורה אחרת **עַד שֶׁיִּשְׁחֹט** – אבל אחרי השחיטה אי אפשר לצאת מהחבורה ולעבור לחבורה אחרת.

רַבִּי שִׁמְעוֹן אוֹמֵר: אפשר לצאת מחבורת הפסח גם אחרי השחיטה, **עַד שֶׁיִּזְרֹק עָלָיו אֶת הַדָּם** – שאז מסתיים הכשר הקרבן, אבל גם רבי שמעון סובר שאפשר להתמנות מלכתחילה לקרבן רק עד השחיטה.

ד הַמְמַנֶּה עִמּוֹ אֲחֵרִים בְּחֶלְקוֹ –
רַשָּׁאִין בְּנֵי חֲבוּרָה לִתֵּן לוֹ אֶת שֶׁלּוֹ,
וְהוּא אוֹכֵל מִשֶּׁלּוֹ וְהֵן אוֹכְלִין מִשֶּׁלָּהֶן.

רבי עובדיה מברטנורה

הַמְמַנֶּה אֲחֵרִים עַל חֶלְקוֹ. אֶחָד מִבְּנֵי חֲבוּרָה שֶׁהִמְנָה אֲחֵרִים עַל חֶלְקוֹ, בְּלֹא דַּעַת חֲבוּרָה. **רַשָּׁאִין בְּנֵי חֲבוּרָה לוֹמַר לוֹ:** "טֹל אֶת שֶׁלְּךָ וְצֵא וֶאֱכֹל אַתָּה וַחֲבֵרֶיךָ", שֶׁאֵין בְּנֵי חֲבוּרָה מִתְרַצִּים לִהְיוֹת כָּל אֵלּוּ הַדֵּעוֹת בַּחֲבוּרָתָן. וְאִית לֵיהּ לְהַאי תַּנָּא: פֶּסַח נֶאֱכָל בִּשְׁנֵי חֲבוּרוֹת:

משנה זו דנה במי שהתחבר לחבורת פסח והזמין אורחים נוספים להצטרף לחבורה זו.

הַמְּמַנֶּה עִמּוֹ אֲחֵרִים בְּחֶלְקוֹ, אחד מבני החבורה שהזמין אחרים שיצטרפו לחבורה זו ושאר בני החבורה אינם מעוניינים בכך – **רַשָּׁאִין בְּנֵי חֲבוּרָה לִתֵּן לוֹ אֶת שֶׁלּוֹ**, את החלק שלו שמגיע לו לפי החלוקה הראשונה, בלי אורחים נוספים, **וְהוּא אוֹכֵל מִשֶּׁלּוֹ**, ורשאי להתחלק עם אורחיו בחלקו, **וְהֵן** שאר בני החבורה **אוֹכְלִין מִשֶּׁלָּהֶן**, ולא מפסידים מחלקם.

ה **זָב שֶׁרָאָה שְׁתֵּי רְאִיּוֹת –**
שׁוֹחֲטִין עָלָיו בַּשְּׁבִיעִי.
רָאָה שָׁלֹשׁ –
שׁוֹחֲטִין עָלָיו בַּשְּׁמִינִי שֶׁלּוֹ.

שׁוֹמֶרֶת יוֹם כְּנֶגֶד יוֹם –
שׁוֹחֲטִין עָלֶיהָ בַּשֵּׁנִי שֶׁלָּהּ.
רָאֲתָה שְׁנֵי יָמִים –
שׁוֹחֲטִין עָלֶיהָ בַּשְּׁלִישִׁי.
וְהַזָּבָה –
שׁוֹחֲטִין עָלֶיהָ בַּשְּׁמִינִי.

רבי עובדיה מברטנורה

זָב שֶׁרָאָה שְׁתֵּי רְאִיּוֹת. שֶׁטָּמֵא טֻמְאַת שִׁבְעָה וְאֵין טָעוּן קָרְבָּן. **שׁוֹחֲטִין עָלָיו.** וְאַף עַל פִּי שֶׁלֹּא הֶעֱרִיב שִׁמְשׁוֹ. וְהוּא שֶׁטָּבַל בִּשְׁעַת הַשְּׁחִיטָה, דְּהָא חֲזִי לְמֵיכַל לְאוּרְתָּא [שהרי ראוי לאכול לערב]. דְּדַוְקָא טְמֵא מֵת שֶׁחָל שְׁבִיעִי שֶׁלּוֹ בְּי"ד נִדְחֶה לְפֶסַח שֵׁנִי, אַף עַל גַּב דַּחֲזִי לְמֵיכַל לְאוּרְתָּא, כְּדִכְתִיב (במדבר ט, ו): "וַיְהִי אֲנָשִׁים אֲשֶׁר הָיוּ טְמֵאִים לְנֶפֶשׁ אָדָם, וְלֹא יָכְלוּ לַעֲשֹׂת הַפֶּסַח בַּיּוֹם הַהוּא", "בַּיּוֹם הַהוּא" לֹא הָיוּ יְכוֹלִים – הָא לָעֶרֶב הָיוּ יְכוֹלִים לֶאֱכוֹל בַּפֶּסַח, וְנִדְחוּ לְפֶסַח שֵׁנִי. אֲבָל שְׁאָר טֻמְאוֹת, אִי חֲזִי לְמֵיכַל לְאוּרְתָּא – שׁוֹחֲטִים עָלָיו וְאַף עַל פִּי שֶׁלֹּא הֶעֱרִיב שִׁמְשׁוֹ:

רָאָה שָׁלֹשׁ. לָא חֲזִי לְמֵיכַל עַד דְּמַיְתֵי כַּפָּרָה [לא ראוי לאכול עד שיביא כפרה]. **שׁוֹחֲטִין עָלָיו.** אִם חָל שְׁמִינִי שֶׁלּוֹ בְּעֶרֶב פֶּסַח, אֲפִלּוּ לֹא הֵבִיא כַּפָּרָתוֹ. וְהוּא שֶׁנָּתַן קָרְבְּנוֹתָיו לְבֵית דִּין. **שׁוֹמֶרֶת יוֹם כְּנֶגֶד יוֹם.** הָרוֹאָה תּוֹךְ י"א יוֹם שֶׁבֵּין נִדָּה לְנִדָּה, דְּבַעְיָא לִסְפּוֹר יוֹם הַמָּחֳרָת – שׁוֹחֲטִין עָלֶיהָ בְּיוֹם הַסְּפִירָה. דְּכֵיוָן שֶׁסָּפְרָה מִקְצָת הַיּוֹם – מֻתֶּרֶת לִטְבֹּל, וְאַף עַל פִּי שֶׁמְּחֻסֶּרֶת הַעֲרֵב שֶׁמֶשׁ – שׁוֹחֲטִין עָלֶיהָ. **וְהַזָּבָה.** שֶׁרָאֲתָה שְׁלֹשָׁה יָמִים רְצוּפִים בְּתוֹךְ י"א יוֹם וּצְרִיכָה לִסְפּוֹר שִׁבְעָה נְקִיִּים וּלְהָבִיא קָרְבָּן – שׁוֹחֲטִין עָלֶיהָ בַּשְּׁמִינִי:

משנה זו עוסקת במי שטמא בזמן שחיטת הפסח אך בזמן אכילת הקרבן יהיה טהור, האם שוחטים עליו. ישנו זב שראה זיבה יומיים ברצף וישנו זב שראה שלושה ימים ברצף, ויש הבדל בדינים שלהם (ראה משנה מגילה א, ז).

זָב, מי שראה מאיברו נוזל לבן שאינו שכבת זרע מחמת חולי, **שֶׁרָאָה שְׁתֵּי רְאִיּוֹת**, ודינו הוא שאחר שבעה ימים נקיים, שאין בהם זיבה, טובל ואחר כך טהור ויכול לאכול קודשים, **שׁוֹחֲטִין עָלָיו** קרבן פסח **בַּשְּׁבִיעִי** – אם יום השביעי לטהרתו חל בערב פסח, כיוון שאחרי הטבילה הוא יוכל לאכול בלילה את קרבן הפסח.

רָאָה שָׁלֹשׁ, דינו הוא שמלבד שבעה נקיים, צריך להביא ביום השמיני קרבן זיבה – שני תורים או בני יונה – ואחרי הקרבן הוא יכול לאכול קודשים, **שׁוֹחֲטִין עָלָיו** קרבן פסח **בַּשְּׁמִינִי** – אם היום השמיני לטהרתו חל בערב פסח, והוא יוכל לאכול בלילה את קרבן הפסח.

שׁוֹמֶרֶת יוֹם כְּנֶגֶד יוֹם, אישה שראתה דם בימי זיבתה, שדינה הוא שאם ראתה יום אחד, היא שומרת יום אחד נקי מדם, ובערב טובלת ומותרת לאכול קודשים, **שׁוֹחֲטִין עָלֶיהָ** קרבן פסח **בַּשֵּׁנִי שֶׁלָּהּ** – ביום הנקי שאחר הראייה, אם אותו יום חל בערב פסח, ובלילה תוכל לאוכלו אחרי שתטבול.

רָאֲתָה דם **שְׁנֵי יָמִים** בימי זיבתה, שדינה הוא לשמור יום אחד נקי מדם ובערב טובלת ומותרת לאכול קודשים, **שׁוֹחֲטִין עָלֶיהָ** קרבן פסח **בַּשְּׁלִישִׁי** – ביום הנקי שאחר הראייה, אם אותו יום חל בערב פסח, ובלילה תוכל לאוכלו אחרי שתטבול.

וְהַזָּבָה – מי שראתה דם שלושה ימים רצופים בימי זיבתה, שדינה הוא לספור שבעה ימים נקיים מדם ואחרי כן לטבול ולהביא קרבן זיבה ומותרת לאכול קודשים, **שׁוֹחֲטִין עָלֶיהָ** קרבן פסח **בַּשְּׁמִינִי** – ביום השמיני לטהרתה, ובלילה תוכל לאוכלו.

ו **הָאוֹנֵן וְהַמְפַקֵּחַ אֶת הַגַּל,**
וְכֵן מִי שֶׁהִבְטִיחוּהוּ לְהוֹצִיאוֹ מִבֵּית הָאֲסוּרִין,
וְהַחוֹלֶה וְהַזָּקֵן שֶׁהֵן יְכוֹלִין לֶאֱכוֹל כַּזַּיִת –
שׁוֹחֲטִין עֲלֵיהֶן.

עַל כֻּלָּן –
אֵין שׁוֹחֲטִין עֲלֵיהֶן בִּפְנֵי עַצְמָן,
שֶׁמָּא יָבִיאוּ אֶת הַפֶּסַח לִידֵי פְסוּל.

לְפִיכָךְ, אִם אֵרַע בָּהֶן פְּסוּל –
פְּטוּרִין מִלַּעֲשׂוֹת פֶּסַח שֵׁנִי,
חוּץ מִן הַמְפַקֵּחַ בַּגַּל,
שֶׁהוּא טָמֵא מִתְּחִלָּתוֹ.

רבי עובדיה מברטנורה

הָאוֹנֵן. כָּל זְמַן שֶׁלֹּא נִקְבַּר הַמֵּת – קָרוּי 'אוֹנֵן'. וּלְאַחַר שֶׁנִּקְבַּר, כָּל יוֹם הַמִּיתָה הוּא קָרוּי 'אוֹנֵן', וְלַיְלָה שֶׁלְּאַחֲרָיו הוּא אוֹנֵן מִדְּרַבָּנָן. וְלֹא הֶעֱמִידוּ דִּבְרֵיהֶם בִּמְקוֹם כָּרֵת גַּבֵּי פֶּסַח, הִלְכָּךְ שׁוֹחֲטִין עָלָיו, דִּלְאוֹרַיְתָא חֲזֵי. **וְהַמְפַקֵּחַ בְּגַל** שֶׁנָּפַל עַל אָדָם, וְאֵין יָדוּעַ אִם יִמְצָאֶנּוּ חַי אוֹ מֵת – שׁוֹחֲטִין עָלָיו, דִּבְחֶזְקַת טַהֲרָה עוֹמֵד עַד שֶׁיִּוָּדַע שֶׁנִּטְמָא. **שׁוֹחֲטִין עֲלֵיהֶם** בַּחֲבוּרַת אֲחֵרִים. **שֶׁמָּא יְבִיאוּהוּ לִידֵי פְסוּל.** שֶׁמָּא יִטַּמֵּא אוֹנֵן לְמֵתוֹ מִתּוֹךְ טִרְדוֹ. וּמְפַקֵּחַ גַּל – שֶׁמָּא יִמְצָאֶנּוּ מֵת, וְנִמְצָא שֶׁהֶאֱהִיל עַל הַטֻּמְאָה. וְהֶחָבוּשׁ – שֶׁמָּא לֹא יֵצֵא. וּבְחָבוּשׁ בְּבֵית הָאֲסוּרִים שֶׁל עוֹבְדֵי כּוֹכָבִים מַיְרֵי, שֶׁאַף עַל פִּי שֶׁהִבְטִיחוּהוּ – שֶׁמָּא לֹא יוֹצִיאוּהוּ. "אֲשֶׁר פִּיהֶם דִּבֶּר שָׁוְא" (תהלים קמד, ח). אֲבָל חָבוּשׁ עַל יְדֵי יִשְׂרָאֵל, כְּגוֹן לְכוֹפוֹ לְהוֹצִיא אִשָּׁה פְּסוּלָה אוֹ לְשַׁלֵּם מָמוֹן – שׁוֹחֲטִין עֲלֵיהֶם אֲפִלּוּ בִּפְנֵי עַצְמָן, אִם הִבְטִיחוּ לְהוֹצִיאוֹ, דִּ"שְׁאֵרִית יִשְׂרָאֵל לֹא יַעֲשׂוּ עַוְלָה וְלֹא יְדַבְּרוּ כָזָב" (צפניה ג, יג). וְאִם בֵּית הָאֲסוּרִים בְּתוֹךְ יְרוּשָׁלַיִם, אֲפִלּוּ בִּידֵי עוֹבְדֵי כּוֹכָבִים שׁוֹחֲטִין עֲלֵיהֶם בִּפְנֵי עַצְמָן, דְּאֶפְשָׁר דִּמְעַיְּלֵי לַפֶּסַח לְבֵית הָאֲסוּרִים וְאָכְלֵי לֵיהּ הָתָם. וְחוֹלֶה וְזָקֵן אֵין שׁוֹחֲטִין עֲלֵיהֶן בִּפְנֵי עַצְמָן, שֶׁמָּא יִכְבַּד עֲלֵיהֶם הַחֹלִי וְלֹא יוּכְלוּ לֶאֱכוֹל כַּזַּיִת:

לְפִיכָךְ. הוֹאִיל וּבִשְׁעַת שְׁחִיטָה רְאוּיִין הָיוּ וְנִזְרַק הַדָּם עֲלֵיהֶם, אִם אֵרַע בָּהֶם פְּסוּל כְּמוֹ שֶׁאָמַרְנוּ. פְּטוּרִים מִלַּעֲשׂוֹת פֶּסַח שֵׁנִי:

חוּץ מִן הַמְפַקֵּחַ הַגַּל וְנִמְצָא מֵת תַּחְתָּיו,

שֶׁצָּרִיךְ לַעֲשׂוֹת פֶּסַח שֵׁנִי, שֶׁהָיָה **טָמֵא מִתְּחִלָּתוֹ** קֹדֶם שְׁחִיטָה, שֶׁהֲרֵי הָאֱהִיל עַל הַטֻּמְאָה מִשָּׁעָה שֶׁהִתְחִיל לְפַקֵּחַ. וְהוּא שֶׁהָיָה הַגַּל עָגֹל, דְּוַדַּאי הֶאֱהִיל עָלָיו מִתְּחִלָּה. אֲבָל אִם הָיָה הַגַּל אָרֹךְ – שֶׁמָּא בִּשְׁעַת שְׁחִיטָה עֲדַיִן לֹא הֶאֱהִיל עַל הַטֻּמְאָה, וּפָטוּר מִלַּעֲשׂוֹת פֶּסַח שֵׁנִי:

משנה זו דנה במי שבשעת שחיטת הפסח היה ספק אם יוכל לאכול בשעת האכילה בלילה, מה דינו בפסח ראשון ובפסח שני.

הָאוֹנֵן, מי שמת לו קרוב משפחה והוא עסוק בקבורתו, והוא אסור באכילת קודשים ביום שמת והוא קובר אותו, ובלילה יהיה מותר לו לאכול קודשים, **וְהַמְפַקֵּחַ אֶת הַגַּל** מפנה מפולת של אבנים, ומחפש שם אדם שאבד, ויש חשש שמא ייטמא למת ולא יוכל לאכול את הפסח, **וְכֵן מִי שֶׁהִבְטִיחוּהוּ לְהוֹצִיאוֹ מִבֵּית הָאֲסוּרִין,** אך בשעת שחיטת הפסח הוא עדיין בבית האסורים, **וְהַחוֹלֶה וְהַזָּקֵן שֶׁהֵן יְכוֹלִין לֶאֱכוֹל כַּזַּיִת,** כל אלה – **שׁוֹחֲטִין עֲלֵיהֶן,** שכן בשעת האכילה יהיו יכולים לאכול את הפסח.

עַל כֻּלָּן אֵין שׁוֹחֲטִין עֲלֵיהֶן בִּפְנֵי עַצְמָן, כלומר אין עושים חבורה שכולם אוננים או נמצאים בבית האסורים וכד', **שֶׁמָּא** לא יוכלו לאכול את כולו ויישאר מבשר הפסח, ובכך **יָבִיאוּ אֶת הַפֶּסַח לִידֵי פְסוּל,** ויצטרכו לשורפו.

לְפִיכָךְ, אִם אֵרַע בָּהֶן, באונן, מי שהיה בבית האסורים, בחולה או בזקן **פָּסוּל,** כגון שהאונן מחמת צערו, החולה מחמת מחלתו והזקן מחמת זקנותו לא אכלו כזית בשר, וכן אם לא שחררו את האסיר — **פְּטוּרִין מִלַּעֲשׂוֹת פֶּסַח שֵׁנִי,** כיוון שבשעת השחיטה היו ראויים לאכול כזית בשר.

חוּץ מִן הַמְפַקֵּחַ בַּגַּל, שֶׁהוּא טָמֵא מִתְּחִלָּתוֹ, שאם התגלה בסופו של דבר מת תחת האבנים, המפקח נטמא מיד בטומאת 'אוהל' (במדבר יט, יד) ובשעת שחיטת הפסח כבר היה טמא, וממילא הפסח נשחט שלא בכשרות, ולכן חייב לעשות פסח שני.

ז אֵין שׁוֹחֲטִין אֶת הַפֶּסַח עַל הַיָּחִיד,
דִּבְרֵי רַבִּי יְהוּדָה.
וְרַבִּי יוֹסֵי מַתִּיר.
אֲפִלּוּ חֲבוּרָה שֶׁל מֵאָה שֶׁאֵין יְכוֹלִין לֶאֱכוֹל כַּזַּיִת –
אֵין שׁוֹחֲטִין עֲלֵיהֶן.

וְאֵין עוֹשִׂין חֲבוּרַת נָשִׁים וַעֲבָדִים וּקְטַנִּים.

רבי עובדיה מברטנורה

אֵין שׁוֹחֲטִין אֶת הַפֶּסַח בְּיָחִיד. דִּכְתִיב (דברים טז, ה): "לֹא תוּכַל לִזְבֹּחַ אֶת הַפָּסַח וכו'", כְּלוֹמַר בְּיָחִיד:

אֲפִלּוּ חֲבוּרָה שֶׁל מֵאָה. רַבִּי יוֹסֵי קָאָמַר לָהּ, כְּלוֹמַר לָא תַּלְיָא מִלְּתָא אֶלָּא בַּאֲכִילָה. יָחִיד וְיָכוֹל לֶאֱכוֹל כַּזַּיִת – שׁוֹחֲטִין עָלָיו; מֵאָה וְאֵין כָּל אֶחָד מֵהֶם יְכוֹלִין לֶאֱכוֹל כַּזַּיִת – אֵין שׁוֹחֲטִין עֲלֵיהֶם. וַהֲלָכָה כְּרַבִּי יוֹסֵי:

אֵין עוֹשִׂין חֲבוּרַת נָשִׁים וַעֲבָדִים. לִשְׁחוֹט פֶּסַח נָשִׁים וַעֲבָדִים בַּחֲבוּרָה אַחַת, מִשּׁוּם הֶרְגֵּל עֲבֵרָה. וְלֹא קְטַנִּים וַעֲבָדִים בַּחֲבוּרָה אַחַת, מִשּׁוּם פְּרִיצוּתָא דְּמִשְׁכַּב זָכוּר. אֲבָל נָשִׁים וַעֲבָדִים כָּל חֲדָא בְּאַנְפֵּי נַפְשָׁהּ – עוֹשִׂין:

הפסח נאכל בחבורה, וההתאגדות לחבורה צריכה להיות כבר מעת השחיטה. משנה זו דנה במקרה ששוחטים את הפסח לאדם אחד או לחבורה של רבים שאף אחד מהם לא יכול לאכול כזית בשר.

אֵין שׁוֹחֲטִין אֶת הַפֶּסַח עַל הַיָּחִיד, דִּבְרֵי רַבִּי יְהוּדָה – שחושש כי לא יוכל לאכול את כולו ויביא את בשר הפסח לידי נותר. **וְרַבִּי יוֹסֵי מַתִּיר**, ולא חשש שיחיד לא יוכל לאכול את כל הקרבן. **אֲפִלּוּ חֲבוּרָה שֶׁל מֵאָה שֶׁאֵין יְכוֹלִין לֶאֱכוֹל כַּזַּיִת, אֵין שׁוֹחֲטִין עֲלֵיהֶן** – מפני שאף אחד לא יקיים מצוות אכילת הפסח, שכן אכילה היא כזית לפחות.

וְאֵין עוֹשִׂין חֲבוּרַת נָשִׁים וַעֲבָדִים וּקְטַנִּים יחד – מפני הפריצות, אמנם עושים חבורה של נשים בלבד או של עבדים בלבד, אבל של קטנים בלבד אין עושים, שאינם בני מצוות.

ח אוֹנֵן – טוֹבֵל וְאוֹכֵל אֶת פִּסְחוֹ לָעֶרֶב,
אֲבָל לֹא בַּקֳּדָשִׁים.
הַשּׁוֹמֵעַ עַל מֵתוֹ, וְהַמְלַקֵּט לוֹ עֲצָמוֹת –
טוֹבֵל וְאוֹכֵל בַּקֳּדָשִׁים.

גֵּר שֶׁנִּתְגַּיֵּר בְּעֶרֶב פֶּסַח –
בֵּית שַׁמַּאי אוֹמְרִים:
טוֹבֵל וְאוֹכֵל אֶת פִּסְחוֹ לָעֶרֶב,
וּבֵית הִלֵּל אוֹמְרִים:
הַפּוֹרֵשׁ מִן הָעָרְלָה – כְּפוֹרֵשׁ מִן הַקֶּבֶר.

רבי עובדיה מברטנורה

אוֹנֵן – טוֹבֵל וְאוֹכֵל פִּסְחוֹ לָעֶרֶב. דְּאֵין אֲנִינוּת מִן הַתּוֹרָה אֶלָּא בַּיּוֹם, שֶׁנֶּאֱמַר (ויקרא י, יט): "וְאָכַלְתִּי חַטָּאת הַיּוֹם", יוֹם – אָסוּר, לַיְלָה – מֻתָּר. וּטְבִילָה בָּעֵי, מִתּוֹךְ שֶׁנֶּאֱסַר עַד עַכְשָׁו בַּקָּדָשִׁים – אַצְרְכוּהוּ רַבָּנָן טְבִילָה. אֲבָל לָא אָכֵיל אוֹנֵן בִּשְׁאָר קָדָשִׁים לָעֶרֶב, דַּאֲנִינוּת לַיְלָה אֲסוּרָה מִדְּרַבָּנָן. וּלְגַבֵּי פֶּסַח – לֹא הֶעֱמִידוּ דִּבְרֵיהֶם בִּמְקוֹם כָּרֵת. אֲבָל אֲכִילַת שְׁאָר קָדָשִׁים – 'עֲשֵׂה' בְּעָלְמָא הוּא, "וְאָכְלוּ אֹתָם אֲשֶׁר כֻּפַּר בָּהֶם" (שמות כט, לג).

הַשּׁוֹמֵעַ עַל מֵתוֹ. יוֹם שְׁמוּעָה הָוֵי אוֹנֵן דְּרַבָּנָן. וְכֵן מִי שֶׁלִּקְּטוּ **לוֹ עֲצָמוֹת** אָבִיו וְאִמּוֹ אָמְרִינַן בְּמַסֶּכֶת מוֹעֵד קָטָן (ח, א): 'מִתְאַבֵּל עֲלֵיהֶם כָּל אוֹתוֹ הַיּוֹם, וְלָעֶרֶב – אֵין מִתְאַבֵּל עֲלֵיהֶם'.

טוֹבֵל וְאוֹכֵל בַּקָּדָשִׁים לָעֶרֶב. דַּאֲפִלּוּ יוֹם מִיתָה גּוּפֵיהּ מִדְּרַבָּנָן הוּא:

כְּפוֹרֵשׁ מִן הַקֶּבֶר. וְצָרִיךְ הַזָּאָה שְׁלִישִׁי וּשְׁבִיעִי. וְלֹא נֶחְלְקוּ בֵּית שַׁמַּאי וּבֵית הִלֵּל אֶלָּא בְּעָרֵל נָכְרִי שֶׁמָּל בְּיוֹם י"ד, דְּ**בֵית הִלֵּל** סָבְרִי: גְּזֵרָה שֶׁמָּא יִטַּמֵּא לַשָּׁנָה הַבָּאָה וְיֹאמַר: "אֶשְׁתָּקַד לֹא טָהַרְתִּי מִכָּל טֻמְאָה עַד יוֹם עֶרֶב פֶּסַח שֶׁטָּבַלְתִּי וְאָכַלְתִּי?! הַשְׁתָּא נָמֵי אֶטְבֹּל וְאֹכַל"! וְלֹא יָדַע דְּאֶשְׁתָּקַד נָכְרִי הֲוָה וְלֹא מְקַבֵּל טֻמְאָה, עַכְשָׁו יִשְׂרָאֵל הוּא וּמְקַבֵּל טֻמְאָה. וּ**בֵית שַׁמַּאי** סָבְרִי: לֹא גָּזְרִינַן. אֲבָל עָרֵל יִשְׂרָאֵל, כְּגוֹן שֶׁמֵּתוּ אֶחָיו מֵחֲמַת מִילָה – דִּבְרֵי הַכֹּל טוֹבֵל וְאוֹכֵל פִּסְחוֹ לָעֶרֶב, וְלָא גָּזְרִינַן עָרֵל יִשְׂרָאֵל אַטּוּ עָרֵל נָכְרִי:

משנה זו עוסקת בדין האונן והגר לעניין קרבן פסח.

אוֹנֵן, מי שמת לו קרוב משפחה והוא עסוק בקבורתו, ודינו שביום האנינות אסור באכילת קודשים מן התורה ובלילה אסור מדברי חכמים, ואם מת לו

קרוב בערב פסח - **טוֹבֵל וְאוֹכֵל אֶת פִּסְחוֹ לָעֶרֶב,** בליל הפסח. הטעם שלא חל עליו איסור אכילת הקודשים הוא שאכילת הפסח חשובה יותר, שהיא מצוות עשה מן התורה, ומי שאינו אוכל פסח חייב כרת (משנה כריתות א, א), **אֲבָל לֹא** אוכל **בַּקֳּדָשִׁים** - כדינו של אונן, שאסור בקודשים גם בערב.

הַשּׁוֹמֵעַ עַל מֵתוֹ שנפטר והוא צריך להתאבל עליו, אך הוא לא מתעסק בקבורת המת, **וְהַמְלַקֵּט לוֹ עֲצָמוֹת** - מנהג הקבורה בימיהם היה שהיו מניחים את המת במערה, ואחרי זמן מלקטים את העצמות לקבר קבוע, ויום ליקוט עצמות הוא יום אבל (ומדובר שהקרוב לא נגע בעצמות המת, אלא אחרים ליקטו עבורו, שכן הנוגע במת הרי הוא טמא שבעה ימים) - **טוֹבֵל וְאוֹכֵל** בלילה **בַּקֳּדָשִׁים,** והטעם שהתירו להם לאכול בכל הקודשים ולא רק בפסח הוא כיוון שהאבלות בימים אלו היא מדרבנן לא החמירו שתימשך עד הערב.

גֵּר שֶׁנִּתְגַּיֵּר בְּעֶרֶב פֶּסַח - אחרי שמלים את הגר, גיורו מסתיים בטבילה לשם גירות בפני בית דין, **בֵּית שַׁמַּאי אוֹמְרִים: טוֹבֵל** פעם שנייה **וְאוֹכֵל אֶת פִּסְחוֹ לָעֶרֶב.**

וּבֵית הִלֵּל אוֹמְרִים: גר **הַפּוֹרֵשׁ מִן הָעָרְלָה** שעשה ברית מילה - **כְּפוֹרֵשׁ מִן הַקֶּבֶר,** נחשב כטמא מת וצריך להיטהר ורק אז יוכל לאכול קרבן פסח. הטעם שהחמירו בגר הוא שמא בשנה שלאחר מכן ייטמא למת ויאמר בטעות 'בשנה שעברה הייתי טמא ומיד כשטבלתי בגיור התירו לי לאכול קרבן פסח, ולכן גם השנה מותר לי לאכול ואיני צריך להיטהר מטומאת מת' (גמרא צב, א).

פרק תשיעי

את הפסח מקריבים בי"ד בניסן, והוא נקרא 'פסח ראשון'. מי שבזמן זה היה טמא, יכול להשלים את הקרבן בי"ד באייר (במדבר ט, יג-יד), והוא נקרא 'פסח שני'. עד כה המסכת עסקה בפסח ראשון, ופרק זה עוסק בפסח שני: מי חייב בו ומהי דרך רחוקה. בהמשך דנים בהבדל בין פסח ראשון לפסח שני ובין פסח מצרים ופסח דורות. עוד דנים בפסח שבא בטומאה, בתמורת הפסח, מפריש נקבה לפסחו, פסח שהתערב בקרבנות אחרים, פסח שאבד ונמצא ובינתיים הפרישו קרבן אחר, שתי חבורות שהתערבו פסחיהן ושני אנשים שהתערבו פסחיהם.

א **מִי שֶׁהָיָה טָמֵא אוֹ בְדֶרֶךְ רְחוֹקָה,**
וְלֹא עָשָׂה אֶת הָרִאשׁוֹן –
יַעֲשֶׂה אֶת הַשֵּׁנִי.
שָׁגַג אוֹ נֶאֱנַס, וְלֹא עָשָׂה אֶת הָרִאשׁוֹן –
יַעֲשֶׂה אֶת הַשֵּׁנִי.
אִם כֵּן,
לָמָּה נֶאֱמַר (במדבר ט, י):
"טָמֵא" אוֹ שֶׁהָיָה "בְּדֶרֶךְ רְחֹקָה"?
שֶׁאֵלּוּ פְּטוּרִין מֵהִכָּרֵת,
וְאֵלּוּ חַיָּבִין בְּהִכָּרֵת.

רבי עובדיה מברטנורה

מִי שֶׁהָיָה טָמֵא... שֶׁאֵלּוּ פְּטוּרִין מִן הִכָּרֵת. **הַטָּמֵא אוֹ שֶׁהָיָה בְּדֶרֶךְ רְחוֹקָה** פְּטָרָן הַכָּתוּב מִלַּעֲשׂוֹת פֶּסַח רִאשׁוֹן, וְעִקַּר כָּרֵת בְּפֶסַח רִאשׁוֹן הוּא. לְפִיכָךְ, אִם לֹא עָשׂוּ פֶּסַח שֵׁנִי – פְּטוּרִים מִן הִכָּרֵת. **וְאֵלּוּ חַיָּבִין בְּהִכָּרֵת.** הַשּׁוֹגֵג אוֹ הָאָנוּס חַיָּבִין הָיוּ בְּפֶסַח רִאשׁוֹן, אֶלָּא שֶׁהַשְּׁגָגָה וְהָאֹנֶס עִכְּבַתָּן, וּכְשֶׁהֵזִידוּ וְלֹא עָשׂוּ פֶּסַח שֵׁנִי – **חַיָּבִין בְּהִכָּרֵת,** כְּדִכְתִיב (במדבר ט, יג): "וְהָאִישׁ אֲשֶׁר הוּא טָהוֹר וּבְדֶרֶךְ לֹא הָיָה, וְחָדַל לַעֲשׂוֹת הַפֶּסַח, וְנִכְרְתָה", מַשְׁמַע דְּעַל כָּל שְׁאָר שְׁגָגוֹת וַאֲנָסִין שֶׁאֵרְעוּ בָּרִאשׁוֹן חוּץ מִטָּמֵא וְדֶרֶךְ רְחוֹקָה – חַיָּבִין כָּרֵת אִם לֹא עָשׂוּ פֶּסַח שֵׁנִי:

מי שלא הקריב את הפסח במועדו, בי"ד בניסן, יכול להשלים את הקרבן בי"ד באייר, והוא נקרא 'פסח שני'. במשנה זו מבואר מי מקריב פסח שני.

מִי שֶׁהָיָה בזמן הקרבת הפסח בי"ד בניסן **טָמֵא** – ו"לכן היה אסור לו לאכול קרבן פסח **אוֹ בְדֶרֶךְ רְחוֹקָה** – לא היה יכול להקריב פסח, **וְלֹא עָשָׂה אֶת הָרִאשׁוֹן – יַעֲשֶׂה אֶת הַשֵּׁנִי** בי"ד באייר. וכן אם **שָׁגַג,** כגון ששכח שהגיע י"ד בניסן, **אוֹ נֶאֱנַס,** כגון שהיה בי"ד בניסן בבית הכלא, **וְלֹא עָשָׂה אֶת הָרִאשׁוֹן – יַעֲשֶׂה אֶת הַשֵּׁנִי.**

אִם כֵּן, שגם השוגג והאנוס עושים פסח שני, **לָמָּה נֶאֱמַר: "טָמֵא" אוֹ שֶׁהָיָה "בְּדֶרֶךְ רְחוֹקָה"**, שמשמע מן הפסוק שרק שני אלו עושים פסח שני? **שֶׁאֵלּוּ**, הטמא ומי שהיה בדרך רחוקה, **פְּטוּרִין מֵהִכָּרֵת**, ואפילו שלא עשו פסח שני, **וְאֵלּוּ**, השוגג והאנוס, **חַיָּבִין בְּהִכָּרֵת**, אם לא עשו פסח שני, שזהו עונשו של מי שלא הקריב פסח (במדבר ט, יג).

ב **אֵיזוֹ הִיא "דֶּרֶךְ רְחוֹקָה"?**
מִן הַמּוֹדִיעִים וְלַחוּץ, וּכְמִדָּתָהּ לְכָל רוּחַ,
דִּבְרֵי רַבִּי עֲקִיבָא.
רַבִּי אֱלִיעֶזֶר אוֹמֵר: מֵאִסְקֻפַּת הָעֲזָרָה וְלַחוּץ.
אָמַר רַבִּי יוֹסֵי:
לְפִיכָךְ נָקוּד עַל "ה", לוֹמַר:
לֹא מִפְּנֵי שֶׁרְחוֹקָה וַדַּאי,
אֶלָּא מֵאִסְקֻפַּת הָעֲזָרָה וְלַחוּץ.

רבי עובדיה מברטנורה

מִן הַמּוֹדָעִית. שֵׁם מָקוֹם רָחוֹק מִירוּשָׁלַיִם מַהֲלַךְ ט"ו מִילִין, וְהוּא שִׁעוּר מַהֲלַךְ אָדָם בֵּינוֹנִי בִּימֵי נִיסָן וִימֵי תִּשְׁרֵי, שֶׁהַיָּמִים וְהַלֵּילוֹת שָׁוִים מֵהָנֵץ הַחַמָּה עַד בֵּין הָעַרְבַּיִם, שֶׁהוּא שְׁעַת הַקְרָבַת הַקָּרְבָּן. **חוּץ לְאִסְקֻפַּת הָעֲזָרָה.** אֲפִלּוּ הָיָה קָרוֹב לִירוּשָׁלַיִם וְחָלָה וְנִתְעַכֵּב וְלֹא הִגִּיעַ לְאִסְקֻפַּת הָעֲזָרָה עַד סוֹף שְׁעַת הַקְרָבַת הַקָּרְבָּן, נִדּוֹן בְּדִין 'דֶּרֶךְ רְחוֹקָה'. **וְרַבִּי עֲקִיבָא** סָבַר שֶׁאֵין לוֹ אֶלָּא דִּין נֶאֱנָס, אֲבָל לֹא דִּין דֶּרֶךְ רְחוֹקָה, הוֹאִיל וְהָיָה מִן הַמּוֹדָעִית וְלִפְנִים. וַהֲלָכָה כְּרַבִּי עֲקִיבָא:
לְפִיכָךְ נָקוּד עַל ה'. שֶׁל "רְחֹקָה". אֲנִי שָׁמַעְתִּי לִדְרֹשׁ: רָחוֹק חָמֵשׁ אַמּוֹת מֵאִסְקֻפַּת הָעֲזָרָה, שֶׁאֲפִלּוּ אֵינוֹ רָחוֹק אֶלָּא חָמֵשׁ אַמּוֹת בִּלְבַד בְּסוֹף שְׁעַת הַקְרָבַת הַקָּרְבָּן - נִדּוֹן בְּדִין "דֶּרֶךְ רְחוֹקָה":

בהמשך למשנה הקודמת, במשנה זו מבואר מהי 'דרך רחוקה'.

אֵיזוֹ הִיא "דֶּרֶךְ רְחוֹקָה" שהנמצא בה ולא הקריב קרבן פסח פטור מכרת? **מִן הַמּוֹדִיעִים וְלַחוּץ,** בגמרא (צג, ב) אמרו שזו עיר שהייתה במרחק של 15 מיל (כ־15 ק"מ) מירושלים, ולא ברור מיקומה היום. **וּכְמִדָּתָהּ,** כמרחק זה **לְכָל רוּחַ,** לכל כיוון אחר מירושלים, **דִּבְרֵי רַבִּי עֲקִיבָא.**

בגמרא (צג, ב) נחלקו האמוראים באיזה רגע צריך להיות במרחק מירושלים, האם בזמן האכילה של הפסח (לילה) או בזמן השחיטה של הפסח.

רַבִּי אֱלִיעֶזֶר אוֹמֵר: פירוש 'דרך רחוקה' הוא אפילו **מֵאִסְקֻפַּת**, פתח, **הָעֲזָרָה וְלַחוּץ** – שאם נמצא שם אינו יכול להקריב את קרבן הפסח.

אָמַר רַבִּי יוֹסֵי: לְפִיכָךְ נָקוּד עַל "ה" של המילה "רחוקה", והניקוד משמעו שיש לדרוש את המילה ללא האות הזו, כלומר שהוא רחוק, **לוֹמַר: לֹא מִפְּנֵי שֶׁרְחוֹקָה וַדַּאי**, כלומר לא רחוק מאוד, **אֶלָּא מֵאִסְקֻפַּת הָעֲזָרָה וְלַחוּץ**, אפילו אם רחוק מהעזרה ואין לו אפשרות להקריב - יכול להקריב בפסח שני.

ג **מַה בֵּין פֶּסַח הָרִאשׁוֹן לַשֵּׁנִי?**
הָרִאשׁוֹן אָסוּר בְּ"בַל יֵרָאֶה" (שמות יג, ז)
וּ"בַל יִמָּצֵא" (שם י, יט),
וְהַשֵּׁנִי – מַצָּה וְחָמֵץ עִמּוֹ בַּבַּיִת,

הָרִאשׁוֹן טָעוּן הַלֵּל בַּאֲכִילָתוֹ,
וְהַשֵּׁנִי אֵינוֹ טָעוּן הַלֵּל בַּאֲכִילָתוֹ.

זֶה וָזֶה טְעוּנִין הַלֵּל בַּעֲשִׂיָּתָן,
וְנֶאֱכָלִין צָלִי עַל מַצָּה וּמְרוֹרִים,
וְדוֹחִין אֶת הַשַּׁבָּת.

רבי עובדיה מברטנורה

וְהַשֵּׁנִי – חָמֵץ וּמַצָּה עִמּוֹ בַּבַּיִת. דִּכְתִיב. (במדבר ט, יב): "כְּכָל חֻקַּת הַפֶּסַח יַעֲשׂוּ אֹתוֹ", מַשְׁמַע מִצְוֹת שֶׁבְּגוּפוֹ, כְּגוֹן: "צְלִי" (שמות יב, ח), וְ"עַל מַצּוֹת וּמְרֹרִים יֹאכְלֻהוּ" (במדבר ט, יא) – עוֹשִׂין אוֹתוֹ כְּכָל חֻקַּת הַפֶּסַח. אֲבָל מִצְוֹת שֶׁעַל גּוּפוֹ מִמָּקוֹם אַחֵר, כְּגוֹן: "תַּשְׁבִּיתוּ שְׂאֹר" (שמות יב, טו) וְ"לֹא תִשְׁחַט עַל חָמֵץ" (שם לד, כה) – אֵין עוֹשִׂין אוֹתוֹ כְּכָל חֻקַּת הַפֶּסַח: **הָרִאשׁוֹן טָעוּן הַלֵּל בַּאֲכִילָתוֹ וְכוּ'.** דִּכְתִיב (ישעיה ל, כט): "הַשִּׁיר יִהְיֶה לָכֶם כְּלֵיל הִתְקַדֶּשׁ חָג", לֵיל הַמְקֻדָּשׁ לְחָג, שֶׁהוּא פֶּסַח רִאשׁוֹן– טָעוּן הַלֵּל, וְשֶׁאֵינוֹ מְקֻדָּשׁ לְחָג – אֵינוֹ טָעוּן הַלֵּל. **זֶה וָזֶה טְעוּנִים הַלֵּל בַּעֲשִׂיָּתָן.** דְּלַיְלָה מִיעֵט קְרָא מִשִּׁיר, יוֹם – לֹא מִיעֵט:

במשנה זו מתבאר מה ההבדל בין פסח ראשון לפסח שני. בגמרא (צה, א) למדו מן הפסוק (במדבר ט, יב) בעניין פסח שני: "ככל חוקת הפסח יעשו אותו" שבדברים הקשורים לגוף הקרבן פסח שני דומה לראשון, אך בדברים אחרים לא.

מַה בֵּין פֶּסַח הָרִאשׁוֹן שבחודש ניסן **לַשֵּׁנִי** שבחודש אייר? **הָרִאשׁוֹן אָסוּר בְּבַל יֵרָאֶה וּבַל יִמָּצֵא** – כפי שציוותה התורה (שמות יב, יט; יג, ז) שבזמן שחיטת הפסח יש לבער את החמץ כליל, וכמבואר לעיל פרקים א-ג. **וְהַשֵּׁנִי,** בפסח

שני - **מַצָּה וְחָמֵץ עִמּוֹ בַּבַּיִת,** ואין חובת ביעור חמץ שבבית, אך בשעת האכילה אין לאכול חמץ עם הקרבן (רש"י במדבר ט, י). בנוסף, פסח שני מותר במלאכה ואינו יום טוב (רש"י שם).

הָרִאשׁוֹן טָעוּן אמירת **הַלֵּל בַּאֲכִילָתוֹ** של הפסח, **וְהַשֵּׁנִי אֵינוֹ טָעוּן הַלֵּל בַּאֲכִילָתוֹ.**

זֶה וָזֶה טְעוּנִין הַלֵּל בַּעֲשִׂיָּתָן - בשעת השחיטה, כמתואר לעיל ה, ז. **וְנֶאֱכָלִין צְלִי עַל מַצָּה וּמְרוֹרִים. וְדוֹחִין אֶת הַשַּׁבָּת** - אבל פסח שני אינו דוחה את הטומאה, ונעשה בטהרה בלבד.

בגמרא (צה, א) דייקו ממשנה זו שגם בפסח שני יש איסור שבירת עצם.

ד הַפֶּסַח שֶׁבָּא בְטֻמְאָה –
לֹא יֹאכְלוּ מִמֶּנּוּ זָבִין וְזָבוֹת נִדּוֹת וְיוֹלְדוֹת,
וְאִם אָכְלוּ – פְּטוּרִים מִכָּרֵת.
רַבִּי אֱלִיעֶזֶר פּוֹטֵר אַף עַל בִּיאַת מִקְדָּשׁ.

רבי עובדיה מברטנורה

לֹא יֹאכְלוּ מִמֶּנּוּ זָבִין. דְּגַבֵּי טָמֵא לְנֶפֶשׁ כְּתִיב: "אִישׁ" (במדבר ט, י), דְּדָרְשִׁינַן מִנֵּיהּ: אִישׁ נִדְחֶה, וְאֵין צִבּוּר נִדְחִין (אֲבָל גַּבֵּי זִיבָה – אַף צִבּוּר נִדְחִין). **וְאִם אָכְלוּ – פְּטוּרִים מִכָּרֵת** דְּאוֹכֵל קָדָשִׁים בְּטֻמְאַת הַגּוּף, דִּכְתִיב (ויקרא ז, יט): "כָּל טָהוֹר יֹאכַל בָּשָׂר", וּסְמִיךְ לֵיהּ (שם, כ): "וְהַנֶּפֶשׁ אֲשֶׁר תֹּאכַל בָּשָׂר כו' וְטֻמְאָתוֹ עָלָיו וְנִכְרְתָה", בָּשָׂר הַנֶּאֱכָל לִטְהוֹרִים – טְמֵאִים חַיָּבִין עָלָיו מִשּׁוּם טֻמְאָה, וְשֶׁאֵינוֹ נֶאֱכָל לִטְהוֹרִים, כְּגוֹן פֶּסַח הַבָּא בְּטֻמְאָה – אֵין טְמֵאִין חַיָּבִין עָלָיו מִשּׁוּם טֻמְאָה:

אַף עַל בִּיאַת מִקְדָּשׁ פּוֹטֵר. הַזָּבִין וְהַזָּבוֹת אִם נִכְנְסוּ לַמִּקְדָּשׁ – פְּטוּרִים כְּשֶׁהַפֶּסַח נִדְחֶה מִפְּנֵי הַטֻּמְאָה, דִּכְתִיב (במדבר ה, ב): "וִישַׁלְּחוּ מִן הַמַּחֲנֶה כָּל צָרוּעַ וְכָל זָב וְכֹל טָמֵא לָנָפֶשׁ". בִּזְמַן שֶׁטְּמֵאֵי מֵתִים מִשְׁתַּלְּחִין – זָבִין וּמְצֹרָעִים מִשְׁתַּלְּחִין, אֵין טְמֵאֵי מֵתִים מִשְׁתַּלְּחִין – אֵין זָבִין וּמְצֹרָעִים מִשְׁתַּלְּחִין. וְתַנָּא קַמָּא לָא דָּרֵישׁ לִקְרָא לְהָכִי, דְּכֻלְּהוּ אִצְטְרִיכוּ לְחַלְּקָם מִמַּחֲנוֹתֵיהֶם. וְאֵין הֲלָכָה כְּרַבִּי אֱלִיעֶזֶר:

כאשר רוב הציבור טמאי מתים, מקריבים את הפסח בטומאה (כמבואר לעיל ז, ד), משנה זו דנה מה דין טמאים אחרים בפסח זה.

הַפֶּסַח שֶׁבָּא בְטֻמְאָה, כאשר רוב הציבור היו טמאי מתים, **לֹא יֹאכְלוּ מִמֶּנּוּ זָבִין וְזָבוֹת נִדּוֹת וְיוֹלְדוֹת,** כי הפסח הותר רק לטמאי מת, כמבואר בפרשת פסח שני (במדבר ט), והקלו להם מפני שטומאת מת היא טומאת שבאה מחוץ לגופו של אדם, בניגוד לטומאת זיבה, נידה ולידה שיוצאת מתוך גופו של האדם. **וְאִם אָכְלוּ – פְּטוּרִים מִכָּרֵת,** פסח שבא בטומאה נאכל גם לטמאי מת, ולכן אין באכילתו בטומאה אחרת כרת.

אדם טמא מצווה להתרחק מהמקדש, ואיסור הכניסה בטומאה למקדש נקרא 'ביאת מקדש'. המשנה דנה באיסור זה בזמן שהפסח בא בטומאה.

רַבִּי אֱלִיעֶזֶר פּוֹטֵר את הזבים, הזבות, הנידות והיולדות, **אַף עַל בִּיאַת מִקְדָּשׁ,** אם נכנסו למקדש בזמן הקרבת הפסח בטומאה. ודייק זאת מהפסוק (במדבר ה, ב): "וישלחו מן המחנה כל צרוע וכל זב וכל טמא לנפש", ומשמע שיש השוואה בין המצורע לטמא מת, שבזמן שטמאי מת אינם מצווים לצאת מן המחנה - מצורעים וזבים לא חייבים על ביאת מקדש (גמרא צה, ב).

ה **מַה בֵּין פֶּסַח מִצְרַיִם לְפֶסַח דּוֹרוֹת?**
פֶּסַח מִצְרַיִם – מִקָּחוֹ מִבֶּעָשׂוֹר,
וְטָעוּן הַזָּאָה בַּאֲגֻדַּת אֵזוֹב
עַל הַמַּשְׁקוֹף וְעַל שְׁתֵּי הַמְּזוּזוֹת,
וְנֶאֱכָל בְּחִפָּזוֹן, בְּלַיְלָה אֶחָד,
וּפֶסַח דּוֹרוֹת נוֹהֵג כָּל שִׁבְעָה.

רבי עובדיה מברטנורה

לַיְלָה אֶחָד, וּפֶסַח דּוֹרוֹת נוֹהֵג כָּל שִׁבְעָה. מַתְנִיתִין חַסּוּרֵי מִחַסְּרָא וְהָכִי קָתָנֵי: וְנֶאֱכָל בְּחִפָּזוֹן בְּלַיְלָה אֶחָד וְחִמּוּצוֹ כָּל הַיּוֹם, וּפֶסַח דּוֹרוֹת חִמּוּצוֹ נוֹהֵג כָּל שִׁבְעָה, דִּבְפֶסַח מִצְרַיִם כְּתִיב (שמות יג, ג-ד): "וְלֹא יֵאָכֵל חָמֵץ. הַיּוֹם אַתֶּם יֹצְאִים" – קָרֵי בֵּיהּ: וְלֹא יֵאָכֵל חָמֵץ הַיּוֹם שֶׁאַתֶּם יוֹצְאִים בִּלְבַד:

משנה זו דנה בהבדלים בין הפסח שעשו בעת היציאה ממצרים לפסח דורות שבו הצטווינו.

מַה בֵּין פֶּסַח מִצְרַיִם לְפֶסַח דּוֹרוֹת? פֶּסַח מִצְרַיִם – מִקָּחוֹ, הפרשתו, **מִבֶּעָשׂוֹר**, בי' בניסן, **וְטָעוּן הַזָּאָה בַּאֲגֻדַּת אֵזוֹב עַל הַמַּשְׁקוֹף וְעַל שְׁתֵּי הַמְּזוּזוֹת** – ועשו כן כדי להינצל מהמלאך המשחית במכת בכורות, **וְנֶאֱכָל בְּחִפָּזוֹן** – במהירות, כדי שלא יתעכבו שם (אבן עזרא שמות יב, יא), וזמן חג הפסח והציווי על אכילת חמץ היה **בְּלַיְלָה אֶחָד.**

וּפֶסַח דּוֹרוֹת נוֹהֵג כָּל שִׁבְעָה – כלומר, איסור אכילת חמץ, אך קרבן פסח וחיוב אכילת מצה הם רק בלילה הראשון. ובפסח מצרים נאסר לאכול חמץ רק ביום הראשון.

ו **אָמַר רַבִּי יְהוֹשֻׁעַ:**
שָׁמַעְתִּי שֶׁתְּמוּרַת הַפֶּסַח - קְרֵבָה,
וּתְמוּרַת הַפֶּסַח - אֵינָהּ קְרֵבָה,
וְאֵין לִי לְפָרֵשׁ.

אָמַר רַבִּי עֲקִיבָא: אֲנִי אֲפָרֵשׁ,
הַפֶּסַח שֶׁנִּמְצָא קֹדֶם שְׁחִיטַת הַפֶּסַח -
יִרְעֶה עַד שֶׁיִּסְתָּאֵב,
וְיִמָּכֵר, וְיִקַּח בְּדָמָיו שְׁלָמִים,
וְכֵן תְּמוּרָתוֹ.
אַחַר שְׁחִיטַת הַפֶּסַח -
קָרֵב שְׁלָמִים וְכֵן תְּמוּרָתוֹ.

רבי עובדיה מברטנורה

שָׁמַעְתִּי מֵרַבּוֹתַי **שֶׁתְּמוּרַת הַפֶּסַח קְרֵבָה** שְׁלָמִים אַחַר הַפֶּסַח, **וּתְמוּרַת הַפֶּסַח אֵינָהּ קְרֵבָה.** וְיֵשׁ תְּמוּרַת פֶּסַח שֶׁאֵינָהּ קְרֵבָה הִיא עַצְמָהּ שְׁלָמִים, אֶלָּא תִּרְעֶה עַד שֶׁתִּפֹּל בָּהּ מוּם וְתִמָּכֵר וְיָבִיא בְּדָמֶיהָ שְׁלָמִים, דְּמוֹתַר הַפֶּסַח קָרֵב שְׁלָמִים. **וְאֵין לִי לְפָרֵשׁ.** שָׁכַחְתִּי עַל אֵיזוֹ שָׁמַעְתִּי 'תִּקְרַב' וְעַל אֵיזוֹ 'תִּרְעֶה עַד שֶׁתִּסְתָּאֵב':

הַפֶּסַח שֶׁאָבַד וְהִפְרִישׁ אַחֵר תַּחְתָּיו וְנִמְצָא פֶּסַח רִאשׁוֹן קֹדֶם שְׁחִיטַת הַשֵּׁנִי, שֶׁהָיָה עוֹמֵד לְפָנֵינוּ בִּשְׁעַת שְׁחִיטָה - הֲרֵי קְבָעַתּוֹ שְׁעַת שְׁחִיטָה בְּשֵׁם 'פֶּסַח', וְזֶה שֶׁלֹּא הִקְרִיבוֹ דְּחָאוֹ בַּיָּדַיִם וְלֹא יִקְרַב הוּא עַצְמוֹ שְׁלָמִים **עַד שֶׁיִּסְתָּאֵב.** שֶׁיִּפֹּל בּוֹ מוּם שֶׁלֹּא יִהְיֶה רָאוּי לְקָרְבָּן. **וְכֵן תְּמוּרָתוֹ.** אִם הֵמִיר בּוֹ בֶּהֱמַת חֻלִּין אַחֲרֵי כֵן. **לְאַחַר הַפֶּסַח.** כְּלוֹמַר, וְאִם לְאַחַר שְׁחִיטַת הַשֵּׁנִי נִמְצָא - הֲרֵי לֹא קְבָעַתּוֹ שְׁעַת שְׁחִיטָה בְּשֵׁם פֶּסַח וְלֹא נִדְחָה בַּיָּדַיִם, וְיִקְרַב הוּא עַצְמוֹ שְׁלָמִים. **וְכֵן תְּמוּרָתוֹ.** וְהוּא הַדִּין דְּמָצֵי רַבִּי יְהוֹשֻׁעַ לְמִתְנֵי בְּפֶסַח עַצְמוֹ: יֵשׁ פֶּסַח קָרֵב וְיֵשׁ פֶּסַח שֶׁאֵינוֹ קָרֵב:

אדם שהיו לפניו שתי בהמות, אחת קרבן ואחת חולין, ורצה להעביר את הקדושה של הקרבן לבהמת החולין ואמר 'זו תמורת זו' - דינו מפורש בתורה (ויקרא כז, י): "והיה הוא ותמורתו יהיה קודש", שתיהן קדושות, הבהמה המקורית ותמורתה. פעמים שאת התמורה אפשר להקריב ופעמים שלא. משנה זו עוסקת בתמורת פסח.

כדי להבין את המשנה יש להוסיף כלל, והוא: בהמה שהופרשה לפסח אך לא הקריבו אותה, אם מחמת שעבר זמנה או שהפרישו לעצמם קרבן אחר - דינה שמוקרבת כשלמים.

אָמַר רַבִּי יְהוֹשֻׁעַ: שָׁמַעְתִּי שמועה מרבותיי **שֶׁתְּמוּרַת הַפֶּסַח קְרֵבָה** כשלמים אחרי הפסח **וּתְמוּרַת הַפֶּסַח אֵינָהּ קְרֵבָה,** כלומר אחת מהן קרבה ואחת לא, **וְאֵין לִי לְפָרֵשׁ,** איני יודע לפרש את החילוק של שמועה זו.

אָמַר רַבִּי עֲקִיבָא: אֲנִי אֲפָרֵשׁ, הַפֶּסַח שֶׁנִּמְצָא קֹדֶם שְׁחִיטַת הַפֶּסַח – קרבן פסח שאבד, ובינתיים הבעלים הפריש קרבן נוסף לפסח ועדיין לא הקריב אותו, הרי שיש כאן שתי בהמות שמיועדות לפסח, ואין מקריבים שני פסחים לאדם אחד, וגם אינה יכולה להיקרב כשלמים כיוון ששם 'פסח' לא נעקר ממנה. וכששחט את הבהמה השנייה דחה בידיו את הבהמה הראשונה מלהיות פסח. לכן דינו של הקרבן הוא: **יִרְעֶה** בשדה **עַד שֶׁיִּסְתָּאֵב,** ייפול בה מום הפוסל אותה מלעלות למזבח, **וְיִמָּכֵר, וְיִקַּח בְּדָמָיו** בכספי המכירה **שְׁלָמִים,** שכן מוֹתַר הפסח קרב שלמים, **וְכֵן תְּמוּרָתוֹ** – אם המיר את הקרבן הזה בבהמה אחרת גם היא קרבה שלמים, ועל תמורה כזו שמע רבי יהושע שהיא קרבה.

אם הבהמה שאבדה נמצאה **אַחַר שְׁחִיטַת הַפֶּסַח,** כלומר לאחר שחיטת הבהמה השנייה לשם קרבן פסח, את הבהמה הראשונה **קְרֵב שְׁלָמִים,** כדין מוֹתַר הפסח, **וְכֵן תְּמוּרָתוֹ** – קרבה, כדין תמורת שלמים.

שני המקרים עוסקים בתמורת פסח שאבד, אך תמורת פסח שלא אבד – אינה קרבה.

ז **הַמַּפְרִישׁ נְקֵבָה לְפִסְחוֹ, אוֹ זָכָר בֶּן שְׁתֵּי שָׁנִים -**
יִרְעֶה עַד שֶׁיִּסְתָּאֵב,
וְיִמָּכֵר, וְיִפְּלוּ דָמָיו לִנְדָבָה.

הַמַּפְרִישׁ פִּסְחוֹ וָמֵת -
לֹא יְבִיאֶנּוּ בְּנוֹ אַחֲרָיו לְשֵׁם פֶּסַח,
אֶלָּא לְשֵׁם שְׁלָמִים.

רבי עובדיה מברטנורה

וְיִפְּלוּ דָמָיו לִנְדָבָה. נוֹתְנִים אוֹתָן הַמָּעוֹת לְתֵבָה שֶׁבַּמִּקְדָּשׁ וּמַקְרִיבִין מֵהֶן עוֹלוֹת נְדָבָה.

לֹא יְבִיאֶנּוּ בְּנוֹ אַחֲרָיו לְשֵׁם פֶּסַח. דַּהֲוָה לֵיהּ פֶּסַח שֶׁמֵּתוּ בְּעָלָיו, וְאֵין כָּאן מְנוּיִין:

קרבן פסח בא מכבש או גדי זכר בן שנה. משנה זו דנה במי שהפריש לקרבן הפסח כבש או גדי בן יותר משנה או נקבה, וכן מה הדין אם אדם הקריב קרבן פסח ומת, האם בנו היורש יכול להקריב אותה.

הַמַּפְרִישׁ נְקֵבָה לְפִסְחוֹ, אוֹ זָכָר בֶּן שְׁתֵּי שָׁנִים, שאי אפשר להקריב מהם קרבן, שנאמר (שמות יב, ה): "שה תמים זכר בן שנה" - **יִרְעֶה** בשדה **עַד שֶׁיִּסְתָּאֵב,** ייפול בקרבן מום הפוסל אותו מלעלות למזבח, **וְיִמָּכֵר, וְיִפְּלוּ דָמָיו** כספי המכירה **לִנְדָבָה,** לקופה שהייתה במקדש, ומהכסף שהיה שם היו מקריבים עולות נדבה כשהמזבח פנוי. ואינו קרב לשלמים, כיוון שרק קרבן שהוקדש לפסח והיה ראוי לפסח קרב שלמים, ואלה מתחילה לא היו ראויים לפסח.

הַמַּפְרִישׁ פִּסְחוֹ וָמֵת, ובנו שירש את הבהמה בין שאר הנכסים לא היה מנוי איתו על פסח זה - **לֹא יְבִיאֶנּוּ בְּנוֹ אַחֲרָיו לְשֵׁם פֶּסַח,** כיוון שאין מקריבים פסח שמת בעליו, **אֶלָּא** יביא אותו **לְשֵׁם שְׁלָמִים.** ואם מתחילה הבן נמנה על חבורת האב - יכול להקריב את הבהמה לפסח (גמרא צח, א).

ח **הַפֶּסַח שֶׁנִּתְעָרֵב בִּזְבָחִים –**
כֻּלָּן יִרְעוּ עַד שֶׁיִּסְתָּאֲבוּ, וְיִמָּכְרוּ,
וְיָבִיא בִּדְמֵי הַיָּפֶה שֶׁבָּהֶן מִמִּין זֶה,
וּבִדְמֵי הַיָּפֶה שֶׁבָּהֶן מִמִּין זֶה,
וְיַפְסִיד הַמּוֹתָר מִבֵּיתוֹ.

נִתְעָרֵב בַּבְּכוֹרוֹת –
רַבִּי שִׁמְעוֹן אוֹמֵר:
אִם חֲבוּרַת כֹּהֲנִים, יֹאכֵלוּ.

רבי עובדיה מברטנורה

הַפֶּסַח שֶׁנִּתְעָרֵב. שְׁלֹשָׁה טְלָאִים, אֶחָד שֶׁל פֶּסַח וְאֶחָד שֶׁל אָשָׁם וְאֶחָד שֶׁל עוֹלָה, שֶׁנִּתְעָרְבוּ. כֻּלָּן יִרְעוּ עַד שֶׁיִּסְתָּאֲבוּ, **וְיָבִיא בִּדְמֵי הַיָּפֶה שֶׁבָּהֶן** עוֹלָה, דְּשֶׁמָּא הַיָּפֶה עוֹלָה הָיָה. וּבִדְמֵי הַיָּפֶה שֶׁבָּהֶן אָשָׁם, דְּשֶׁמָּא הַיָּפֶה אָשָׁם הָיָה. וּבִדְמֵי הַיָּפֶה שֶׁבָּהֶן פֶּסַח אִם קֹדֶם הַפֶּסַח נִסְתָּאֲבוּ כֻּלָּן, וְאִם לְאַחַר הַפֶּסַח נִסְתָּאֲבוּ יְבִיאֵם לִשְׁלָמִים, דְּשֶׁמָּא הַיָּפֶה פֶּסַח הָיָה. וְאוֹתוֹ מוֹתָר שֶׁצָּרִיךְ לְהוֹסִיף עַל הַשְּׁנַיִם עַד שֶׁיַּגִּיעוּ לִדְמֵי הַיָּפֶה – יַפְסִיד מִשֶּׁלּוֹ. וְכֵיצַד עוֹשֶׂה? אִם הַיָּפֶה שֶׁבָּהֶן שָׁוֶה סֶלַע – מֵבִיא שְׁלֹשָׁה סְלָעִים מִבֵּיתוֹ וְנוֹטֵל הַסֶּלַע הָאֶחָד וְאוֹמֵר: "כָּל מָקוֹם שֶׁהִיא הָעוֹלָה – הֲרֵי הִיא מְחֻלֶּלֶת עַל סֶלַע זוֹ", וְיָבִיא מִמֶּנּוּ עוֹלָה. וְנוֹטֵל הַסֶּלַע הַשֵּׁנִי וְאוֹמֵר: "כָּל מָקוֹם שֶׁהוּא אָשָׁם – הֲרֵי הוּא מְחֻלָּל עַל סֶלַע זוֹ", וְיָבִיא בּוֹ אָשָׁם. וְכֵן לִשְׁלָמִים:

נִתְעָרֵב הַפֶּסַח **בַּבְּכוֹרוֹת.** שֶׁמַּתַּן דָּמָם וְדַם הַפֶּסַח שָׁוֶה. **רַבִּי שִׁמְעוֹן אוֹמֵר: אִם חֲבוּרַת כֹּהֲנִים, יֹאכְלוּ** כֻּלָּן בּוֹ בַּלַּיְלָה, שֶׁהַבְּכוֹר נֶאֱכָל לַכֹּהֲנִים. וְיַקְרִיב פֶּסַח לְשֵׁם פֶּסַח בְּכָל מָקוֹם שֶׁהוּא, וּבְכוֹרוֹת לְשֵׁם בְּכוֹרוֹת בְּכָל מָקוֹם שֶׁהֵן. וְאַף עַל פִּי שֶׁהֵן מְמַעֲטִין בִּזְמַן אֲכִילַת הַבְּכוֹר, שֶׁהַבְּכוֹר נֶאֱכָל לִשְׁנֵי יָמִים וְלַיְלָה אֶחָד וְעַכְשָׁו אֵין אוֹכְלִין אוֹתוֹ אֶלָּא עַד חֲצוֹת כִּזְמַן הַפֶּסַח, וְנִמְצְאוּ מְבִיאִין קָדָשִׁים לְבֵית הַפְּסוּל – רַבִּי שִׁמְעוֹן סָבַר שֶׁיְּכוֹלִין לְהָבִיא קָדָשִׁים לְבֵית הַפְּסוּל:

וְרַבָּנָן פְּלִיגֵי עֲלֵיהּ וְאָמְרֵי: יִרְעוּ כֻּלָּן עַד שֶׁיִּסְתָּאֲבוּ, וְיָבִיא מָעוֹת בִּדְמֵי הַיָּפֶה שֶׁבָּהֶן כִּדְאַמְרָן בְּפֶסַח שֶׁנִּתְעָרֵב בִּזְבָחִים. וְאֵין הֲלָכָה כְּרַבִּי שִׁמְעוֹן:

משנה זו עוסקת בפסח שהתערב בבהמות חולין או בבהמות קודשים.

הַפֶּסַח שֶׁנִּתְעָרֵב בִּזְבָחִים, בבהמות דומות שהוקדשו לקרבנות אחרים, כגון עולה, ואינו יכול להקריב אחת מהן לפסח, שמא היא עולה, וגם לא לעולה

שמא היא הפסח - **כֻּלָּן יִרְעוּ עַד שֶׁיִּסְתָּאֲבוּ**, ייפול בכולן מום הפוסל למזבח, **וְיִמָּכְרוּ**, כל אחד לפי שוויו, **וְיָבִיא בִּדְמֵי הַיָּפֶה שֶׁבָּהֶן מִמִּין זֶה**, במחיר היקר מבין הבהמות שמכר, יקנה עולה, **וּבִדְמֵי הַיָּפֶה שֶׁבָּהֶן** יקנה **מִמִּין זֶה**, פסח, **וְיַפְסִיד הַמּוֹתָר מִבֵּיתוֹ**, את ההפרש בין המחיר היקר לזול ישלים מכספו, שכן קנה שתי בהמות יקרות במקום אחת יקרה ואחת זולה.

נִתְעָרֵב הפסח **בִּבְכוֹרוֹת**, בכור בהמה טהורה, שדינו להיקרב על המזבח ואת בשרו אוכלים כוהנים ואי אפשר לפדותו - **רַבִּי שִׁמְעוֹן אוֹמֵר: אִם חֲבוּרַת כֹּהֲנִים**, אם זו חבורה שכולה כוהנים - **יֹאכֵלוּ**, כלומר, יקריבו את כל הבהמות (וזריקת הדם של הפסח והבכור דומה, בשני המקרים זורקים זריקה אחת על היסוד, כמבואר בזבחים ה, ח), ובכל קרבן שמקריב מתנה תנאי: אם היא פסח - הרי היא לשם פסח, ואם בכור - לשם בכור, ויאכלו את הבהמות בליל י"ד עד חצות. רבי שמעון אינו חושש למצב שבו יותירו מהבשר אחרי חצות וישרפו אותו כדין פסח, אף שדין בשר הבכור הוא להיאכל לשני ימים ולילה אחד.

ברם חכמים חוששים שמא יגרמו לבשר להישרף קודם זמנו, ולכן סוברים שימתין עד שייפול מום בשתי הבהמות ויחלל אותן על בהמה אחרת, שמנה, ויקריב אותה לשלמים (גמרא צח, ב).

ט חֲבוּרָה שֶׁאָבַד פִּסְחָהּ, וְאָמְרָה לְאֶחָד:
"צֵא וּבַקֵּשׁ וּשְׁחֹט עָלֵינוּ",
וְהָלַךְ וּמָצָא וְשָׁחַט, וְהֵם לָקְחוּ וְשָׁחֲטוּ:
אִם שֶׁלּוֹ נִשְׁחַט רִאשׁוֹן –
הוּא אוֹכֵל מִשֶּׁלּוֹ, וְהֵם אוֹכְלִים עִמּוֹ מִשֶּׁלּוֹ.
וְאִם שֶׁלָּהֶן נִשְׁחַט רִאשׁוֹן –
הֵם אוֹכְלִים מִשֶּׁלָּהֶן וְהוּא אוֹכֵל מִשֶּׁלּוֹ.
וְאִם אֵינוֹ יָדוּעַ אֵיזֶה מֵהֶן נִשְׁחַט רִאשׁוֹן,
אוֹ שֶׁשָּׁחֲטוּ שְׁנֵיהֶן כְּאֶחָד –
הוּא אוֹכֵל מִשֶּׁלּוֹ, וְהֵם אֵינָם אוֹכְלִים עִמּוֹ,
וְשֶׁלָּהֶן יֵצֵא לְבֵית הַשְּׂרֵפָה,
וּפְטוּרִין מִלַּעֲשׂוֹת פֶּסַח שֵׁנִי.

אָמַר לָהֶן:
"אִם אֵחַרְתִּי, צְאוּ וְשַׁחֲטוּ עָלַי",
הָלַךְ וּמָצָא וְשָׁחַט, וְהֵן לָקְחוּ וְשָׁחֲטוּ:
אִם שֶׁלָּהֶן נִשְׁחַט רִאשׁוֹן –
הֵן אוֹכְלִין מִשֶּׁלָּהֶן, וְהוּא אוֹכֵל עִמָּהֶן.
וְאִם שֶׁלּוֹ נִשְׁחַט רִאשׁוֹן –
הוּא אוֹכֵל מִשֶּׁלּוֹ וְהֵן אוֹכְלִין מִשֶּׁלָּהֶן.
וְאִם אֵינוֹ יָדוּעַ אֵיזֶה מֵהֶם נִשְׁחַט רִאשׁוֹן,
אוֹ שֶׁשָּׁחֲטוּ שְׁנֵיהֶם כְּאֶחָד –
הֵן אוֹכְלִין מִשֶּׁלָּהֶן וְהוּא אֵינוֹ אוֹכֵל עִמָּהֶן,
וְשֶׁלּוֹ יֵצֵא לְבֵית הַשְּׂרֵפָה,
וּפָטוּר מִלַּעֲשׂוֹת פֶּסַח שֵׁנִי.

אָמַר לָהֶן וְאָמְרוּ לוֹ –
אוֹכְלִין כֻּלָּן מִן הָרִאשׁוֹן.
וְאִם אֵין יָדוּעַ אֵיזֶה מֵהֶן נִשְׁחַט רִאשׁוֹן –
שְׁנֵיהֶם יוֹצְאִין לְבֵית הַשְּׂרֵפָה.

לֹא אָמַר לָהֶן וְלֹא אָמְרוּ לוֹ –
אֵינָן אַחֲרָאִין זֶה לָזֶה.

רבי עובדיה מברטנורה

"צֵא וּבַקֵּשׁ אֶת הָאָבוּד וּשְׁחֹט עָלֵינוּ". **אִם שֶׁלּוֹ נִשְׁחַט רִאשׁוֹן.** הוֹאִיל וְהֵם אָמְרוּ לוֹ "שְׁחֹט עָלֵינוּ" – עַל שֶׁלּוֹ הֵם נִמְנִים, וְשֶׁלָּהֶם יִשָּׂרֵף, דְּפֶסַח בְּלֹא בְּעָלִים הוּא, וְאוֹכְלִין כֻּלָּם מִשֶּׁלּוֹ. **וְאִם שֶׁלָּהֶן נִשְׁחַט רִאשׁוֹן.** הוּא אוֹכֵל מִשֶּׁלּוֹ, שֶׁהֲרֵי לֹא נִמְנָה עַל שֶׁלָּהֶן. וְהֵן אוֹכְלִין מִשֶּׁלָּהֶן, שֶׁהֲרֵי חָזְרוּ בָּהֶן מִן הָאָבוּד וּמָשְׁכוּ יְדֵיהֶן מִמֶּנּוּ. **[וְאִם אֵינוֹ יָדוּעַ... אוֹ שֶׁשָּׁחֲטוּ שְׁנֵיהֶם כְּאֶחָד...] וְהֵן אֵינָן אוֹכְלִין עִמּוֹ.** שֶׁמָּא שֶׁלָּהֶן נִשְׁחַט רִאשׁוֹן וּמָשְׁכוּ יְדֵיהֶן מִזֶּה. **וְשֶׁלָּהֶן יֵצֵא לְבֵית הַשְּׂרֵפָה.** שֶׁמָּא שֶׁלּוֹ נִשְׁחַט רִאשׁוֹן וְאֵין נִמְנִין עַל הַשֵּׁנִי. **וּפְטוּרִין מִפֶּסַח שֵׁנִי.** דְּמִמָּה נַפְשָׁךְ – בָּרִאשׁוֹן נִמְנוּ, וַאֲכִילָה לֹא מְעַכֶּבֶת:

אָמַר לָהֶן אוֹתוֹ הַיָּחִיד שֶׁהָלַךְ לְבַקֵּשׁ אֶת הָאָבוּד: "אִם אֵחַרְתִּי תַּמְנוּנִי עִמָּכֶם וְשַׁחֲטוּ עָלַי", וְהֵם לֹא אָמְרוּ לוֹ: "שְׁחֹט עָלֵינוּ". **הוּא אוֹכֵל עִמָּהֶן.** וְשֶׁלּוֹ יִשָּׂרֵף, כֵּיוָן שֶׁהִמְנוּהוּ עַל שֶׁלָּהֶן – הֲרֵי נִמְשַׁךְ מִן הָרִאשׁוֹן וְחָזַר בּוֹ מִשְּׁלִיחוּתוֹ. **וְשֶׁלּוֹ יֵצֵא לְבֵית הַשְּׂרֵפָה.** שֶׁמָּא שֶׁלָּהֶן נִשְׁחַט רִאשׁוֹן וְנִמְשַׁךְ מִשֶּׁלּוֹ, שֶׁהֲרֵי עֲשָׂאָן שְׁלוּחִין. **וּפָטוּר מִפֶּסַח שֵׁנִי.** דְּמִמָּה נַפְשָׁךְ – בָּרִאשׁוֹן נִמְנָה, וַאֲכִילָה לֹא מְעַכֶּבֶת:

אָמַר לָהֶן: "שַׁחֲטוּ עָלַי אִם אֵחַרְתִּי", **וְאָמְרוּ לוֹ:** "בַּקֵּשׁ וּשְׁחֹט עָלֵינוּ" – **יֹאכְלוּ כֻּלָּם מִן הָרִאשׁוֹן,** דְּהוּא שְׁלוּחָם וְהֵם שְׁלוּחָיו. **וְאִם אֵין יָדוּעַ אֵיזֶה רִאשׁוֹן... שְׁנֵיהֶם יִשָּׂרְפוּ** וּפְטוּרִים מִפֶּסַח שֵׁנִי:

אֵינָן חַיָּבִין בְּאַחֲרָיוּת זֶה לָזֶה. אֵין לָהֶם טַעֲנָה זֶה עַל זֶה. אֵין חוֹשְׁשִׁין אֵיזֶה רִאשׁוֹן, אֶלָּא הוּא אוֹכֵל מִשֶּׁלּוֹ, וְהֵן אוֹכְלִין מִשֶּׁלָּהֶן:

משנה זו עוסקת במקרה שחבורה איבדה את הפסח שנמנו עליו ואחד מבני החבורה שחט קרבן חדש עליהם, ובו בזמן נמצא הקרבן הראשון ושחטו גם אותו. הכלל במקרה כזה הוא: אדם שביקש להימנות על חבורת פסח, יכול לצאת מהחבורה אם ישחט בעצמו פסח אחר.

חֲבוּרָה שֶׁאָבַד פִּסְחָהּ, וְאָמְרָה לְאֶחָד מבני החבורה: "**צֵא וּבַקֵּשׁ**, חפש לנו קרבן אחר, **וּשְׁחֹט עָלֵינוּ** קרבן פסח", **וְהָלַךְ וּמָצָא** קרבן אחר **וְשָׁחַט, וְהֵם לָקְחוּ** במקביל אליו בהמה אחרת **וְשָׁחֲטוּ** בהמה לשם פסח: **אִם שֶׁלּוֹ נִשְׁחַט רִאשׁוֹן - הוּא אוֹכֵל מִשֶּׁלּוֹ, וְהֵם אוֹכְלִים עִמּוֹ מִשֶּׁלּוֹ**, כיוון שהם סמכו עליו להיות בחבורת הפסח שלו, והפסח שלהם יישרף כדין פסח שאין לו בעלים.

וְאִם שֶׁלָּהֶן נִשְׁחַט רִאשׁוֹן - הֵם אוֹכְלִים מִשֶּׁלָּהֶן, שברגע ששחטו בנפרד גילו את דעתם שאינם סומכים עליו ואינם רוצים להיות בחבורה שלו. **וְהוּא אוֹכֵל מִשֶּׁלּוֹ**, שהרי לא ידע שהם שוחטים בעצמם ולא סמך עליהם.

וְאִם אֵינוֹ יָדוּעַ אֵיזֶה מֵהֶן נִשְׁחַט רִאשׁוֹן, אוֹ שֶׁשָּׁחֲטוּ שְׁנֵיהֶן כְּאֶחָד, הרי שיש ספק אם יצאו ידי חובה בפסח שלו או שלהם, ולכן: **הוּא אוֹכֵל מִשֶּׁלּוֹ,** כי הוא ודאי יצא ידי חובה בפסח שקנה בעצמו, **וְהֵם אֵינָם אוֹכְלִים עִמּוֹ,** מספק שמא שלהם נשחט קודם, **וְשֶׁלָּהֶן יֵצֵא לְבֵית הַשְּׂרֵפָה,** יישרף כדין פסח שאינו ראוי לאכילה, **וּפְטוּרִין מִלַּעֲשׂוֹת פֶּסַח שֵׁנִי,** שהרי יצאו ידי חובה או בפסח שלו או בפסח שלהם, אף שלא אכלו מהם.

אָמַר לָהֶן השליח לבני החבורה: **"אִם אֵחַרְתִּי, צְאוּ וְשַׁחֲטוּ עָלַי"**, הרי שסמך את דעתו להיות בחבורה שלהם. **הָלַךְ וּמָצָא וְשָׁחַט, וְהֵן לָקְחוּ וְשָׁחֲטוּ: אִם שֶׁלָּהֶן נִשְׁחַט רִאשׁוֹן - הֵן אוֹכְלִין מִשֶּׁלָּהֶן**, שכן לא סמכו את דעתם עליו אלא על עצמם, **וְהוּא אוֹכֵל עִמָּהֶן**, שהרי סמך את דעתו עליהם.

וְאִם שֶׁלּוֹ נִשְׁחַט רִאשׁוֹן - הוּא אוֹכֵל מִשֶּׁלּוֹ, שברגע ששחט גילה את דעתו שאינו סומך עליהם, **וְהֵן אוֹכְלִין מִשֶּׁלָּהֶן**, שהרי לא סמכו עליו.

וְאִם אֵינוֹ יָדוּעַ אֵיזֶה מֵהֶם נִשְׁחַט רִאשׁוֹן, אוֹ שֶׁשָּׁחֲטוּ שְׁנֵיהֶם כְּאֶחָד, הרי שיש ספק אם יצא ידי חובה בפסח שלו או שלהם, ולכן: **הֵן אוֹכְלִין מִשֶּׁלָּהֶן**, שהרי לא סמכו עליו ויצאו ידי חובה בקרבן שלהם, **וְהוּא אֵינוֹ אוֹכֵל עִמָּהֶן**, מספק שמא שלו נשחט קודם, **וְשֶׁלּוֹ יֵצֵא לְבֵית הַשְּׂרֵפָה**, כדין פסח שאינו ראוי לאכילה, **וּפָטוּר מִלַּעֲשׂוֹת פֶּסַח שֵׁנִי**, שהרי יצא ידי חובה בפסח שלו או בפסח שלהם.

אָמַר לָהֶן, השליח לבני החבורה, "שחטו עליי" **וְאָמְרוּ לוֹ** "שחוט עלינו", הרי שסמכו זה על זה, ולכן **אוֹכְלִין כֻּלָּן מִן הָרִאשׁוֹן. וְאִם אֵין יָדוּעַ אֵיזֶה מֵהֶן נִשְׁחַט רִאשׁוֹן, שְׁנֵיהֶם יוֹצְאִין לְבֵית הַשְּׂרֵפָה** - ופטורים מלעשות פסח שני.

לֹא אָמַר לָהֶן וְלֹא אָמְרוּ לוֹ, לא דיברו בפירוש אבל היו רמזים שמראים שהם סומכים זה על זה - **אֵינָן אַחֲרָאִין זֶה לָזֶה**, אין להם טענה זה על זה, וכל אחד אוכל מהפסח שלו, ומכאן למדו חכמים (תוספתא (ט, ב): "יפה שתיקה לחכמים".

י **שְׁתֵּי חֲבוּרוֹת שֶׁנִּתְעָרְבוּ פִּסְחֵיהֶן –**
אֵלּוּ מוֹשְׁכִין לָהֶן אֶחָד וְאֵלּוּ מוֹשְׁכִין לָהֶן אֶחָד,
אֶחָד מֵאֵלּוּ בָּא לוֹ אֵצֶל אֵלּוּ,
וְאֶחָד מֵאֵלּוּ בָּא לוֹ אֵצֶל אֵלּוּ,
וְכָךְ הֵם אוֹמְרִים:
"אִם שֶׁלָּנוּ הוּא הַפֶּסַח הַזֶּה –
יָדֶיךָ מְשׁוּכוֹת מִשֶּׁלְּךָ וְנִמְנֵיתָ עַל שֶׁלָּנוּ,
וְאִם שֶׁלְּךָ הוּא הַפֶּסַח הַזֶּה –
יָדֵינוּ מְשׁוּכוֹת מִשֶּׁלָּנוּ וְנִמְנֵינוּ עַל שֶׁלְּךָ".

וְכֵן חָמֵשׁ חֲבוּרוֹת שֶׁל חֲמִשָּׁה חֲמִשָּׁה
וְשֶׁל עֲשָׂרָה עֲשָׂרָה –
מוֹשְׁכִין לָהֶן אֶחָד מִכָּל חֲבוּרָה וַחֲבוּרָה,
וְכֵן הֵם אוֹמְרִים.

רבי עובדיה מברטנורה

אֵלּוּ מוֹשְׁכִין לָהֶם אֶחָד מִן הַפְּסָחִים, וְאֵלּוּ מוֹשְׁכִין לָהֶם אֶחָד. **אֶחָד** מִבְּנֵי חֲבוּרָה זוֹ בָּא לוֹ אֵצֶל בְּנֵי חֲבוּרָה זוֹ, וְאֶחָד מִזּוֹ בָּא לוֹ אֵצֶל זוֹ. **וְכָךְ הֵם אוֹמְרִים** לְאוֹתוֹ יָחִיד הַבָּא אֶצְלָם: **"אִם שֶׁלָּנוּ הוּא** אוֹתוֹ הַפֶּסַח שֶׁמָּשַׁכְנוּ אֵלֵינוּ – יָפֶה בֵּרַרְנוּ אֶת שֶׁלָּנוּ, הַמְשֵׁךְ יָדְךָ מִשֶּׁלְּךָ וְהִמָּנֶה עִמָּנוּ עַל שֶׁלָּנוּ". **"אִם שֶׁלְּךָ הוּא פֶּסַח זֶה** – הֲרֵי אַתָּה עָלָיו וְיָדֵינוּ מְשׁוּכוֹת מִשֶּׁלָּנוּ וִיהֵא לִבְנֵי חֲבוּרָה הָאַחֶרֶת וְנִמְנֵינוּ עַל זֶה שֶׁלְּךָ". נִמְצָא אִם הֶחֱלִיפוּ – הֲרֵי נִמְשְׁכוּ כָּל הַחֲבוּרָה מִשֶּׁלָּהֶם וְנִמְנוּ עַל אוֹתוֹ שֶׁבָּרְרוּ. וְכָךְ אוֹמְרִים בְּנֵי חֲבוּרָה הַשְּׁנִיָּה לַיָּחִיד הַבָּא אֶצְלָם. וְעַל כָּרְחָם צָרִיךְ אֶחָד מֵאֵלּוּ לָבוֹא אֵצֶל אֵלּוּ וְלִמָּנוֹת עִמָּהֶן, וְלָא אָמְרִינַן: "יִמָּשְׁכוּ אֵלּוּ מִשֶּׁלָּהֶן בְּכָל מָקוֹם שֶׁהוּא וְאֵלּוּ מִשֶּׁלָּהֶן, וְיַחְזְרוּ וְיִמָּנוּ אֵלּוּ עַל אֶחָד וְאֵלּוּ עַל אֶחָד" – מִשּׁוּם דְּאָמְרִינַן בַּבָּרַיְתָא בַּגְּמָרָא (צט, א) דְּאָסוּר לִמְשֹׁךְ כָּל בְּנֵי הַחֲבוּרָה מִן הַפֶּסַח וּלְהַנִּיחוֹ בְּלֹא בְּעָלִים, וְשֶׁמָּא הֶחֱלִיפוּ וְרוֹצִים לִמְשֹׁךְ מִפִּסְחָם וְלִמָּנוֹת עַל אַחֵר, כְּשֶׁאָמְרוּ "הֲרֵי יָדֵינוּ מְשׁוּכוֹת מִשֶּׁלָּנוּ" – הֲרֵי נוֹתַר פֶּסַח בְּלֹא בְּעָלִים מִיָּד, וְזֶה אָסוּר. וְעַכְשָׁו כְּשֶׁאֶחָד מֵחֲבוּרָה זוֹ בָּא אֵצֶל הָאַחֶרֶת – מִמָּה נַפְשָׁךְ אֵין כָּאן פֶּסַח בְּלֹא בְּעָלִים. אִם יָפֶה בֵּרְרוּ לָהֶם – הֲרֵי כָּל בְּנֵי חֲבוּרָתוֹ עָלָיו חוּץ מִן הָאֶחָד שֶׁפֵּרֵשׁ מֵהֶן וּמָשַׁךְ יָדוֹ, וְאִם הֶחֱלִיפוּ – הֲרֵי הָלַךְ אֶחָד מֵהֶם עִם פִּסְחוֹ, וּכְשֶׁמָּשְׁכוּ הַנּוֹתָרִים יְדֵיהֶם הֵימֶנּוּ, נִשְׁאַר הוּא עָלָיו:

וְכֵן חָמֵשׁ חֲבוּרוֹת שֶׁל חֲמִשָּׁה חֲמִשָּׁה בְּנֵי

אָדָם שֶׁנִּתְעָרְבוּ פִּסְחֵיהֶן. כָּל חֲבוּרָה וַחֲבוּרָה **מוֹשְׁכִין לָהֶם אֶחָד** מִן הַפְּסָחִים, וַחֲמִשָּׁה אֲנָשִׁים שֶׁבְּכָל חֲבוּרָה וַחֲבוּרָה מִתְחַלְּקִין לַחֲמִשָּׁה פְּסָחִים, שֶׁאִם הֶחְלִיפוּ - לֹא יְהֵא כָּאן פֶּסַח שֶׁאֵין אֶחָד מִבְּעָלָיו הָרִאשׁוֹנִים עָלָיו. **וְכָךְ הֵם אוֹמְרִים.** כְּשֶׁנַּעֲשׂוּ עַתָּה הַחֲבוּרוֹת הַחֲדָשִׁים אוֹמְרִים הָאַרְבָּעָה לָאֶחָד: "אִם שֶׁלְּךָ הוּא פֶּסַח זֶה - הֲרֵי יָדֵינוּ אַרְבַּעְתֵּנוּ מְסֻלָּקוֹת מֵאַרְבַּעַת פְּסָחֵינוּ בְּכָל מָקוֹם שֶׁהֵם וְנִמְנֵינוּ עִמְּךָ", וְכֵן הוּא וּשְׁלֹשָׁה חוֹזְרִין וְאוֹמְרִין לַשֵּׁנִי, וְכֵן הָרְבִיעִי לְכָל אֶחָד שֶׁבַּחֲבוּרָה. וְכָל חֲבוּרָה וַחֲבוּרָה כֵּן:

משנה זו עוסקת במקרה ששני פסחים משתי חבורות התערבו, כיצד ינהגו.

כדי לתקן את המצב צריך לשמור על כמה כללים: אין לאדם לאכול קרבן פסח שלא נמנה עליו, אין לעזוב את חבורת הפסח אם לא נשאר בחבורה אף אחד, ואפשר להצטרף לחבורה אחרת כל עוד הפסח לא נשחט.

שְׁתֵּי חֲבוּרוֹת שֶׁנִּתְעָרְבוּ פִּסְחֵיהֶן והם לא מצליחים לזהות איזו בהמה שייכת לכל חבורה, ואינם יכולים לצאת מהחבורה כך סתם, שאי אפשר להשאיר קרבן פסח בלי בעלים, אך אפשר לעזוב חבורה אם נשאר בה מישהו ואפשר להצטרף לחבורה אחרת. לכן **אֵלּוּ**, חבורה אחת **מוֹשְׁכִין לָהֶן אֶחָד** קרבן אחד, **וְאֵלּוּ מוֹשְׁכִין לָהֶן אֶחָד**, את הבהמה השנייה, **אֶחָד מֵאֵלּוּ**, מבני החבורה, **בָּא לוֹ אֵצֶל אֵלּוּ, וְאֶחָד מֵאֵלּוּ בָּא לוֹ אֵצֶל אֵלּוּ**, כלומר אחד מבני החבורה עובר לחבורה השנייה, ואחר מהחבורה השנייה עובר לחבורה הראשונה. **וְכָךְ הֵם אוֹמְרִים** לזה שהצטרף לחבורתם: **אִם שֶׁלָּנוּ הוּא הַפֶּסַח הַזֶּה - יָדֶיךָ מְשׁוּכוֹת מִשֶּׁלְּךָ**, תעזוב את החבורה המקורית שלך, **וְנִמְנֵיתָ עַל שֶׁלָּנוּ**, ותצטרף לחבורה שלנו. **וְאִם שֶׁלְּךָ הוּא הַפֶּסַח הַזֶּה - יָדֵינוּ מְשׁוּכוֹת מִשֶּׁלָּנוּ וְנִמְנֵינוּ עַל שֶׁלְּךָ**, אנחנו עוזבים את החבורה שלנו ועוברים לפסח שלך. וכך עושים גם בני החבורה השנייה עם הפסח השני.

וְכֵן הדין במקרה שהתערבו פסחים של **חָמֵשׁ חֲבוּרוֹת שֶׁל חֲמִשָּׁה חֲמִשָּׁה** – חמש חבורות שבכל אחת חמישה אנשים, **וְשֶׁל עֲשָׂרָה עֲשָׂרָה** – או עשר חבורות של עשרה אנשים, שהתערבו פסחיהם זה בזה. וכך הם עושים:

מוֹשְׁכִין לָהֶן אֶחָד מִכָּל חֲבוּרָה וַחֲבוּרָה, על כל קרבן יעמוד אחד מכל חבורה **וְכֵן הֵם אוֹמְרִים,** יתנו תנאי על כל קרבן, כמתואר לעיל: "אם פסח זה שלנו וכו'".

יא **שְׁנַיִם שֶׁנִּתְעָרְבוּ פִּסְחֵיהֶם –**
זֶה מוֹשֵׁךְ לוֹ אֶחָד וְזֶה מוֹשֵׁךְ לוֹ אֶחָד,
זֶה מַמְנֶה עִמּוֹ אֶחָד מִן הַשּׁוּק,
וְזֶה מַמְנֶה עִמּוֹ אֶחָד מִן הַשּׁוּק,
זֶה בָּא אֵצֶל זֶה וְזֶה בָּא אֵצֶל זֶה,
וְכָךְ הֵם אוֹמְרִים:
"אִם שֶׁלִּי הוּא פֶּסַח זֶה –
יָדֶיךָ מְשׁוּכוֹת מִשֶּׁלְּךָ וְנִמְנֵיתָ עַל שֶׁלִּי,
וְאִם שֶׁלְּךָ הוּא פֶּסַח זֶה –
יָדַי מְשׁוּכוֹת מִשֶּׁלִּי וְנִמְנֵיתִי עַל שֶׁלְּךָ".

רבי עובדיה מברטנורה

שְׁנַיִם שֶׁנִּתְעָרְבוּ פִּסְחֵיהֶן. רְאוּבֵן וְשִׁמְעוֹן שֶׁנִּתְעָרְבוּ פִּסְחֵיהֶן, רְאוּבֵן מוֹשֵׁךְ לוֹ אֶחָד וְשִׁמְעוֹן מוֹשֵׁךְ לוֹ אֶחָד. רְאוּבֵן הוֹלֵךְ וּמַמְנֶה עִמּוֹ אֶחָד מִן הַשּׁוּק, וְאוֹמֵר: "כָּל מָקוֹם שֶׁהוּא פֶּסַח שֶׁלִּי – הֲרֵי אַתָּה נִמְנֶה עָלָיו". וּרְאוּבֵן בָּא לוֹ אֵצֶל פֶּסַח שֶׁמָּשַׁךְ לוֹ שִׁמְעוֹן, וְשִׁמְעוֹן בָּא לוֹ אֵצֶל פֶּסַח שֶׁמָּשַׁךְ לוֹ רְאוּבֵן:

וְכָךְ אוֹמֵר לוֹ רְאוּבֵן לִיהוּדָה הַנִּשְׁאָר עַל פֶּסַח שֶׁמָּשַׁךְ לוֹ שִׁמְעוֹן: "אִם שֶׁלְּךָ הוּא פֶּסַח זֶה, שֶׁיָּפֶה בֵּרֵר לוֹ שִׁמְעוֹן תְּחִלָּה – הֲרֵי יָדַי מְשׁוּכוֹת מִשֶּׁלִּי וַהֲרֵינִי נִמְנֶה עִמְּךָ עַל זֶה. וְאִם שֶׁלִּי הוּא פֶּסַח זֶה, שֶׁלֹּא כִּוַּנְתִּי מִתְּחִלָּה לִבְרֹר יָפֶה וְאֵין זֶה פֶּסַח שֶׁנִּמְנֵיתָ עָלָיו עִם שִׁמְעוֹן – הֲרֵי יָדֶיךָ מְסֻלָּקוֹת מִשֶּׁלְּךָ, וְהִמָּנֶה עִמִּי עַל זֶה":

וּלְכָךְ הֻצְרַךְ כָּל אֶחָד לְהַמְנוֹת עִמּוֹ אֶחָד מִן הַשּׁוּק, שֶׁאִם בָּאוּ לְהַתְנוֹת כְּשֶׁהֵן יְחִידִים וְלוֹמַר: "אִם שֶׁלִּי הוּא פֶּסַח זֶה, וְשֶׁלְּךָ שֶׁלְּךָ – הֲרֵי יָפֶה בֵּרַרְנוּ, וְאִם לָאו – הֲרֵי אֲנִי מוֹשֵׁךְ יָדִי מִשֶּׁלִּי וְנִמְנֶה עַל שֶׁלְּךָ", נִמְצָא כְּשֶׁהוּא מוֹשֵׁךְ מִשֶּׁלּוֹ – הֲרֵי הוּא מַנִּיחַ אֶת פִּסְחוֹ בְּלֹא בְּעָלִים, שֶׁעֲדַיִן לֹא נִמְנָה עָלָיו אַחֵר. וְהָא לֵכָּא לְמֵימַר שֶׁיִּמָּנֶה כָּל אֶחָד עַל שֶׁל חֲבֵרוֹ קֹדֶם שֶׁיִּמְשֹׁךְ יָדוֹ מִשֶּׁלּוֹ, דְּאֵין נִמְנִין עַל שְׁנֵי פְּסָחִים כְּאֶחָד, וְאֵין זֶה מְנוּיָיו:

בהמשך למשנה הקודמת, משנה זו דנה במקרה של שני פסחים של שני אנשים שהתערבו ואין להם עוד אנשים בחבורתם.

שְׁנַיִם שֶׁנִּתְעָרְבוּ פִּסְחֵיהֶם – זֶה מוֹשֵׁךְ לוֹ אֶחָד וְזֶה מוֹשֵׁךְ לוֹ אֶחָד. זֶה, הבעלים של אחד הפסחים, אינו יכול להתנות כמתואר במשנה הקודמת, כיוון שאז יישאר פסח בלי בעלים, שהרי בתנאי הוא עוזב את הפסח שלו ועובר לפסח

השני, והפסח נשאר בלי בעלים. ולכן **מַמְנֶה עִמּוֹ אֶחָד מִן הַשּׁוּק**, מוסיף עוד אדם אחר לחבורתו, **וְזֶה**, הבעלים של הפסח השני, **מַמְנֶה עִמּוֹ אֶחָד**, אדם נוסף, **מִן הַשּׁוּק** לחבורתו, **זֶה בָּא אֵצֶל זֶה**, מי שהצטרף לפסח הראשון בא לפסח השני, **וְזֶה בָּא אֵצֶל זֶה**, זה שהצטרף לפסח השני בא לפסח הראשון, **וְכָךְ הֵם אוֹמְרִים** הבעלים המקוריים של הפסח: **"אִם שֶׁלִּי הוּא פֶּסַח זֶה** הראשון - **יָדֶיךָ מְשׁוּכוֹת מִשֶּׁלְּךָ**, תעזוב את הפסח השני שנמנית עליו **וְנִמְנֵיתָ עַל שֶׁלִּי**, תעבור להיות בחבורה שלי, **וְאִם שֶׁלְּךָ הוּא פֶּסַח זֶה**, ואני נמניתי על הפסח השני - **יָדַי מְשׁוּכוֹת מִשֶּׁלִּי וְנִמְנֵיתִי עַל שֶׁלְּךָ"**. וכך אומר גם השני, ובאופן זה לכל אחד מהבעלים המקוריים יש פסח מסוים משלו ונוסף לו אדם מהשוק לחבורה.

פרק עשירי

פרק זה עוסק בדינים המיוחדים לליל הסדר (ליל ט"ו בניסן): מצוות שתיית ארבעת הכוסות, אכילת כרפס ומרור, מצוות "והגדת לבנך", אמירת ההלל על הגאולה והברכה שעליו, ולסיום דנים בהלכות אכילת הבשר של קרבן הפסח ושל קרבן החגיגה.

א עַרְבֵי פְסָחִים סָמוּךְ לַמִּנְחָה – לֹא יֹאכַל אָדָם עַד שֶׁתֶּחְשַׁךְ.

וַאֲפִלּוּ עָנִי שֶׁבְּיִשְׂרָאֵל – לֹא יֹאכַל עַד שֶׁיָּסֵב. וְלֹא יִפְחֲתוּ לוֹ מֵאַרְבָּעָה כוֹסוֹת שֶׁל יַיִן, וַאֲפִלּוּ מִן הַתַּמְחוּי.

רבי עובדיה מברטנורה

עַרְבֵי פְסָחִים סָמוּךְ לַמִּנְחָה. קֹדֶם לַמִּנְחָה מְעַט כְּמוֹ חֲצִי שָׁעָה, בִּתְחִלַּת שָׁעָה עֲשִׂירִית. דְּתָמִיד קָרֵב בְּתֵשַׁע וּמֶחֱצָה, וְהוּא זְמַן הַמִּנְחָה, וְקֹדֶם לַמִּנְחָה חֲצִי שָׁעָה – הָוֵי בִּתְחִלַּת שָׁעָה עֲשִׂירִית. **לֹא יֹאכַל אָדָם.** כְּדֵי שֶׁיֹּאכַל מַצָּה לְתֵאָבוֹן מִשּׁוּם הִדּוּר מִצְוָה. וְלֶחֶם – פְּשִׁיטָא דְּלָא מָצֵי אָכִיל, דְּחָמֵץ אָסוּר מִשֵּׁשׁ שָׁעוֹת וּלְמַעְלָה. וּמַצָּה נָמֵי – הָא אָמְרִינַן בִּירוּשַׁלְמִי (י, א): "הָאוֹכֵל מַצָּה בְּעֶרֶב פֶּסַח – כְּבָא עַל אֲרוּסָתוֹ בְּבֵית חָמִיו". וְלֹא נִצְרְכָה אֶלָּא לִשְׁאָר אֳכָלִין, שֶׁלֹּא יְמַלֵּא כְּרֵסוֹ מֵהֶן. **עַד שֶׁיָּסֵב** בְּמִטָּה וְעַל הַשֻּׁלְחָן, כְּדֶרֶךְ בְּנֵי חוֹרִין:

וְלֹא יִפְחֲתוּ לוֹ גַּבָּאֵי צְדָקָה הַמְפַרְנְסִים אֶת הָעֲנִיִּים **מֵאַרְבַּע כּוֹסוֹת.** כְּנֶגֶד אַרְבַּע לְשׁוֹנוֹת שֶׁל גְּאֻלָּה שֶׁיֵּשׁ בְּפָרָשַׁת וָאֵרָא (שמות ו, ו–ז): "וְהוֹצֵאתִי", "וְהִצַּלְתִּי", "וְגָאַלְתִּי", "וְלָקַחְתִּי". **וַאֲפִלּוּ** הוּא מִתְפַּרְנֵס **מִן הַתַּמְחוּי.** דְּהַיְנוּ עֲנִי שֶׁבַּעֲנִיִּים דִּתְנַן בְּמַסֶּכֶת פֵּאָה (ח, ז): "מִי שֶׁיֵּשׁ לוֹ מְזוֹן שְׁתֵּי סְעוּדוֹת – לֹא יִטֹּל מִן הַתַּמְחוּי":

משנה זו פותחת את הלכות ליל הסדר ועוסקת באיסור אכילה לקראת הלילה, ובדאגה לעניים לצורכי הלילה.

עַרְבֵי פְסָחִים, י"ד בניסן, ערב חג הפסח, **סָמוּךְ לַמִּנְחָה** – סמוך לזמן תפילת המנחה, כלומר כחצי שעה קודם לכן, **לֹא יֹאכַל אָדָם עַד שֶׁתֶּחְשַׁךְ,** עד שיגיע הלילה ויצאו שלושה כוכבים. חכמים אסרו לאכול בערב החג כדי שיאכל את מצת המצווה בליל הפסח בתיאבון, ויש בזה הידור מצווה (ברטנורה).

וַאֲפִלּוּ עָנִי שֶׁבְּיִשְׂרָאֵל שבכל השנה אין דרכו לסעוד בהסבה כדרך שהיו עושים המלכים והמכובדים, **לֹא יֹאכַל עַד שֶׁיָּסֵב** – יטה את גופו לצד שמאל. בחג הפסח, עת יצאנו ממצרים, כולנו צריכים להתנהג כבני חורין, שיצאו לחירות.

וְלֹא יִפְחֲתוּ לוֹ – גבאי הצדקה ייתנו לעני לקראת חג הפסח לא פחות **מֵאַרְבָּעָה כּוֹסוֹת שֶׁל יַיִן** כדי שיוכל לקיים את מצוות ארבעת הכוסות (ראה בהמשך הפרק), **וַאֲפִלּוּ** הוא עני מרוד המתפרנס **מִן הַתַּמְחוּי** – קופת הצדקה של העניים ביותר, יש לתת לו ארבע כוסות יין, ויאכל וישתה בהסיבה.

ב **מָזְגוּ לוֹ כּוֹס רִאשׁוֹן:**
בֵּית שַׁמַּאי אוֹמְרִים:
מְבָרֵךְ עַל הַיּוֹם, וְאַחַר כָּךְ מְבָרֵךְ עַל הַיַּיִן.
וּבֵית הִלֵּל אוֹמְרִים:
מְבָרֵךְ עַל הַיַּיִן, וְאַחַר כָּךְ מְבָרֵךְ עַל הַיּוֹם.

רבי עובדיה מברטנורה

מְבָרֵךְ עַל הַיּוֹם. בַּתְּחִלָּה קִדּוּשׁ הַיּוֹם וְאַחַר כָּךְ "בּוֹרֵא פְּרִי הַגֶּפֶן". שֶׁתְּחִלָּה קָדַשׁ הַיּוֹם, וְאַחַר כָּךְ בָּא הַיַּיִן, וּכְשֵׁם שֶׁקּוֹדֵם לַכְּנִיסָה – כָּךְ קוֹדֵם לַבְּרָכָה. **מְבָרֵךְ עַל הַיַּיִן** תְּחִלָּה, וְהוּא הַדִּין לַמְקַדֵּשׁ עַל הַפַּת. שֶׁהַיַּיִן אוֹ הַפַּת גּוֹרְמִים לְקִדּוּשׁ הַיּוֹם, שֶׁאִם אֵין לוֹ יַיִן אוֹ פַּת – לֹא יְקַדֵּשׁ:

משנה זו דנה בקידוש בליל הסדר, שבו שותים את הכוס הראשונה מתוך הארבע שבלילה זה.

מָזְגוּ לוֹ לבעל הבית העורך את הסדר **כּוֹס רִאשׁוֹן** של יין, נחלקו התנאים מה סדר הברכות על כוס זו:

בֵּית שַׁמַּאי אוֹמְרִים: מְבָרֵךְ עַל הַיּוֹם – ברכת הקידוש "ברוך... מקדש ישראל והזמנים", **וְאַחַר כָּךְ מְבָרֵךְ עַל הַיַּיִן** "בורא פרי הגפן". **וּבֵית הִלֵּל אוֹמְרִים** שהסדר הפוך: **מְבָרֵךְ** קודם **עַל הַיַּיִן, וְאַחַר כָּךְ מְבָרֵךְ עַל הַיּוֹם.**

בית שמאי מקדימים את ברכת היום כיוון שהיום המיוחד הוא שגורם למצוות הקידוש, ואילו בית הלל מקדימים את ברכת היין כיוון שללא יין – אין לברך, שכן "אין אומרים שירה אלא על היין".

ג **הֵבִיאוּ לְפָנָיו –**
מְטַבֵּל בַּחֲזֶרֶת עַד שֶׁמַּגִּיעַ לְפַרְפֶּרֶת הַפַּת.
הֵבִיאוּ לְפָנָיו מַצָּה וַחֲזֶרֶת וַחֲרֹסֶת וּשְׁנֵי תַבְשִׁילִין,
אַף עַל פִּי שֶׁאֵין חֲרֹסֶת מִצְוָה.
רַבִּי אֱלִיעֶזֶר בְּרַבִּי צָדוֹק אוֹמֵר: מִצְוָה.

וּבַמִּקְדָּשׁ הָיוּ מְבִיאִים לְפָנָיו גּוּפוֹ שֶׁל פֶּסַח.

רבי עובדיה מברטנורה

הֵבִיאוּ לְפָנָיו הַיְּרָקוֹת. כְּדֵי שֶׁיַּכִּיר תִּינוֹק וְיִשְׁאַל, לְפִי שֶׁאֵין דֶּרֶךְ לְהָבִיא יְרָקוֹת קֹדֶם סְעוּדָה. **מְטַבֵּל בַּחֲזֶרֶת.** לָאו דַּוְקָא חֲזֶרֶת, דְּטִבּוּל רִאשׁוֹן זֶה הָוֵי בִּשְׁאָר יְרָקוֹת, אֶלָּא אִם אֵין לוֹ שְׁאָר יְרָקוֹת – מְטַבֵּל בַּחֲזֶרֶת בִּמְקוֹם שְׁאָר יְרָקוֹת. וּלְשׁוֹן מְטַבֵּל – אוֹכֵל. וּלְפִי שֶׁכָּל אֲכִילָתָן עַל יְדֵי טִבּוּל הָיְתָה – קָרֵי לַאֲכִילָה, טִבּוּל. וּמִיהוּ טִבּוּל זֶה – לָאו בַּחֲרֹסֶת הוּא, מִדְּקָתָנֵי לְקַמָּן: הֵבִיאוּ לְפָנָיו מַצָּה וַחֲזֶרֶת וַחֲרֹסֶת – מִכְּלָל דַּעֲדַיִן לֹא הוּבְאוּ: **עַד שֶׁמַּגִּיעַ לְפַרְפֵּר אֶת הַפַּת.** לַאֲכִילַת מַצָּה. וְהָא קָא מַשְׁמַע לָן שֶׁאֵין אֲכִילָה אַחֶרֶת מַפְסֶקֶת בֵּין אֲכִילַת יְרָקוֹת לַאֲכִילַת מַצָּה. דְּקֹדֶם שֶׁיַּגִּיעַ לְאוֹתוֹ חֲזֶרֶת שֶׁל מִצְוָה שֶׁמְּבָרֵךְ עָלָיו: "עַל אֲכִילַת מָרוֹר" – אוֹכֵל מַצָּה תְּחִלָּה, כְּדִכְתִיב (במדבר ט, יא): "עַל מַצּוֹת וּמְרֹרִים", מַצּוֹת בְּרֵישָׁא – וַהֲדַר מְרוֹרִים: **וַחֲרֹסֶת.** שֶׁעוֹשִׂים מִתְּאֵנִים וְלוּזִים, בָּטְנִים וּשְׁקֵדִים וְכַמָּה מִינֵי פֵּרוֹת, וּמְשִׂימִין בָּהּ תַּפּוּחִים, וְדָכִין הַכֹּל בִּמְדוֹכָה וּמְעָרְבִין בְּחֹמֶץ וְנוֹתְנִין עָלֶיהָ תַּבְלִין – קָנֶה וְקִנָּמוֹן כְּעֵין פְּתִילוֹת דַּקּוֹת אֲרֻכּוֹת זֵכֶר לַקַּשׁ. וְצָרִיךְ שֶׁתִּהְיֶה עָבָה, זֵכֶר לַטִּיט. **שֶׁאֵין חֲרֹסֶת מִצְוָה** אֶלָּא לִרְפוּאָה, לְבַטֵּל שְׂרַף הַחֲזֶרֶת, שֶׁרַע וְקָשֶׁה לַגּוּף כְּאֶרֶס: **רַבִּי אֱלִיעֶזֶר בְּרַבִּי צָדוֹק אוֹמֵר: מִצְוָה.** זֵכֶר לַתַּפּוּחַ, שֶׁהָיוּ יוֹלְדוֹת שָׁם בְּנֵיהֶם בְּלֹא עֶצֶב, וְזֵכֶר לַטִּיט:

משנה זו דנה במנהגי ליל הסדר שלאחר הקידוש. בתקופת המשנה, הישיבה לסעודה הייתה בהסיבה בתנוחה הקרובה לשכיבה, והאכילה הייתה על שולחנות קטנים, שולחן אישי לכל סועד.

כל ירק כשר להיות 'כרפס', ואם אין ירק אחר – החזרת של המרור כשרה אף היא לכך, ובאופן זה עוסקת המשנה.

לאחר הקידוש, **הֵבִיאוּ לְפָנָיו**, לפני בעל הבית העורך את הסדר, את הירקות לטיבול ואכילת כרפס.

מְטַבֵּל בַּחֲזֶרֶת – לוקח את החזרת או שאוכל ירק אחר ממה שיש לפניו, ומטביל במי מלח וכדומה, ואוכל, וזו מצות ה'כרפס'. טיבול ה'כרפס' נעשה **עַד שֶׁמַּגִּיעַ לְפַרְפֶּרֶת הַפַּת** היא המרור שהוא טפל (פרפרת) לפת. כלומר, נוסף לאכילת החזרת ל'כרפס', תהיה גם אכילת החזרת לשם מצוות מרור, לאחר המצה (ראה לעיל ב, ו).

אחר הכרפס, **הֵבִיאוּ לְפָנָיו**, לפני בעל הבית העורך את הסדר, **מַצָּה וְחֲזֶרֶת** מרור **וַחֲרֹסֶת** – מאכל העשוי מפירות מתוקים וחמוצים מרוסקים, ובו מטבלים את המרור, **וּשְׁנֵי תַבְשִׁילִין** זכר לקרבנות שהיו בזמן הפסח במקדש: קרבן פסח וחגיגת ארבעה עשר (ראה לעיל ו, ג-ד). מביאים את החרוסת, **אַף עַל פִּי שֶׁאֵין חֲרֹסֶת מִצְוָה.**

רַבִּי אֱלִיעֶזֶר בְּרַבִּי צָדוֹק אוֹמֵר: אכילת החרוסת **מִצְוָה.** לדעת רבי אליעזר, חכמים תיקנו לטבל את המרור בחרוסת הדומה לטיט, זכר לעבודת הפרך בטיט ובלבנים שבני ישראל עבדו במצרים (גמרא טז, א).

וּבַמִּקְדָּשׁ, בשלב זה של הסעודה, **הָיוּ מְבִיאִים לְפָנָיו גּוּפוֹ שֶׁל פֶּסַח** – בשר מקרבן הפסח שנאכל בלילה זה.

ד **מָזְגוּ לוֹ כּוֹס שֵׁנִי, וְכָאן הַבֵּן שׁוֹאֵל אָבִיו.**
וְאִם אֵין דַּעַת בַּבֵּן – אָבִיו מְלַמְּדוֹ:
מַה נִּשְׁתַּנָּה הַלַּיְלָה הַזֶּה מִכָּל הַלֵּילוֹת?
שֶׁבְּכָל הַלֵּילוֹת אָנוּ אוֹכְלִין חָמֵץ וּמַצָּה,
הַלַּיְלָה הַזֶּה כֻּלּוֹ מַצָּה!
שֶׁבְּכָל הַלֵּילוֹת אָנוּ אוֹכְלִין שְׁאָר יְרָקוֹת,
הַלַּיְלָה הַזֶּה מָרוֹר!
שֶׁבְּכָל הַלֵּילוֹת אָנוּ אוֹכְלִין בָּשָׂר צָלִי, שָׁלוּק וּמְבֻשָּׁל,
הַלַּיְלָה הַזֶּה כֻּלּוֹ צָלִי!
שֶׁבְּכָל הַלֵּילוֹת אָנוּ מַטְבִּילִין פַּעַם אַחַת,
הַלַּיְלָה הַזֶּה שְׁתֵּי פְעָמִים!

וּלְפִי דַעְתּוֹ שֶׁל בֵּן – אָבִיו מְלַמְּדוֹ.
מַתְחִיל בִּגְנוּת וּמְסַיֵּם בְּשֶׁבַח,
וְדוֹרֵשׁ מֵ"אֲרַמִּי אֹבֵד אָבִי" (דברים כו, ה)**,**
עַד שֶׁיִּגְמֹר כָּל הַפָּרָשָׁה כֻּלָּהּ.

רבי עובדיה מברטנורה

וְכָאן הַבֵּן שׁוֹאֵל. בְּכָל הַסְּפָרִים אֵין כָּתוּב וְכָאן, אֶלָּא וְכֵן, כְּמוֹ (במדבר כז, ז): "כֵּן בְּנוֹת צְלָפְחָד דֹּבְרֹת". כְּלוֹמַר, וְדִין הוּא שֶׁבִּמְזִיגַת כּוֹס שֵׁנִי יִהְיֶה הַבֵּן שׁוֹאֵל: "מַה נִּשְׁתַּנָּה": **"הַלַּיְלָה הַזֶּה כֻּלּוֹ צָלִי".** בִּזְמַן שֶׁבֵּית הַמִּקְדָּשׁ קַיָּם הָיָה הַבֵּן שׁוֹאֵל כָּךְ: **מַתְחִיל בִּגְנוּת.** "מִתְּחִלָּה עוֹבְדֵי עֲבוֹדָה זָרָה הָיוּ אֲבוֹתֵינוּ", וַ"עֲבָדִים הָיִינוּ". וּמְסַיֵּם בְּשֶׁבַח. שֶׁקֵּרְבָנוּ הַמָּקוֹם לַעֲבוֹדָתוֹ, וְגָאַל אֶת אֲבוֹתֵינוּ מִמִּצְרַיִם:

משנה זו דנה בכוס השנייה שבליל הסדר, ובמצות ההגדה.

מָזְגוּ לוֹ, לבעל הבית העורך את הסדר, **כּוֹס שֵׁנִי** של יין, **וְכָאן**, לאור השינוי המוזר, שמוזגים כוס נוספת לפני שהתחילו לאכול, **הַבֵּן שׁוֹאֵל** את **אָבִיו**, את השאלות המוזכרות להלן.

וְאִם אֵין דַּעַת בַּבֵּן לשאול מעצמו, **אָבִיו מְלַמְּדוֹ** את העניינים המיוחדים שבלילה הזה, על פי סדר ארבע השאלות:

מַה נִּשְׁתַּנָּה הַלַּיְלָה הַזֶּה מִכָּל הַלֵּילוֹת?

1. **שֶׁבְּכָל הַלֵּילוֹת אָנוּ אוֹכְלִין חָמֵץ וּמַצָּה,** כל אחד כפי רצונו, ואילו **הַלַּיְלָה הַזֶּה כֻּלּוֹ** אוכלים רק **מַצָּה!**
2. **שֶׁבְּכָל הַלֵּילוֹת אָנוּ אוֹכְלִין שְׁאָר** כל מיני **יְרָקוֹת,** כל אחד כפי רצונו, ואילו **הַלַּיְלָה הַזֶּה מָרוֹר!**
3. **שֶׁבְּכָל הַלֵּילוֹת אָנוּ אוֹכְלִין** כל אחד כפי רצונו, **בָּשָׂר צָלִי, שָׁלוּק וּמְבֻשָּׁל** השליקה היא בישול מרובה מהרגיל (רש"י לט, א), ואילו **הַלַּיְלָה הַזֶּה כֻּלּוֹ צָלִי** עשוי ישירות על האש!
4. **שֶׁבְּכָל הַלֵּילוֹת אָנוּ מַטְבִּילִין פַּעַם אַחַת** (שכך היה מנהגם בסעודות), ואילו **הַלַּיְלָה הַזֶּה** מטבילים **שְׁתֵּי פְעָמִים!** פעם אחת את הכרפס שאחרי הקידוש, ופעם שנייה את המרור בחרוסת.

וּלְפִי דַעְתּוֹ שֶׁל בֵּן – לפי רמת ההבנה של הבן, **אָבִיו מְלַמְּדוֹ.**

מַתְחִיל לספר **בִּגְנוּת** ישראל **וּמְסַיֵּם בְּשֶׁבַח** ישראל, שנגאלנו ממצרים, התקרבנו לאמונה וקיבלנו תורה (תפארת ישראל). ויש מפרשים שבחו של הקדוש ברוך הוא, שגאלנו באותות ומופתים וקירבנו לעבודתו (מדרש שכל טוב, בא סימן כ), **וְדוֹרֵשׁ** מבאר את העניינים **מֵ"אֲרַמִּי אֹבֵד אָבִי" עַד שֶׁיִּגְמֹר כָּל הַפָּרָשָׁה כֻּלָּהּ** – פרשה זו מתארת בקצרה את תולדות עם ישראל החל מהאבות, דרך הצרות שבירידה למצרים, ועד הגאולה באותות ומופתים וההגעה לארץ ישראל (דברים כו, ה–ט).

ה רַבָּן גַּמְלִיאֵל הָיָה אוֹמֵר:
כָּל שֶׁלֹּא אָמַר שְׁלֹשָׁה דְבָרִים אֵלּוּ בַּפֶּסַח –
לֹא יָצָא יְדֵי חוֹבָתוֹ,
וְאֵלּוּ הֵן: פֶּסַח, מַצָּה וּמָרוֹר.

פֶּסַח –
עַל שׁוּם שֶׁפָּסַח הַמָּקוֹם עַל בָּתֵּי אֲבוֹתֵינוּ בְּמִצְרַיִם.
מַצָּה –
עַל שׁוּם שֶׁנִּגְאֲלוּ אֲבוֹתֵינוּ בְּמִצְרַיִם.
מָרוֹר –
עַל שׁוּם שֶׁמֵּרְרוּ הַמִּצְרִיִּים אֶת חַיֵּי אֲבוֹתֵינוּ בְּמִצְרַיִם.

בְּכָל דּוֹר וָדוֹר,
חַיָּב אָדָם לִרְאוֹת אֶת עַצְמוֹ כְּאִלּוּ הוּא יָצָא מִמִּצְרַיִם,
שֶׁנֶּאֱמַר (שמות יג, ח):
"וְהִגַּדְתָּ לְבִנְךָ בַּיּוֹם הַהוּא לֵאמֹר,
בַּעֲבוּר זֶה עָשָׂה ה' לִי בְּצֵאתִי מִמִּצְרָיִם".

לְפִיכָךְ, אֲנַחְנוּ חַיָּבִין לְהוֹדוֹת, לְהַלֵּל,
לְשַׁבֵּחַ, לְפָאֵר, לְרוֹמֵם, לְהַדֵּר,
לְבָרֵךְ, לְעַלֵּה וּלְקַלֵּס,
לְמִי שֶׁעָשָׂה לַאֲבוֹתֵינוּ וְלָנוּ אֶת כָּל הַנִּסִּים הָאֵלּוּ,
הוֹצִיאָנוּ מֵעַבְדוּת לְחֵרוּת,
מִיָּגוֹן לְשִׂמְחָה, וּמֵאֵבֶל לְיוֹם טוֹב,
וּמֵאֲפֵלָה לְאוֹר גָּדוֹל, וּמִשִּׁעְבּוּד לִגְאֻלָּה.
וְנֹאמַר לְפָנָיו: "הַלְלוּיָהּ" (תהלים קיג, א).

רבי עובדיה מברטנורה

כָּל שֶׁלֹּא אָמַר שְׁלֹשָׁה דְּבָרִים אֵלּוּ. שֶׁלֹּא פֵּרֵשׁ טַעְמָן שֶׁל שְׁלֹשָׁה דְּבָרִים הַלָּלוּ:

משנה זו דנה במצוות ההגדה וההלל שבליל הסדר. ההגדה של סיפור יציאת מצרים, שנאמר (שמות יג, ח): "והגדת לבנך ביום ההוא לאמור בעבור זה עשה ה' לי בצאתי ממצרים", וההלל מדברי חכמים על גאולתנו שיצאנו מעבדות לחירות.

רַבָּן גַּמְלִיאֵל הָיָה אוֹמֵר: כָּל אדם **שֶׁלֹּא אָמַר שְׁלֹשָׁה דְבָרִים אֵלּוּ בַּפֶּסַח - לֹא יָצָא יְדֵי חוֹבָתוֹ, וְאֵלּוּ הֵן: פֶּסַח, מַצָּה וּמָרוֹר.** יש מפרשים שאם סיפר את סיפור יציאת מצרים, אף על פי שלא הזכיר את אלו - יצא ידי חובת ההגדה, אך לא יצא ידי חובה מן המובחר (ריטב"א).

פֶּסַח - עַל שׁוּם שֶׁפָּסַח דילג **הַמָּקוֹם עַל בָּתֵּי אֲבוֹתֵינוּ בְּמִצְרַיִם** במכת בכורות. הקב"ה הִכה רק את בכורי המצרים והמכה 'דילגה' על בתי ישראל ולא פגעה בהם. ויש מפרשים ש"פָּסַח" הוא חמל ושמר על בתי היהודים בזמן שהכה את בכורי מצרים.

מַצָּה - עַל שׁוּם שֶׁנִּגְאֲלוּ אֲבוֹתֵינוּ בְּמִצְרַיִם וברחו בזריזות, ולכן הבצק לא הספיק לתפוח ולהחמיץ, והם אפו מצות.

מָרוֹר - עַל שׁוּם שֶׁמֵּרְרוּ הַמִּצְרִיִּים אֶת חַיֵּי אֲבוֹתֵינוּ בְּמִצְרַיִם, בשעבוד קשה ואכזרי ובעבודת פרך.

בְּכָל דּוֹר וָדוֹר, חַיָּב אָדָם לִרְאוֹת אֶת עַצְמוֹ כְּאִלּוּ הוּא בעצמו **יָצָא מִמִּצְרַיִם, שֶׁנֶּאֱמַר: "וְהִגַּדְתָּ לְבִנְךָ בַּיּוֹם הַהוּא לֵאמֹר, בַּעֲבוּר זֶה עָשָׂה ה' לִי בְּצֵאתִי מִמִּצְרָיִם".** ומדויק מן הפסוק שאדם צריך להגיד על עצמו שה' הוציא אותו ממש ממצרים.

לְפִיכָךְ, שה' גאלנו בחסדו, **אֲנַחְנוּ חַיָּבִין לְהוֹדוֹת, לְהַלֵּל, לְשַׁבֵּחַ, לְפָאֵר, לְרוֹמֵם, לְהַדֵּר, לְבָרֵךְ, לְעַלֵּה וּלְקַלֵּס** – לשון שבח, **לְמִי שֶׁעָשָׂה לַאֲבוֹתֵינוּ וְלָנוּ אֶת כָּל הַנִּסִּים הָאֵלּוּ, הוֹצִיאָנוּ מֵעַבְדוּת לְחֵרוּת, מִיָּגוֹן לְשִׂמְחָה, וּמֵאֵבֶל לְיוֹם טוֹב, וּמֵאֲפֵלָה לְאוֹר גָּדוֹל, וּמִשִּׁעְבּוּד לִגְאֻלָּה. וְנֹאמַר לְפָנָיו: "הַלְלוּיָהּ",** שהיא אמירת ההלל, כמבואר במשנה הבאה. ובגמרא (קיז, א) אמרו שכשיש לישראל צרה ונגאלים ממנה, תיקנו הנביאים לומר את ההלל.

ו עַד הֵיכָן הוּא אוֹמֵר?
בֵּית שַׁמַּאי אוֹמְרִים:
עַד: "אֵם הַבָּנִים שְׂמֵחָה" (תהלים קיג, ט).
וּבֵית הִלֵּל אוֹמְרִים:
עַד: "חַלָּמִישׁ לְמַעְיְנוֹ מָיִם" (שם קיד, ח).

וְחוֹתֵם בִּגְאֻלָּה.
רַבִּי טַרְפוֹן אוֹמֵר:
"אֲשֶׁר גְּאָלָנוּ וְגָאַל אֶת אֲבוֹתֵינוּ מִמִּצְרַיִם",
וְלֹא הָיָה חוֹתֵם.

רַבִּי עֲקִיבָא אוֹמֵר:
"כֵּן ה' אֱלֹהֵינוּ וֵאלֹהֵי אֲבוֹתֵינוּ,
יַגִּיעֵנוּ לְמוֹעֲדִים וְלִרְגָלִים אֲחֵרִים,
הַבָּאִים לִקְרָאתֵנוּ לְשָׁלוֹם,
שְׂמֵחִים בְּבִנְיַן עִירֶךָ וְשָׂשִׂים בַּעֲבוֹדָתֶךָ,
וְנֹאכַל שָׁם מִן הַזְּבָחִים וּמִן הַפְּסָחִים" כו',
עַד: "בָּרוּךְ אַתָּה ה' גָּאַל יִשְׂרָאֵל".

רבי עובדיה מברטנורה

וְחוֹתֵם בִּגְאֻלָּה. כְּלוֹמַר מְסַיֵּם אֶת הַהַגָּדָה בְּבִרְכַּת גְּאֻלָּה. וְלֹא פֵּרֵשׁ תַּנָּא קַמָּא לְמִלְּתֵיהּ הֵיאָךְ מְבָרְכִין אוֹתָהּ, וְאָתוּ רַבִּי טַרְפוֹן וְרַבִּי עֲקִיבָא לְפָרוּשֵׁי לְמִלְּתֵיהּ. רַבִּי טַרְפוֹן אוֹמֵר: פּוֹתֵחַ בָּהּ בְּ"בָרוּךְ", וְאֵינוֹ חוֹתֵם בְּ"בָרוּךְ", מִידֵי דַּהֲוָה [בדומה ל...] אַבִּרְכַּת הַפֵּרוֹת וּבִרְכוֹת הַמִּצְוֹת, דִּכְלָּהּ חֲדָא הוֹדָאָה הִיא. וּלְרַבִּי עֲקִיבָא חוֹתְמִין בָּהּ בְּ"בָרוּךְ", לְפִי שֶׁמּוֹסִיף בָּהּ דִּבְרֵי רִצּוּי וּבַקָּשָׁה, "כֵּן יַגִּיעֵנוּ" וְכוּ'. וַהֲלָכָה כְּרַבִּי עֲקִיבָא:

המשנה הקודמת קבעה חובה לומר הלל בליל הסדר, ומשנה זו דנה בפסוקי ההלל שאומרים בו, ובברכת "אשר גאלנו" המיוחדת לליל הסדר.

בהמשך להגדה וסיפור יציאת מצרים, מתחיל לומר הלל קודם הסעודה (ראה משנה קודמת), ואם כן, **עַד הֵיכָן הוּא אוֹמֵר** את ההלל קודם הסעודה?

בֵּית שַׁמַּאי אוֹמְרִים: מזמור אחד בלבד, **עַד** הפסוק: **"אֵם הַבָּנִים שְׂמֵחָה"**, **וּבֵית הִלֵּל אוֹמְרִים:** ממשיכים לומר מזמור נוסף, שבו מוזכרת יציאת מצרים, **עַד** הפסוק: **"חַלָּמִישׁ לְמַעְיְנוֹ מָיִם"**. לדעת בית שמאי אין מזכירים בשלב זה את יציאת מצרים, משום שישראל נגאלו ממצרים רק בשעות הבוקר של י"ד בניסן. ובית הלל סוברים שכיוון שהתחיל במצוות סיפור היציאה והגאולה, יכלול את העניין גם בהלל (ירושלמי י, ה).

ההלל בליל הסדר מיוחד בכך שהוא מפוצל, מתחילים אותו לפני הסעודה, ומסיימים אותו אחר הסעודה וברכת המזון. הסבר לכך הוא שאנו מראים שגם עצם הסעודה המכובדת בדרך חירות היא חלק מההלל וההודאה שלנו לקדוש ברוך הוא, שגאלנו (על פי הנצי"ב בפירוש ההגדה).

וְחוֹתֵם בִּגְאֻלָּה – "ברוך אתה ה' גאל ישראל".

רַבִּי טַרְפוֹן אוֹמֵר: הנוסח שאומר הוא "ברוך אתה ה' אלהינו מלך העולם **אֲשֶׁר גְּאָלָנוּ וְגָאַל אֶת אֲבוֹתֵינוּ מִמִּצְרַיִם**", **וְלֹא הָיָה חוֹתֵם** בברכה בשם ה'.

רַבִּי עֲקִיבָא אוֹמֵר שצריך להוסיף בברכה זו בקשה על הגאולה העתידה: "**כֵּן ה' אֱלֹהֵינוּ וֵאלֹהֵי אֲבוֹתֵינוּ**, כשם שגאלנו ממצרים, כך **יַגִּיעֵנוּ לְמוֹעֲדִים וְלִרְגָלִים אֲחֵרִים, הַבָּאִים לִקְרָאתֵנוּ לְשָׁלוֹם, שְׂמֵחִים בְּבִנְיַן עִירֶךָ וְשָׂשִׂים בַּעֲבוֹדָתֶךָ, וְנֹאכַל שָׁם מִן הַזְּבָחִים** קרבנות חגיגה **וּמִן הַפְּסָחִים** קרבנות הפסח **כו' עַד: "בָּרוּךְ אַתָּה ה' גָּאַל יִשְׂרָאֵל"**.

ז **מָזְגוּ לוֹ כּוֹס שְׁלִישִׁי –**
מְבָרֵךְ עַל מְזוֹנוֹ.

רְבִיעִי –
גּוֹמֵר עָלָיו אֶת הַהַלֵּל,
וְאוֹמֵר עָלָיו בִּרְכַּת הַשִּׁיר.

בֵּין הַכּוֹסוֹת הַלָּלוּ,
אִם רוֹצֶה לִשְׁתּוֹת – יִשְׁתֶּה,
בֵּין שְׁלִישִׁי לָרְבִיעִי – לֹא יִשְׁתֶּה.

רבי עובדיה מברטנורה

בִּרְכַּת הַשִּׁיר. אִית דְּאָמְרִי: "נִשְׁמַת כָּל חַי", וְאִית דְּאָמְרִי: "יְהַלְלוּךָ ה' כָּל מַעֲשֶׂיךָ". וְנָהֲגוּ לְמֵימְרִינְהוּ לְתַרְוַיְהוּ. **בֵּין שְׁלִישִׁי לָרְבִיעִי – לֹא יִשְׁתֶּה.** שֶׁלֹּא יִשְׁתַּכֵּר וְשׁוּב לֹא יוּכַל לִגְמֹר אֶת הַהַלֵּל. וְאִם תֹּאמַר: כְּבָר מְשֻׁכָּר הוּא, שֶׁהֲרֵי שָׁתָה כָּל רְצוֹנוֹ בְּתוֹךְ הַסְּעוּדָה? יַיִן שֶׁבְּתוֹךְ הַמָּזוֹן – אֵינוֹ מְשַׁכֵּר, וְשֶׁלְּאַחַר הַמָּזוֹן – מְשַׁכֵּר:

משנה זו דנה בהמשך הסדר: שתי הכוסות האחרונות וסיום ההלל.

מָזְגוּ לוֹ, לבעל הבית העורך את הסדר, **כּוֹס שְׁלִישִׁי** של יין – **מְבָרֵךְ עַל מְזוֹנוֹ** ברכת המזון ומיד אחריה שותה. ואחר כך כוס **רְבִיעִי** של יין – **גּוֹמֵר עָלָיו אֶת הַהַלֵּל** מסיים את ההלל שהתחיל קודם הסעודה (ראה לעיל משנה ו), **וְאוֹמֵר עָלָיו בִּרְכַּת הַשִּׁיר** עִם דברי שבח לה' – יש אומרים שהיא הברכה החותמת את ההלל: "יהללוך ה' אלהינו... מלך מהולל בתשבחות", ויש אומרים שהיא "נשמת כל חי" (גמרא קיח, א). ואנו נוהגים לומר את שתיהן.

בֵּין ארבע **הַכּוֹסוֹת הַלָּלוּ, אִם רוֹצֶה לִשְׁתּוֹת** יין נוסף על הכוסות – **יִשְׁתֶּה,** אולם **בֵּין** כוס **שְׁלִישִׁי לָרְבִיעִי לֹא יִשְׁתֶּה** עוד יין, שמא ישתכר ולא יסיים את ההלל כהוגן. החשש לשכרות פחות מצוי לפני הסעודה או בתוכה, ולכן חוששים לכך דווקא לאחר הסעודה.

ח וְאֵין מַפְטִירִין אַחַר הַפֶּסַח אֲפִיקוֹמָן.

יָשְׁנוּ מִקְצָתָן - יֹאכֵלוּ,
כֻּלָּן - לֹא יֹאכֵלוּ.
רַבִּי יוֹסֵי אוֹמֵר:
נִתְנַמְנְמוּ - יֹאכֵלוּ,
נִרְדְּמוּ - לֹא יֹאכֵלוּ.

רבי עובדיה מברטנורה

מַפְטִירִין. אֲנִי שָׁמַעְתִּי לָשׁוֹן: "יַפְטִירוּ בְשָׂפָה" (תהלים כב, ח), כְּלוֹמַר פּוֹתְחִין וְאוֹמְרִים. וְרַבּוֹתַי פֵּרְשׁוּ: לָשׁוֹן (ברכות סד, א) "הַנִּפְטָר מֵחֲבֵרוֹ" - כְּשֶׁנִּפְטָרִין מִן הַסְּעוּדָה. אֵין מְסַיְּמִין אוֹתָהּ בַּאֲפִיקוֹמָן, בְּ"אַפִּיקוּ מָנַיְכוּ", כְּלוֹמַר: "תּוֹצִיאוּ כְּלֵיכֶם מִכָּאן, וְנֵלֵךְ וְנֹאכַל בְּמָקוֹם אַחֵר", לֹא פַּת וְלֹא שׁוּם דָּבָר, גְּזֵרָה דִּלְמָא אָתֵי לְמֵיכַל מִן הַפֶּסַח בִּשְׁנֵי מְקוֹמוֹת. אֲבָל לֶאֱכֹל דְּבָרִים אֲחֵרִים בִּמְקוֹמוֹ הָרִאשׁוֹן - שָׁרֵי, וּבִלְבַד שֶׁלֹּא יֵעָקֵר מֵחֲבוּרָה זוֹ לְאָכְלָם עִם חֲבוּרָה אַחֶרֶת. וְאִית בַּגְּמָרָא (קיט, ב) מַאן דִּמְפָרֵשׁ: אֵין מַפְטִירִין אַחַר הַפֶּסַח אֲפִיקוֹמָן, "אַפִּיקוּ מִינֵי מְתִיקָה". דִּלְאַחַר שֶׁאָכְלוּ אֶת הַפֶּסַח - אֵין נִפְטָרִין מִן הַסְּעוּדָה בַּאֲכִילַת מִינֵי מְתִיקָה וּפֵרוֹת שֶׁרְגִילִין לֶאֱכֹל לְקִנּוּחַ סְעוּדָה, וַאֲפִלּוּ בִּמְקוֹמָן, שֶׁלֹּא יֹאבַד טַעַם הַפֶּסַח מִפִּיו. וְכֵן עִקָּר. וּכְשֵׁם שֶׁאֵין מַפְטִירִין אַחַר הַפֶּסַח אֲפִיקוֹמָן - כָּךְ אֵין מַפְטִירִין אַחַר מַצָּה אֲפִיקוֹמָן, שֶׁצָּרִיךְ שֶׁיֹּאכַל כַּזַּיִת מַצָּה בָּאַחֲרוֹנָה בִּזְמַן שֶׁאֵין פֶּסַח. וְאַחַר אוֹתָהּ מַצָּה - אֵין נִפְטָרִין מִמֶּנָּה בַּאֲכִילַת דָּבָר אַחֵר:

יָשְׁנוּ... כֻּלָּם - לֹא יֹאכֵלוּ. אִם הִתְחִילוּ לֶאֱכֹל פִּסְחֵיהֶן וְיָשְׁנוּ כֻּלָּן - שׁוּב לֹא יֹאכְלוּ, דְּנִרְאֶה כְּאוֹכֵל בִּשְׁנֵי מְקוֹמוֹת. דְּמֵאַחַר שֶׁיָּשְׁנוּ - הִסִּיחוּ דַּעְתָּם מִלֶּאֱכֹל עוֹד, וְחָשֵׁיב לֵיהּ כַּאֲכִילַת שְׁתֵּי מְקוֹמוֹת, וְחֻמְרָא בְּעָלְמָא הוּא. וְהוּא הַדִּין נָמֵי לְמַצָּה בִּזְמַן הַזֶּה:

רַבִּי יוֹסֵי אוֹמֵר: נִתְנַמְנְמוּ - יֹאכֵלוּ. אַרֵישָׁא קָאֵי, דְּאָמַר תַּנָּא קַמָּא: יָשְׁנוּ מִקְצָתָן יֹאכְלוּ, וְאָתָא רַבִּי יוֹסֵי לְמֵימַר: הָנֵי מִלֵּי אִם נִתְנַמְנְמוּ, שֶׁלֹּא נִשְׁקְעוּ בְּשֵׁנָה; אֲבָל אִם נִרְדְּמוּ מִקְצָתָן - לֹא יֹאכְלוּ אֵלּוּ הַנִּרְדָּמִים לִכְשֶׁיֵּעוֹרוּ מִשְּׁנָתָם. וַהֲלָכָה כְּרַבִּי יוֹסֵי:

משנה זו דנה בהלכה נוספת של ליל הסדר. בשר קרבן הפסח היה נאכל בסוף הסעודה, כדי שיהיה נאכל כשהאדם כבר שבֵע (ראה לעיל ו, ג), והמשנה מלמדת שאחרי אכילתו, אסור לאכול עוד.

וְאֵין מַפְטִירִין מסיימים **אַחַר** אכילת קרבן **הַפֶּסַח אֲפִיקוֹמָן** - בלשון יוונית, אפיקומן הוא מנה אחרונה של קינוח סעודה (ראה תפארת ישראל), וההלכה היא שאחר קרבן הפסח לא אוכלים מיני מתיקה, פירות וכדומה, כדי שיישאר בפה טעם בשר הפסח, שהוא מצוות היום.

זמן אכילת קרבן הפסח הוא בלילה, שהוא זמן הראוי לשינה, ונאכל אחר שתיית יין וסעודה גדולה. משום כך, המשנה דנה במציאות שאוכלי הקרבן ישנו או נרדמו במהלך אכילתו.

יָשְׁנוּ מִקְצָתָן - ישנו מקצת בני החבורה במהלך אכילת בשר הפסח - **יֹאכֵלוּ**, כשיתעוררו מותרים להמשיך לאוכלו. אולם אם ישנו **כֻּלָּן - לֹא יֹאכֵלוּ**. שינה באמצע אכילת הפסח היא הפסק והסחת הדעת מהפסח (ירושלמי י, ז), וחכמים אסרו להמשיך לאוכלו אם ישנו כולם.

רַבִּי יוֹסֵי אוֹמֵר: נִתְנַמְנְמוּ - יֹאכֵלוּ, נִרְדְּמוּ - לֹא יֹאכֵלוּ. לדעת רבי יוסי, האיסור בשינה שבמהלך אכילת בשר הפסח הוא דווקא בשינה עמוקה, אך נמנום, שבו האדם מגיב לסביבתו, אין בו הפסק והיסח הדעת.

ט **הַפֶּסַח אַחַר חֲצוֹת – מְטַמֵּא אֶת הַיָּדַיִם.**
הַפִּגּוּל וְהַנּוֹתָר – מְטַמְּאִין אֶת הַיָּדַיִם.

בֵּרַךְ בִּרְכַּת הַפֶּסַח – פָּטַר אֶת שֶׁל זֶבַח,
בֵּרַךְ אֶת שֶׁל זֶבַח – לֹא פָטַר אֶת שֶׁל פֶּסַח,
דִּבְרֵי רַבִּי יִשְׁמָעֵאל.
רַבִּי עֲקִיבָא אוֹמֵר:
לֹא זוֹ פוֹטֶרֶת זוֹ, וְלֹא זוֹ פוֹטֶרֶת זוֹ.

רבי עובדיה מברטנורה

הַפֶּסַח אַחַר חֲצוֹת – מְטַמֵּא אֶת הַיָּדַיִם. דְּהָא נוֹתָר הוּא מֵחֲצוֹת וָאֵילָךְ, וְרַבָּנָן גָּזְרוּ עַל הַנּוֹתָר שֶׁיְּטַמֵּא אֶת הַיָּדַיִם כְּדֵי שֶׁלֹּא יִתְעַצְּלוּ בַּאֲכִילָתוֹ. וּמְנָלַן דְּפֶסַח לְאַחַר חֲצוֹת הָוֵי נוֹתָר? דִּכְתִיב בַּפֶּסַח (שמות יב, ח) "וְאָכְלוּ אֶת הַבָּשָׂר בַּלַּיְלָה הַזֶּה", וּכְתִיב הָתָם (שם, יב): "וְעָבַרְתִּי בְאֶרֶץ מִצְרַיִם בַּלַּיְלָה הַזֶּה", מָה לְהַלָּן עַד חֲצוֹת – אַף כָּאן עַד חֲצוֹת:

בִּרְכַּת הַפֶּסַח. "אֲשֶׁר קִדְּשָׁנוּ בְּמִצְוֹתָיו וְצִוָּנוּ לֶאֱכֹל הַפֶּסַח". בִּרְכַּת **הַזֶּבַח.** "אֲשֶׁר קִדְּשָׁנוּ בְּמִצְוֹתָיו וְצִוָּנוּ לֶאֱכֹל הַזֶּבַח". **וְזֶבַח** הָאָמוּר כָּאן הוּא חֲגִיגַת יוֹם אַרְבָּעָה עָשָׂר. וַהֲלָכָה כְּרַבִּי עֲקִיבָא:

משנה זו דנה בהלכות נוספות של קרבן הפסח הנאכל בליל ט"ו בניסן.

בשר קרבן **הַפֶּסַח אַחַר חֲצוֹת** הלילה, שהוא סוף זמן אכילת הקרבן, **מְטַמֵּא אֶת הַיָּדַיִם** – אחר חצות הוא 'נותר', כלומר קרבן שעבר הזמן הראוי לאכילתו והוא אסור באכילה ומטמא את הידיים שנוגעות בו, שהרי **הַפִּגּוּל וְהַנּוֹתָר – מְטַמְּאִין אֶת הַיָּדַיִם.** הפיגול הוא קרבן שנפסל מפני שבשעת עבודתו, מחשבתו של העובד הייתה לעשות את אחת עבודות הקרבן בזמן פסול, לאחר הזמן שהתורה קבעה להן (ראה משנה זבחים ב, ג), וזה נקרא "מַחֲשֶׁבֶת חוץ לזמנו".

הטומאה לידיים הנוגעות באלו היא תקנת חכמים. היו כוהנים שבכוונה היו פוסלים את הקרבן במחשבת חוץ לזמנו, כדי לפגוע בבעלי הקרבן. ולכן גזרו טומאה, שכשידע הכוהן שנטמא מחמת מחשבתו, ייזהר מלפסול את הקרבן. והיו גם כוהנים עצלנים, שלא הזדרזו באכילת הקרבן בזמנו.

ולכן גזרו טומאה, שכשידע הכוהן שבשר הנותר מטמא את ידיו, ייזהר מלהשהות אותו (גמרא פסחים קכא, א).

כמו מצוות רבות, גם על אכילת הקרבנות תיקנו חכמים ברכת המצוות, ומשנה זו דנה בברכה על אכילת בשר הקרבנות בפסח, קרבן הפסח וחגיגת ארבעה עשר שבאה עמו.

בֵּרַךְ בִּרְכַּת הַפֶּסַח – פָּטַר אֶת שֶׁל זֶבַח. ברכת אכילת קרבן הפסח היא "אשר קידשנו במצוותיו וציוונו לאכול הפסח", וברכת אכילת קרבן החגיגה (=זבח) היא: "אשר קידשנו במצוותיו וציוונו לאכול הזבח" (תוספתא י, יג). משנתנו מלמדת שאם טעה ובירך את ברכת הפסח על אכילת קרבן החגיגה, יצא ידי חובת הברכה בדיעבד. אולם, אם **בֵּרַךְ אֶת שֶׁל זֶבַח – לֹא פָּטַר אֶת** ברכתו **שֶׁל פֶּסַח,** משום שהזבח טפל לפסח, שהוא עיקר המצווה (ירושלמי י, ז). אלו הם **דִּבְרֵי רַבִּי יִשְׁמָעֵאל.**

רַבִּי עֲקִיבָא אוֹמֵר: כל ברכה שייכת למצוותה המיוחדת, ואם טעה, אפילו בדיעבד – **לֹא זוֹ פּוֹטֶרֶת זוֹ, וְלֹא זוֹ פּוֹטֶרֶת זוֹ.**